U0717421

Research on the Effects of Idiosyncratic Deals on
Employees' Interpersonal Behaviors

个性化工作协议
对员工人际行为的
影响研究

张晓燕◎著

经济管理出版社
ECONOMY & MANAGEMENT PUBLISHING HOUSE

图书在版编目（CIP）数据

个性化工作协议对员工人际行为的影响研究 / 张晓燕著. -- 北京：经济管理出版社，2025. 7. -- ISBN 978-7-5243-0400-5

Ⅰ. F243

中国国家版本馆 CIP 数据核字第 20258B2N96 号

组稿编辑：赵亚荣
责任编辑：赵亚荣
一审编辑：姜玉满
责任印制：许　艳
责任校对：蔡晓臻

出版发行：经济管理出版社
　　　　　（北京市海淀区北蜂窝 8 号中雅大厦 A 座 11 层　100038）
网　　址：www. E-mp. com. cn
电　　话：(010) 51915602
印　　刷：唐山玺诚印务有限公司
经　　销：新华书店
开　　本：720mm×1000mm/16
印　　张：12. 5
字　　数：251 千字
版　　次：2025 年 8 月第 1 版　　2025 年 8 月第 1 次印刷
书　　号：ISBN 978-7-5243-0400-5
定　　价：78. 00 元

前　言

在知识经济时代背景下，员工参与自身工作设计的主动性逐渐提高，员工工作需求也呈现出多样化的特点。面对日趋激烈的人才竞争，如何吸引、保留和激励核心员工已成为管理者所面临的重要议题。个性化工作协议可以作为对传统标准化人力资源管理实践的补充，在提高员工的工作积极性方面发挥重要作用。目前，已有研究证实个性化工作协议对获得协议的焦点员工的积极影响，但相对忽视了对其潜在的消极影响。此外，作为相关利益第三方，未获得协议的同事对焦点员工个性化工作协议的反应可能会影响其整体有效性。基于此，本书将分别从焦点员工和同事角度，深入探究个性化工作协议影响其人际行为的作用机制和边界条件，从而为管理者如何更合理地使用个性化工作协议这一管理工具、如何最大程度地发挥其积极效应、如何全面有效地管理团队成员提供理论参考。

一方面，基于社会认知理论，本书构建了个性化工作协议影响焦点员工人际帮助行为和社会阻抑行为的双路径模型；另一方面，基于社会比较理论，本书构建了焦点员工个性化工作协议影响同事人际帮助行为和社会阻抑行为的双路径模型。此外，本书在借鉴现有成熟量表的基础上，遵循科学规范的原则设计了调研问卷并进行了大规模数据收集。通过对数据的实证分析，得出如下结论：

第一，发展型和灵活型个性化工作协议通过提升焦点员工的责任感知，增加其人际帮助行为，减少其社会阻抑行为。个性化工作协议的获得能够使焦点员工感知到组织的信任、支持和尊重，增强焦点员工对组织的情感承诺，提升他们为组织做出更多贡献、承担更多责任的意愿。当焦点员工的责任感知增强后，他们会为了增加组织的福祉和促进组织的发展而做出更多的人际帮助行为，并减少社会阻抑行为的实施。

第二，发展型和灵活型个性化工作协议通过引发焦点员工的心理特权，减少其人际帮助行为，增加其社会阻抑行为。个性化工作协议的获得使焦点员工认为自己是特殊的，应该且有权利比其他成员获得更多的组织优待。高心理特权使其更加关注自身，并产生较强的目标追求动机和自私倾向。为了实现自己的利益，他们会不惜损害其他成员甚至是组织的利益，因此减小了做出助人行为的可能，但增加了实施阻抑行为的风险。

第三，焦点员工的交换意识分别在发展型和灵活型个性化工作协议与责任感知及心理特权的关系间起不同的调节作用。交换意识是员工认为自己工作努力的程度应该取决于组织如何对待他们的程度。具有强交换意识的员工对组织中的交换关系较为敏感，因此发展型和灵活型个性化工作协议的获得会使得他们产生更强烈的动机来回报组织。此外，他们也会更加认可组织和领导为其制定个性化工作协议的努力，因此能够有效地降低他们的权利感和应得感。

第四，相较于灵活型个性化工作协议，焦点员工的发展型个性化工作协议更易引发同事的地位威胁感知，从而导致其阻抑行为增加和助人行为减少。同事与焦点员工发展型个性化工作协议的上行比较易产生较强的对比效应。在此过程中，同事会形成有关于自己相对地位的主观感知。发展型个性化工作协议不仅意味着领导对焦点员工的重视，还预示着他们可能会在未来获得更大的职业成功。因此，当同事观察到焦点员工的发展型个性化工作协议时，容易产生地位威胁感知。一旦同事认为自己的地位受到了挑战，他们便会采取防御性的措施来捍卫自己的地位，如主动实施阻抑行为或减少助人行为，以阻碍焦点员工的发展。

第五，相较于发展型个性化工作协议，焦点员工的灵活型个性化工作协议更易增强同事的未来获得感知，从而增加其助人行为，减少其阻抑行为。同事与焦点员工灵活型个性化工作协议的上行比较易产生较强的同化效应。在此过程中，同化效应会使得同事形成有关于自己也能获得同样有利情况的信念，即同事认为自己也能够获得与焦点员工类似的个性化、定制化工作安排。当同事的未来获得感知较高时，他们会认为自己能从焦点员工的个性化工作协议中获益，并且为了塑造良好员工的形象以实现未来个性化工作协议的获得，同事会表现出较多的帮助行为和较少的阻抑行为。

第六，同事相对领导成员交换分别在发展型个性化工作协议与同事地位威胁感知及灵活型个性化工作协议与同事未来获得感知的关系间起不同的调节作用。同事的相对领导成员交换是指同事与领导之间交换关系与焦点员工与领导之间交换关系的对比。当同事的相对领导成员交换关系较高时，他们会比焦点员工获得更多的领导支持和信任，并且在心理上与领导更亲近。即便当下没有获得发展型个性化工作协议，他们也不会产生较强的地位危机感。此外，当同事的相对领导成员交换关系较高时，他们会对自己获得领导支持的能力有信心，因此他们的未来获得感知也会进一步增强。

本书的创新点如下：

第一，揭示了个性化工作协议对焦点员工人际行为的"双刃剑"影响效应，突破了以往仅关注个性化工作协议对焦点员工积极影响的局限。目前，现有研究几乎得出一致结论，即个性化工作协议能够对焦点员工产生积极影响，却鲜有研究探索个性化工作协议给焦点员工所带来的潜在负作用。结合社会认知理论，本书发现个性化工作协议能够同时影响焦点员工的责任感知和心理特权，进而影响其人际行为。通过同时探索个性化工作协议对焦点员工的正向和负向影响，本书突破了以往仅局限于对焦点员工积极效应的探索，不仅打开了个性化工作协议影响焦点员工人际行为的作用"黑箱"，还深化了学界对个性化工作协议有效性的全面认识。另外，本书也回应了学者有关于探讨个性化工作协议的"双刃剑"效应，尤其是探讨对焦点员工消极影响效应的呼吁。

第二，揭示了个性化工作协议对同事人际行为的"双刃剑"影响效应，弥补了当前文献中对焦点员工个性化工作协议如何影响同事的研究不足。目前，对个性化工作协议影响同事反应的研究仍处于起步阶段，且仅有的几项研究均认为焦点员工的个性化工作协议会引发同事的消极反应，却少有研究探索焦点员工个性化工作协议给同事带来的积极效应。结合社会比较理论，本书证实了焦点员工个性化工作协议能够同时对同事的地位威胁感知和未来获得感知产生影响，进而影响其人际行为。通过同时探索对同事的积极和消极影响，本书弥补了当前研究对同事反应认识的不足，不仅厘清了焦点员工个性化工作协议影响同事人际行为的作用机理，也为全面理解同事对焦点员工个性化工作协议的反应提供了新的思路。另外，本书还回应了学者有关于探究个性化工作协议对旁观者"双刃剑"效应的呼吁。

第三，探究了个性化工作协议对焦点员工及同事产生影响效应的作用边界，深化了对个性化工作协议在何种条件下发挥不同作用的理解。在揭示了个性化工作协议对焦点员工及同事人际行为的影响机制后，本书进一步对其作用边界进行了探索，以系统地考察个性化工作协议对不同员工的影响。通过分别证实焦点员工的交换意识对个性化工作协议与其责任感知和心理特权关系及同事的相对领导成员交换对个性化工作协议与其地位威胁感知和未来获得感知关系的不同调节效应，不仅为学界理解在何种条件下个性化工作协议会发挥不同的作用提供了可能的解释，还深化了对个性化工作协议作用后效的认识。另外，本书回应了学者有关于探究更多个体特征或情景因素对个性化工作协议及其作用后果关系调节作用的呼吁。

目　录

第1章 绪论

1.1 研究背景

1.1.1 现实背景

在知识经济时代背景下，人力资源在经济社会发展过程中的重要作用愈加凸显，已逐渐成为支撑企业可持续发展、帮助企业获得持续竞争优势的第一要素[1]。现代管理学之父彼得·德鲁克先生也曾指出，"21世纪的组织，最有价值的资产是组织内的知识工作者以及他们的生产力"。然而，随着知识经济的发展，各类组织对知识型、技能型和创新型人才的需求量逐渐增大，核心员工所面临的就业选择机会不断增多，使得人才市场竞争日益加剧[2]。与此同时，员工知识和技能的增长不仅增强了他们管理自身职业生涯的意识，还提高了他们与雇主谈判工作条件的主动性和能力[3][4]。也就是说，员工不再被动地接受雇主所提出的雇佣条件，而是通过积极地参与他们的工作设计来满足自身的个性化需求，以实现自身的价值[5][6]。此外，随着具有高流动性、高自主性等特征的"90后"甚至"00后"新生代劳动者步入职场，员工的工作需求逐渐呈现出多样化的特点。传统"一刀切"式的标准化人力资源管理方式已无法有效管理新生代员工，组织不得不重新思考如何通过工作条款设计来满足员工的多样化需求[7]。因此，面对日益激烈的人才竞争、员工参与工作设计主动性的提高以及员工工作需求的个性化，如何吸引、保留和激励有价值的员工已成为当今组织管理领域研究人员和管理者所共同关注的重要议题。

Cappelli（2000）指出，组织可以通过提供个性化薪酬方案、重塑工作内容、个性化工作设计以及变更工作地点等方式来吸引人才、降低员工离职率和提升员工工作效率[2]。在组织中，针对员工个性化需求的定制化人力资源管理实践日益增多[8][9]。例如，近年来，华为开展的"天才少年"招募计划就是企业运用定制化人力资源管理方式吸引并激励人才的成功案例。在该项计划中，华为公司通过为入选员工提供具有挑战性的工作课题、优秀的导师、充足的资源支持以及高于市场数倍的薪酬，招募了多位顶级人才，使得华为在 5G 技术和芯片等领域取得重要突破。个性化的人力资源管理实践还表现在如公司为核心员工提供参加技能培训的机会、资助他们进行学历深造、为他们提供快速晋升的通道，以促进核心员工的技能提升和职业发展[10]。此外，个性化人力资源管理方式也有助于组织对有个人困难的员工实施人文关怀，如允许需要照顾年幼子女或生病亲属的员工采用灵活的上下班时间点或远程办公等[11]。

通过观察组织中不同形式的个性化人力资源管理实践，Rousseau（2001）首次提出了个性化工作协议的概念（Idiosyncratic Deals，I-Deals）[12]。在此基础上，Rousseau 等（2006）进一步明确了个性化工作协议的定义，即个别员工与组织或领导之间所达成的自愿的、非标准化的且有益于双方的个性化工作条款[13]。自个性化工作协议的定义被提出以来，其内容逐渐丰富，涉及职业发展机会、培训机会、挑战性工作任务、灵活工作时间、灵活工作地点以及薪酬激励等多个方面[14][15]。此外，个性化工作协议的实施能够同时服务于员工的需求和组织的利益。具体来说，员工和领导通过协商制定出适用于员工个人的工作条款和就业条件，不仅满足了员工的个性化需求和工作偏好，还使得组织实现了吸引、保留和激励核心员工的目的，最终双方均受益[16]。然而，尽管个性化工作协议在管理实践中的有效性已被证实，其非标准化和差异化的本质可能会导致群体内异质性的出现[17]。

Lai 等（2009）表明，个性化工作协议的群体内异质性将焦点员工（Focal Employee，即获得个性化工作协议的员工）与其同事（Coworker，即未获得个性化工作协议的员工）区别开来，并且会不可避免地对同事产生影响[18]。由于组织资源的有限性，焦点员工所获得的技能培训机会、晋升机会和挑战性工作任务等，在一定程度上意味着同事无法获得类似的资源，而焦点员工所采用的灵活工作时间也可能会在无形之中加重同事的工作负担[19]。因此，Rousseau 等（2006）和 Greenberg 等（2004）特别指出，虽然个性化工作协议的谈判和制定是由焦点员工及其领导完成的，但其相关利益者不应该只包括焦点员工和领导，还必须考虑到作为相关利益第三方的同事[13][17]。同事对焦点员工个性化工作协议的反应，不仅能够影响个性化工作协议的整体有效性，还可能会影响团队氛围和团队绩效。

综上所述，个性化工作协议作为一种重要的人力资源管理工具，极具研究价值。为了全面地理解个性化工作协议的影响，必须从焦点员工和同事两个角度深入挖掘个性化工作协议对双方心理和行为所带来的改变。如此，不仅有助于管理者明晰如何增强个性化工作协议对焦点员工的激励作用，还有助于管理者了解如何避免个性化工作协议对同事的负面影响，从而发挥个性化工作协议的最大效用，这对于提升团队甚至组织的竞争力具有重要意义。

1.1.2 理论背景

在组织中，个性化工作协议作为对标准化人力资源管理实践的补充，在吸引、保留和激励员工方面起到重要作用[16]，因而受到了国内外学者们的广泛关注[20][21]。本书分别以"个性化工作协议""个性化契约""个别协议"及"个性化交易"为关键词，在中国知网数据库内中国社会科学引文索引（CSSCI）进行了文献检索，并以"Idiosyncratic Deals"及"I-Deals"为关键词，在 Web of Science 数据库内 Social Science Citation Index（SSCI）进行了文献检索，最后将文献统计结果绘制到了图 1-1 中。

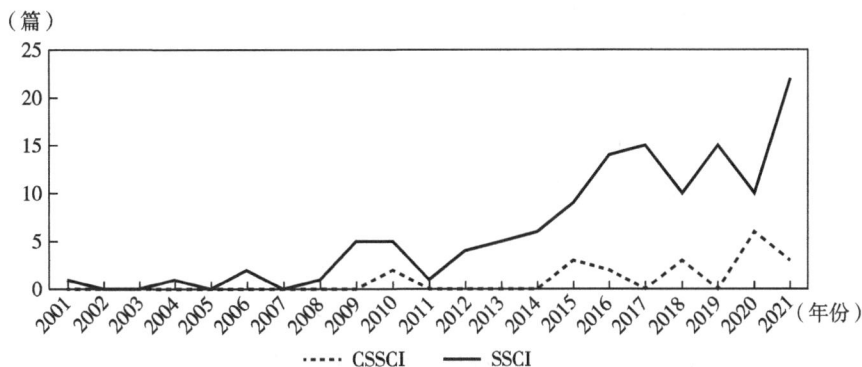

图 1-1 个性化工作协议相关论文发表数量统计

图 1-1 表明，从整体来看，自 Rousseau 于 2001 年提出个性化工作协议的概念以来[12]，越来越多的学者开展了相关研究。国外有关于个性化工作协议的研究起步较早，自 2012 年以后，外文成果发表数量呈现出显著的增长趋势，尤其是 2021 年增长明显。国内有关于个性化工作协议的研究虽起步较晚，但近年中文成果发表数量也不断增加。由此可见，学者们对个性化工作协议的关注度逐年提升，个性化工作协议已逐渐成为国内外组织行为领域的重要研究话题。

尽管国内外关于个性化工作协议的研究已经取得一定的进展，但仍存在一些研究空白，具体表现在以下三个方面：

第一，现有研究证实了个性化工作协议对焦点员工的积极影响，但还未明确个性化工作协议对焦点员工是否会有潜在的消极影响。

随着个性化工作协议概念的提出以及内容的不断完善，大量实证研究探讨了个性化工作协议对协议获得者（即焦点员工）的影响。目前，现有研究几乎一致认为个性化工作协议能够对焦点员工的工作态度和工作行为产生积极影响。比如，现有研究发现，个性化工作协议能够有效地提高焦点员工的工作满意度、组织情感承诺和工作绩效[3][22][23]。Liu 等（2013）基于社会交换理论和自我提升理论指出，个性化工作协议能够通过增强焦点员工的感知组织支持和组织自尊，进而激发焦点员工的主动性行为[24]。类似地，Wang 等（2018）证实了个性化工作协议对焦点员工创新自我效能的正向提升作用，并且能够通过提升焦点员工的创新自我效能来激发其创造力[25]。此外，罗萍等（2020）认为，个性化工作协议能够通过满足焦点员工的自主需求、能力需求和关系需求，来进一步促进焦点员工做出更多的主动性职业行为[26]。

但是，任何事情都会有两面性。目前，在个性化工作协议的研究中，鲜有学者探究个性化工作协议的获得是否会对焦点员工产生潜在的负面影响，以及这种潜在的负面影响是如何被引发的。明确个性化工作协议对焦点员工心理及行为的潜在副作用，有助于提高学者和管理者对个性化工作协议有效性的全面认识，因此值得进一步深究。

第二，现有研究主要集中于探索个性化工作协议对焦点员工的影响，而相对忽视了对相关利益第三方（即焦点员工同事）的研究。

当前个性化工作协议的研究重点主要集中于探索个性化工作协议如何对获得协议的焦点员工产生影响，但在很大程度上忽略了焦点员工同事的反应。焦点员工的同事是指与焦点员工在同一部门或同一工作组的类似工作岗位上的其他员工。Greenberg 等（2004）指出，个性化工作协议在组织中的整体有效性是由一个三角关系来决定的，包括焦点员工、同事及其领导[17]。对于领导和焦点员工来说，个性化工作协议是一种双赢的战略，因此其整体有效性可能会取决于同事的反应[18]。

然而，截至目前，在个性化工作协议的研究中，对同事反应的调查仍处于起步阶段，仅有少数学者从同事角度进行了探究。如 Ng（2017）发现，在观察到焦点员工的个性化工作协议后，同事可能会感到嫉妒，进而表现出职场排斥行为[27]。此外，Kong 等（2020）指出，焦点员工的个性化工作协议可能会导致同事的情绪耗竭，进而引发同事的偏离行为[28]。仅有的几项研究均证实了同事对焦点员工个性化工作协议的消极反应，但未明确焦点员工的个性化工作协议是否对同事产生积极影响。Garg 和 Fulmer（2017）认为，焦点员工的个性化工作协议并不总是会引发同事的消极反应，也可能会引发他们的中立反应甚至是积极反应[29]。因此，全面探究同事对焦点员工个性化工作协议的反应，对于提升其在组织中的整体有效性至关重要。

第三，在现有研究中，对个性化工作协议影响焦点员工和同事人际行为的作用机制和边界条件探索还不充分。

工作场所中的人际行为指的是组织成员之间的人际互动，良好的人际互动不仅有助于成员之间建立高质量的人际关系，还有助于形成和谐的团队氛围甚至提升团队的生产力[30]。当前，大部分有关于个性化工作协议的研究主要关注的是个性化工作协议对焦点员工和同事自身工作行为的影响。比如，获得个性化工作协议能够促进焦点员工的工作投入[31]，而未获得个性化工作协议的同事可能会表现出工作退缩[32]。然而，仅有少部分研究探讨了个性化工作协议的人际效能。如 Anand 等（2010）和 Huo 等（2014）指出，个性化工作协议能够正向预测焦点员工的人际公民行为[33][34]。Ng（2017）指出，未获得个性化工作协议的同事可能会表现出人际排斥行为[27]。

尽管现有研究为理解个性化工作协议能否影响员工人际行为提供了一定的见解，但并未充分揭示个性化工作协议影响焦点员工和同事人际行为的作用机制，如人际帮助行为（Interpersonal Helping Behavior）和社会阻抑行为（Social Undermining Behavior）。人际帮助行为是组织成员之间一种正向的人际行为，而社会阻抑行为是组织成员之间一种负向的人际行为。已有学者指出，人际帮助行为和社会阻抑行为不仅显著地影响团队成员之间的人际和谐，还显著地影响整个团队的绩效。此外，在现有研究中，对个性化工作协议影响焦点员工和同事人际行为作用边界的探索更为不足。因此，从不同的理论视角出发，探究个性化工作协议分别影响焦点员工和同事人际行为的具体作用机制和边界条件显得尤为必要。

综上所述，个性化工作协议作为组织行为领域的一个重要议题，在管理实践中的有效性已被证实，并且已取得了相对丰硕的理论成果。但是，随着研究的不断深入，本书发现当前个性化工作协议研究中仍存在未明确对焦点员工的副作用、相对忽视对同事反应的探究以及对影响员工人际行为的作用机制和边界条件探索不充分等问题亟待进一步探讨。

1.2 研究问题

本书将系统地从焦点员工和同事两个角度分别探索个性化工作协议如何对其人际行为产生影响，从而为管理者使用个性化工作协议这一管理工具提供更加全面的理论参考。具体而言，本书主要回答了以下三个研究问题：

第一，个性化工作协议对焦点员工的人际行为是否产生"双刃剑"效应，具体影响机制是什么？现有研究指出，个性化工作协议的获得能够对焦点员工的工作态度和主观认知产生积极影响，进而能够激发他们的积极工作行为[20]。具体而言，一方面，个性化工作协议是基于焦点员工的个人需求而定制的工作条款，能够满足焦点员工的工作需求和个人偏好。因而，获得个性化工作协议的员工常常会对组织有更高的认同感和情感承诺。基于此，本书提出个性化工作协议可能会在一定程度上提高焦点员工对组织的责任感知（Felt Obligation）。责任感知是指员工对于自己是否应该关心组织福祉以及是否应该帮助组织实现目标的规范化信念，反映出员工在多大程度上想要对组织有利，想要在多大程度上为组织做出贡献[35]。然而，另一方面，个性化工作协议的获得可能会给焦点员工的主观认知带来负面影响。个性化工作协议作为一种定制化的工作安排，可能会使焦点员工产生被特殊对待的感觉，进而使其产生特权心理。基于此，本书进一步提出个性化工作协议可能会在一定程度上引发焦点员工的心理特权（Psychological Entitlement）。心理特权是指员工认为自己有权获得更多优待的主观信念，表现为一种较为膨胀的自我认知和过高的自我期待[36]。高水平的责任感知可能会促使焦点员工表现出更多的人际帮助行为，减少社会阻抑行为；而高水平的心理特权则可能会减少其帮助行为，导致其阻抑行为。因此，结合社会认知理论，本书构建了个性化工作协议影响焦点员工人际行为的双路径模型，以探究个性化工作协议对焦点员工人际行为的"双刃剑"影响效应及具体作用机制。

第二，焦点员工个性化工作协议对同事的人际行为是否产生"双刃剑"效应，具体影响机制是什么？Greenberg 等（2004）指出，个性化工作协议的最终有效性是由管理者、焦点员工及其同事共同决定的。因此，必须考虑作为相关利益第三方的同事对焦点员工个性化工作协议的反应和态度[17]。一方面，个性化工作协议的群体内异质性可能会引发同事的消极感知。具体而言，焦点员工个性化工作协议的获得在一定程度上反映出领导对焦点员工的重视，并且会剥夺同事获得相同组织资源的机会，因而可能会引发同事的消极感知。基于此，本书提出焦点员工的个性化工作协议可能会引发同事的地位威胁感知（Felt Status Threat）。地位威胁感知是指员工对自己在组织或团队中社会地位的主观认知，在一定程度上反映出员工对失去当前组织地位的担忧[37]。然而，另一方面，焦点员工的个性化工作协议可能会增强同事的积极感知。焦点员工与管理者成功协商个性化工作协议可能会被同事视为一种积极的信号，认为自己也能有机会获得个性化工作安排。基于此，本书进一步提出焦点员工的个性化工作协议可能会在一定程度上增强同事的未来获得感知（Perception of Obtaining Future I-Deals）。未来获得感知是指员工认为自己在未来能够获得与焦点员工类似个性化工作协议的可能性[18]。高水平的地位威胁感知可能会导致同事表现出更多的社会阻抑行为，减少人际帮助行为；而高水平的未来获得感知则可能会约束其阻抑行为，激发其帮助行为。因此，结合社会比较理论，本书构建了焦点员工个性化工作协议影响同事人际行为的双路径模型，以探究个性化工作协议对第三方同事人际行为的"双刃剑"影响效应及具体作用机制。

第三，个性化工作协议对焦点员工和同事的人际行为产生影响的边界条件是什么？在明确个性化工作协议影响焦点员工和同事人际行为的双路径后，本书进一步探究了双路径机制发挥作用的边界条件。首先，根据社会认知理论，本书探讨了焦点员工的交换意识（Exchange Ideology）是否会对其认知过程产生影响。交换意识是指在组织中，员工对社会交换互惠的态度和接受程度，反映了员工在多大程度上会以关心组织福祉和工作努力来回报组织的善待[35]。相较于弱交换意识的员工，强交换意识的员工会以更多的情感承诺和工作努力来回报组织给予的有利待遇[38]。因此，相较于弱交换意识的员工，强交换意识的员工在获得个性化工作协议后会产生较强的正面认知和较弱的负面认知，从而使得他们表现出更高水平的组织回报。其次，根据社会比较理论，本书探讨了同事的相对领导成员交换（Relative Leader-Member Exchange）是否会对其比较过程产生影响。相对领导成员交换是指员工自身与领导的交换关系质量与团队成员与领导的交换关系质量的对比[39]。在团队中，领导会与不同的员工建立不同质量的交换关系。相较于低相对领导成员交换的员工，高相对领导成员交换的员工与领导的互惠关系更强，能够接触到更多的组织资源[40]。因此，相较于低相对领导成员交换的员工，在观察到焦点员工个性化工作协议的获得后，高相对领导成员交换的员工会产生较弱的负面感知和较强的正面感知。综上所述，本书分别引入焦点员工的交换意识和同事的相对领导成员交换，以进一步探究个性化工作协议对焦点员工和同事心理认知产生影响的边界条件。

1.3　研究意义

1.3.1　理论意义

本书的理论意义主要表现在：

（1）丰富了个性化工作协议的相关研究。虽然，目前有关于个性化工作协议的研究已取得较大进展，但大多数研究主要集中于探索个性化工作协议对团队成员自身工作态度及工作行为的影响，而在一定程度上忽视了个性化工作协议的人际效应。个性化工作协议的群体内异质性特征，不仅会引起团队成员自身工作行为的变化，可能还会引起团队成员"对外"的人际行为的变化。基于此，本书着重分析了个性化工作协议的获得对焦点员工人际帮助行为和社会阻抑行为的影响，以及焦点员工个性化工作协议对第三方同事的人际帮助行为和社会阻抑行为的影响。通过分别从焦点员工和同事两个角度探究个性化工作协议对人际行为的影响，本书丰富了对个性化工作协议作用后效的理解，回应了樊耘等（2015）基于多对象探究个性化工作协议与更多结果变量之间深层次关系的呼吁[41]。

（2）深化了对个性化工作协议"双刃剑"效应及作用边界的认识。以往研究大多得出个性化工作协议能够对焦点员工产生积极影响的结论，而相对忽视了对焦点员工的潜在消极影响。为全面理解个性化工作协议对焦点员工的影响，本书构建双路径模型，提出个性化工作协议可能会同时提升焦点员工的责任感知和心理特权，进而影响其人际行为，并分析了焦点员工交换意识的边界效应。此外，现有研究普遍认为个性化工作协议会引发同事的负面反应，而相对忽视了潜在积极影响。本书构建双路径模型，提出焦点员工个性化工作协议可能会同时增强同事的地位威胁感知和未来获得感知，进而影响其人际行为，并分析了同事相对领导成员交换的边界效应。本书挑战了个性化工作协议研究的传统结论，对其如何影响焦点员工和同事做出了辩证性解读，回应了王国猛和刘迎春（2020）及王林琳等（2021）有关于探究个性化工作协议"双刃剑"效应的呼吁[42][43]。

（3）拓展了社会认知理论和社会比较理论的应用范畴。在当前有关于个性化工作协议影响焦点员工的研究中，大多数学者基于社会交换理论[24][44]或自我决定理论[26]，探究了个性化工作协议影响焦点员工工作态度和工作行为的作用机制。不同于以往研究，本书基于社会认知理论，探讨个性化工作协议的获得如何影响焦点员工的责任感知和心理特权，进而如何塑造其人际行为。另外，在当前有关于个性化工作协议影响同事反应的研究中，大多学者基于公平理论[27][32]，探究了焦点员工个性化工作协议对同事反应及行为的作用机制。不同于以往研究，本书基于社会比较理论，探讨了焦点员工个性化工作协议如何影响同事的地位威胁感知和未来获得感知，进而如何塑造其人际行为。本书不仅拓展了社会认知理论和社会比较理论的应用范围，还回应了 Liao 等（2016）基于不同理论视角探究个性化工作协议影响机制的号召[20]。

1.3.2 实践意义

本书的现实意义主要表现在以下三个方面：

（1）为管理者如何正确管理获得个性化工作协议的焦点员工提供了理论参

考。本书以社会认知理论为基础，通过焦点员工责任感知和心理特权两个作用路径，探究了个性化工作协议的获得对焦点员工人际行为的双重影响。一方面，个性化工作协议可能会通过提升焦点员工对组织的责任感知，增加其人际帮助行为，减少其社会阻抑行为；另一方面，个性化工作协议可能会在一定程度上提升焦点员工的心理特权水平，使其增加阻抑行为，减少帮助行为。本书不仅验证了个性化工作协议对焦点员工的激励作用，还发现了焦点员工可能会产生的负面认知，从而为管理者更加全面地理解个性化工作协议对焦点员工认知和行为的影响提供了理论依据，有助于管理者正确地使用个性化工作协议这一管理工具。

（2）为管理者如何管理团队中未获得个性化工作协议的同事提供了理论依据。本书以社会比较理论为基础，通过同事地位威胁感知和未来获得感知两个作用路径，探究了焦点员工的个性化工作协议对其同事人际行为的双重影响。一方面，个性化工作协议可能会引发同事的地位威胁感知，进而减少其社会帮助行为，增加其社会阻抑行为；另一方面，个性化工作协议可能也会提升同事的未来获得感知，使其增加帮助行为，并减少阻抑行为。本书不仅验证了焦点员工个性化工作协议对同事的负面影响，还发现了对同事的潜在积极影响，从而为管理者在使用个性化工作协议激励焦点员工的同时，如何有效管理未获得个性化工作协议的第三方同事提供了理论借鉴。

（3）为管理者如何增强个性化工作协议的积极效用、规避消极效应提供思路。本书在构建个性化工作协议对焦点员工及同事人际行为的双路径影响模型之外，还探索了上述影响机制发挥作用的边界条件。首先，本书探究了焦点员工的交换意识是否会影响个性化工作协议对焦点员工主观认知的塑造过程。其次，本书探究了同事的相对领导成员交换是否会影响焦点员工个性化工作协议所引发的同事比较过程。本书认为，具有不同交换意识的焦点员工可能会对其个性化工作协议的获得有不同的认知，而具有不同相对领导成员交换关系的同事可能会对焦点员工的个性化工作协议产生不同的反应。通过对双路径作用边界的探讨，本书为管理者如何增强个性化工作协议对员工的积极效用、规避其消极效应提供了新的思路。

1.4　研究方法

本书主要采用文献分析、半结构化访谈、问卷调查和实证分析法来展开研究。

（1）文献分析法。在研究之初，首先，基于个性化工作协议这一研究主题，笔者进行了大量的文献检索工作。通过对国内外权威期刊，如 *Academy of Management Review*、*Journal of Applied Psychology*、*Academy of Management Journal*、*Journal of Organizational Behavior*、《心理学报》、《科研管理》等所发表的个性化工作协议相关研究的总结和梳理，系统地厘清了个性化工作协议的发展脉络和研究现状，并总结分析出了当前的研究空白点。此外，对人际帮助行为和社会阻抑行为的相关文献进行了梳理。其次，结合社会认知理论和社会比较理论，分别构建了个性化工作协议对焦点员工及同事人际行为的双路径影响模型，并提出了相关假设，为后续研究的进行奠定了基础。

（2）半结构化访谈法。在初步选定了拟调研单位后，笔者选择了来自拟调研单位的部分领导，并分别对他们进行了访谈。首先，笔者就个性化工作协议在拟调研单位的具体实施情况向访谈对象进行了充分的了解，确认了个性化工作协议在拟调研单位中确实存在，因此该单位的样本能够满足本书的研究需求。其次，笔者选取了该单位的部分员工，并对他们进行了访谈。在访谈过程中，重点了解了员工的个性化工作协议获得情况、员工所观察到的同事个性化工作协议获得情况，以及员工心理和行为的变化情况。最后，根据访谈的结果，进一步修正了本书的理论模型。

（3）问卷调查法。本书通过发放纸质调研问卷的方式收集数据。具体地，首先，通过对本书所涉及的所有变量进行文献回顾，选择适合本书研究情景的量表。所选取的量表均是发表在国外高水平期刊上的成熟测量工具，且均经过国内外学者的反复验证，具有较高的信效度。其次，由于原始量表是英文语境，为了保证无语义偏差，本书遵循严格的翻译—回译程序，将原始英文量表翻译为中文量表，并邀请多位专家和学者对中文题项的表述进行了修订和调整。最后，本书通过多时点的方式，在调研单位进行了大规模数据收集，最终将所获得的数据用于模型验证和假设检验。

（4）实证分析法。本书主要通过使用 SPSS 25.0 和 Mplus 8.3 统计软件来对问卷回收的数据进行分析。在问卷收回后，首先，将纸质问卷数据录入并进行预处理。其次，使用 SPSS 25.0 对本书所有变量的测量量表进行信度检验和效度检验，并对整体样本数据进行描述性统计分析及变量之间的相关性分析。再次，使用 Mplus 8.3 进行探索性因子分析和验证性因子分析，并通过结构方程模型分别对理论模型中所提出的直接效应、中介效应和调节效应进行验证，以明晰变量之间的关系。最后，根据假设验证的结果，得出本书的研究结论并提出管理启示。

1.5 技术路线和内容安排

1.5.1 技术路线

首先，本书在分析现实背景和理论背景的基础上，明确了本书的研究问题，即探索个性化工作协议对获得协议的焦点员工和未获得协议的同事人际行为的"双刃剑"效应。其次，在对相关文献进行回顾梳理后，分别运用社会认知理论和社会比较理论构建了个性化工作协议影响焦点员工和同事人际帮助行为和社会阻抑行为的双路径模型，系统探讨了双路径作用机制和作用边界。此外，为了验证所提出的理论模型，本书选取了已被证实信效度良好的成熟量表，依据科学的流程编制了调研问卷，并随后选定目标调研企业进行了大规模数据收集。在此基础上，使用统计软件对收回的数据进行整理，并对理论模型和研究假设进行验证。最后，根据实证分析结果，得出本书的研究结论，并对研究结论进行分析和探讨。本书的技术路线如图1-2所示。

1.5.2 内容安排

本书共分为7章，具体来说：

第1章 绪论。本章主要对研究的背景、问题、意义、方法和技术路线等进行阐述。首先，在充分剖析现实背景和理论背景的基础上，总结提炼出本书的主要研究问题。其次，阐释了本研究的理论意义和现实意义，强调了开展本研究的重要性和必要性。最后，说明了开展本研究所使用的研究方法、技术路线及章节安排。

第2章 文献综述。通过对国内外文献的回顾，首先，对个性化工作协议进行了综述。具体地，本章总结了个性化工作协议的概念与特点、分类与测量、影响因素和作用效果。其次，对本书的两个结果变量进行了综述，详细梳理了人际帮助行为和社会阻抑行为的概念、测量及相关研究。在此基础上，明确了当前个性化工作协议研究中的空白，为开展本书的研究奠定了基础。

第3章 个性化工作协议对焦点员工人际行为的影响。首先，在介绍社会认知理论的基础上，提出个性化工作协议影响焦点员工人际行为的双路径模型。其次，结合相关研究，对个性化工作协议通过影响焦点员工责任感知和心理特权，进而影响其帮助行为和社会阻抑行为的作用路径进行理论推导，并进一步讨论了焦点员工交换意识的调节作用。

<table>
<tr><td rowspan="1">提出问题</td><td>

现实背景
- 员工参与工作设计的主动性日益提高
- 员工工作需求逐渐呈现出多样化特点
- 个性化工作协议可以满足个性化需求

</td><td>

理论背景
- 未明确个性化工作协议对焦点员工的副作用
- 相对忽视了个性化工作协议对其同事的影响
- 对个性化工作协议的机制和边界探索不充分

</td></tr>
</table>

提出问题	**现实背景** • 员工参与工作设计的主动性日益提高 • 员工工作需求逐渐呈现出多样化特点 • 个性化工作协议可以满足个性化需求	**理论背景** • 未明确个性化工作协议对焦点员工的副作用 • 相对忽视了个性化工作协议对其同事的影响 • 对个性化工作协议的机制和边界探索不充分
文献综述	**个性化工作协议** • 概念与特点 • 分类与测量 • 影响因素及作用后效	**人际帮助行为和社会阻抑行为** • 概念 • 测量 • 相关研究
模型构建	**个性化工作协议影响焦点员工人际行为的双路径模型** • 社会认知理论 • 责任感知和心理特权的中介效应 • 交换意识的调节效应	**个性化工作协议影响同事人际行为的双路径模型** • 社会比较理论 • 地位威胁感知和未来获得感知的中介效应 • 相对领导成员交换的调节效应
实证分析	**个性化工作协议影响焦点员工人际行为的实证分析** • 研究设计、样本与数据收集 • 信效度分析、描述性统计与相关分析 • 直接、中介、调节效应检验	**个性化工作协议影响同事人际行为的实证分析** • 研究设计、样本与数据收集 • 信效度分析、描述性统计与相关分析 • 直接、中介、调节效应检验
研究结论	**结论与展望** • 研究结论 • 创新点	**结论与展望** • 管理启示 • 局限性与展望

图 1-2 本书的技术路线

第 4 章 个性化工作协议对焦点员工人际行为影响的实证研究。本章主要对个性化工作协议影响焦点员工人际行为的理论模型进行实证分析。首先，介绍了本研究所采用的测量量表和问卷设计流程。其次，说明了数据收集的详细过程以及样本的基本情况。再次，使用统计软件进行信效度检验、描述性统计和相关性分析。最后，对第 3 章所提出的研究假设进行了验证，并对假设检验结果做出解释。

第 5 章 个性化工作协议对同事人际行为的影响。首先，在介绍社会比较理论的基础上，提出了焦点员工个性化工作协议影响同事人际行为的双路径模型。

其次，结合相关研究，对个性化工作协议通过影响同事地位威胁感知和未来获得感知，进而影响其帮助行为和社会阻抑行为的作用路径进行推导，并进一步讨论了同事相对领导成员交换的调节作用。

第 6 章　个性化工作协议对同事人际行为影响的实证研究。本章主要对焦点员工个性化工作协议影响同事人际行为的理论模型进行实证分析。首先，介绍了本研究所采用的测量量表和问卷设计流程。其次，详细说明了调研过程和样本特征。再次，使用统计软件进行信效度检验、描述性统计和相关分析。最后，对第 5 章所提出的研究假设进行验证，并结合相关研究对假设验证结果做出解释。

第 7 章　结论与展望。首先，根据实证结果，总结出本书的主要研究结论，并论述研究结论的合理性。其次，详细阐述本书的创新点，以及本书对实践管理工作的启示。最后，归纳本书可能存在的研究局限和未来研究工作的方向。

1.6　本章小结

首先，在结合现实背景和当前个性化工作协议相关研究的基础上，提出了本书的三个主要研究问题，即个性化工作协议对焦点员工及同事人际行为产生"双刃剑"影响效应的具体作用机制和边界条件是什么？其次，从理论和实践角度分别强调了解决上述研究问题的意义，并阐明了解决上述研究问题所需的方法。最后，说明了开展本研究的技术路线和本书的章节安排。

第2章 文献综述

2.1 个性化工作协议

2.1.1 个性化工作协议的概念与特点

个性化工作协议（Idiosyncratic Deals，I-Deals），又称个性化契约、个别协议或个性化交易，其概念最早由卡内基梅隆大学教授 Denise M. Rousseau 提出。基于管理实践，Rousseau（2001）分析了个性化工作协议在组织中应用越来越广泛的原因[12]。Rousseau 指出，个性化工作协议的产生主要源于三个现实趋势：首先，劳动力市场竞争越来越激烈，使得员工在雇佣谈判中拥有更大的动力去争取适合自己偏好的雇佣条款；其次，曾经由工会或法律支持的以工作保障为基础的组织职业模式逐渐消亡，导致就业条件不再高度标准化；最后，市场上的选择越来越多，提高了员工对定制化工作条款的期望。Rousseau（2001）将个性化工作协议初步定义为个别员工所获得的不同于其他同事的就业特征[12]。随后，Rousseau、Greenberg 及其同事系统阐述了个性化工作协议的概念，即个别员工和雇主之间就双方均受益的条款所达成的自愿的、个性化的非标准工作协议[13][17]。后续，学者们陆续所开展的个性化工作协议研究均采用这一定义，本书亦如此。

Rousseau 等（2006）指出，个性化工作协议具有四个显著的特点[13]。第一，个别协商。个性化工作协议是个别员工与雇主一对一单独协商的定制化工作条款，反映出雇主对员工市场价值的认可。因此，并非所有员工均可获得个性化工作协议。第二，异质性。个性化工作协议的非标准化和定制化使得焦点员工与其同事区别开来，形成群体内异质性。第三，双赢。具体来说，个性化工作协议旨在同时服务于员工和组织的利益。成功协商个性化工作协议不仅可以实现吸引、保留和激励有价值员工的目的，也可以满足员工自身的个性化需求。第四，形式和范围不同。个性化工作协议是基于个人需求定制的，因此个别员工可能同时得到了职业发展和时间灵活等一系列的高度定制化工作协议，而其他员工可能仅得到某一项个性化工作条款[16]。

个性化工作协议的特点使得其与其他针对个人的管理实践区别开来，如偏袒和任人唯亲。偏袒和任人唯亲指的是领导偏爱某些个别员工，在这种情况下所产生的个别安排是基于个人关系因素[45]。从领导角度来看，这些个别安排是利己的，因为被个别安排的员工可能会对领导表现出高度的忠诚，但不一定同时对组织有利。事实上，这些个别安排可能会破坏正式组织的合法性，因为个别安排的歪曲规则和私下操作凌驾于组织的正式规则和协商程序之上。此外，个别安排是基于个人关系而非个人能力，因此不一定能为组织增加价值[21]。相比之下，个性化工作协议的制定是基于员工自身的价值，并经过正式的协商程序，最终能够使得员工和组织双方均受益。

2.1.2 个性化工作协议的分类与测量

在明确了个性化工作协议的概念之后，诸多学者开始对其内容和在管理实践中的具体表现形式进行了探索，并编制了相对应的测量量表。目前，对个性化工作协议的分类主要是基于时间维度和内容维度来展开的。

（1）基于时间维度的划分。根据个性化工作协议的制定时间，可以分为入职前的个性化工作协议和入职后的个性化工作协议。入职前的个性化工作协议指的是员工和雇主在招聘过程中所协商的个性化工作条款。此时，个性化工作协议是基于求职者的知识、技能和能力等能够反映其市场价值的特征来授予的，主要体现了组织与求职者之间的经济交换关系[46]。入职后的个性化工作协议指的是员工和组织在雇佣关系存续期间所协商的个性化工作条款。在这种情况下，个性化工作协议是根据员工对组织的贡献、员工的个人能力或绩效表现等来授予的，更多地体现了员工与组织之间的社会交换关系[47]。在组织实践中，入职后的个性化工作协议要比入职前的个性化工作协议更加普遍，并且效用更大[13]，这也是当前研究大多关注入职后个性化工作协议的主要原因。

基于时间维度的划分，Rousseau 等（2009）分别使用 2 个题项来测量入职前和入职后的个性化工作协议[47]。具体地，测量入职前个性化工作协议的 2 个题项分别是："在我被聘用的时候，我协商谈判了与这里员工不同的工作安排""在我被聘用的时候，我协商谈判了适合我个人的特定就业条件"。测量入职后个性化工作协议的 2 个题项分别是："在我开始这里的工作后，我已经能够协商适合我个人的特殊安排""我已经能够与我的主管协商制定适合我个人的雇佣安排"。

（2）基于内容维度的划分。就内容而言，现有学者已经识别出不同内容的个性化工作协议。比如，通过对一家医院员工的调查，Rousseau 和 Kim（2006）确定了三种不同内容的个性化工作协议，分别是发展型个性化工作协议、灵活型个性化工作协议和减少工作量个性化工作协议[14]。其中，发展型个性化工作协议是指能够提升员工工作能力、满足员工职业发展需求的定制化机会，如挑战性的工作任务、对个人绩效的认可、特殊的培训和职业发展机会等；灵活型个性化工作协议是指允许工作时间灵活化，以更好地满足个人需求和偏好，如个人自由裁量工作时间安排；减少工作量个性化工作协议是指对员工个人的工作数量或质量进行调整，比如更短的工作天数或更轻松的工作任务。研究对象被要求回忆他们在多大程度上"要求并成功和领导协商了与职位官方规定或标准不一致的工作条款"，并分别使用 2 个题项衡量上述三个维度。其中，发展型个性化工作协议包括"职业发展的机会""挑战性的工作任务和目标"；灵活型个性化工作协议包括"工作时间的特殊灵活性""定制的工作时间表"；减少工作量个性化工作协议包括"减少工作时间""减少工作量"。Liao 等（2016）指出，由于减少工作量个性化工作协议表现为减少工作量和工作时间，因此其与灵活型个性化工作协议具有较为相似的作用效果[20]。

Hornung 等（2008）通过对德国一家政府工作机构员工的调查，识别出发展型个性化工作协议和灵活型个性化工作协议两个维度[48]。基于 Rousseau 和 Kim（2006）的测量量表[14]，Hornung 等（2008）开发了 2 个维度的 6 个题项量表[48]。具体地，研究对象被要求指出他们在目前工作中"要求并成功协商了与同事不同的个人工作安排"的程度。其中，发展型个性化工作协议包括"在职活动""培训机会""技能发展的特殊机会""职业发展"4 个题项；灵活型个性化工作协议包括"工作日开始和结束的时间灵活""单独定制的工作时间表"2 个题项。由于发展型和灵活型个性化工作协议在组织中的普遍性，该量表在已有个性化工作协议研究中得到了广泛应用。

类似地，Rousseau 等（2009）通过对管理者和员工的访谈确定了存在于组织中的工作时间个性化工作协议和发展型个性化工作协议，共 6 个题项[47]。研究对象报告了他们在个人就业安排的特定方面"要求并成功谈判"的程度。其中，工作时间个性化工作协议包括"与同事不同的时间表""减少的工作时间"和"增加的工作时间"3 个题项；发展型个性化工作协议包括"技能发展""绩效目标"和"职业发展"3 个题项。

Ng 和 Feldman（2010）认为 Hornung 等（2008）的 6 个题项量表仅包含发展型和灵活型个性化工作协议 2 个维度，不足以反映员工个性化工作协议的内容[23][48]，并且 Hornung 等（2008）的量表主要侧重于衡量员工向雇主主动寻求个性化工作协议的程度[48]。因此，Ng 和 Feldman（2010）开发了一个 6 个题项量表，包括"薪酬""晋升机会""培训""职业发展""工作保障""个人问题支持"共 6 个维度，来衡量员工对其自身的个性化工作协议与同事之间差异的主观看法[23]。

此外，Hornung 等（2010）通过对美国一家医院员工和德国一家医院员工的调查，探究了员工自下而上的工作参与和工作设计[31]。在第一项研究中，他们要求参与者对自身在当前工作中"要求并成功谈判"个性化工作条件的程度进行打分，主要测量了 3 个题项，包括"技能发展""绩效目标"和"在职活动"。在第二项研究中，他们在第一项研究的基础上，将量表更加明确地聚焦于工作内容，而不是更广泛的职业发展描述，从而定义并细化了任务型个性化工作协议，包括 4 个题项，分别是"针对个人的具有挑战性的工作任务""特殊的工作职责或任务分配""适合我个人兴趣的工作任务""特别适合我的在职活动"。

进一步地，Rosen 等（2013）使用不同领域的多个样本进行了问卷开发，最终确定了四种个性化工作协议，包括时间灵活型、任务和工作职责型、地点灵活型和财务激励型[15]。其中，前两种与 Rousseau 和 Kim（2006）[14]、Hornung 等（2008）[48] 的分类相似，地点灵活型和财务激励型个性化工作协议是最新识别的两个类型。其中，地点灵活型个性化工作协议是指允许员工在办公室以外的地方工作的特殊工作安排；财务激励型个性化工作协议是指适合个人需求的定制化薪酬安排；时间灵活型与 Rousseau 和 Kim（2006）所提出的一致[14]；由于职业发展型和任务型个性化工作协议都与工作内容有关，因此 Rosen 等（2013）将其合并为一个维度，即任务和工作职责型个性化工作协议[15]。此外，删除了减少工作量维度，因为它与之前所确定的时间灵活型维度存在大量重叠。经过严格规范的问卷开发流程，确定了包括 4 个维度的 16 题项量表，其中任务和工作联责型 6 个题项，时间灵活型 3 个题项，地点灵活型 2 个题项，财务激励型 5 个题项。Rosen 等（2013）的研究表明，个性化工作协议可能会有多种表现形式，而对其具体内容的识别可能会受到研究样本的限制[15]。

Hornung 等（2014）在其研究中，将发展型个性化工作协议拆分为任务型和职业型个性化工作协议[49]。其中，任务型维度更侧重于描述定制化的工作内容，其目的是使员工的工作更具内在激励、回报和乐趣；职业型维度则是为员工长期的职业发展目标提供更广泛的支持。受访者被要求报告他们在目前工作中"是否要求并在多大程度上成功谈判了个性化工作条件"。其中，任务型个性化工作协议包括"符合我个人优势和才能的工作任务""符合我个人兴趣的工作任务"和"对我个人有激励作用的工作任务"3 个题项；职业型个性化工作协议包括"适合我个人目标的职业选择""个人职业发展机会"和"确保我职业发展的通道"3 个题项；灵活型个性化工作协议包括"适合我个人的工作时间表""在开始和结束我的工作日时具有额外的灵活性"和"根据我的个人需求定制的工作时间表"3个题项。

Tang和Hornung（2015）在Hornung等（2008）[48] 6题项量表的基础上，将题项进行了扩充，最终形成了包含2个维度的12个题项量表[50]。其中，发展型个性化工作协议包含6个题项，如"适合我个人目标的职业选择""定制的学习和资格认证的机会""对个人有激励作用的工作任务""确保职业发展的路径""特殊培训和技能发展的机会""个人职业发展机会"；灵活型个性化工作协议包含6个题项，如"根据我的个人需求定制工作时间表""就我的工作地点进行特别安排""减少工作时间或工作量""减少或限制工作时间""可自行选择工作地点""在开始和结束工作时间上有更多的灵活性"。

Sun等（2020）结合现有的个性化工作协议量表，开发了适用于酒店行业员工个性化工作协议的测量工具[51]。具体地，Sun等（2020）以Rosen等（2013）[15]和Hornung等（2014）[49]的量表题项为基础，通过对675名中高级酒店管理人员的问卷调查和对20名酒店行业知识工作者的深度访谈，识别出中国酒店行业存在的三种个性化工作协议类型，分别是职业和激励型、任务型、灵活型[51]。其中，职业和激励型由16个题项组成，任务型由4个题项组成，灵活型由5个题项组成。

本书将个性化工作协议的测量量表进行了梳理汇总，如表2-1所示。

表2-1 个性化工作协议的测量量表汇总

划分方式	学者（年份）	维度	题项/个
按时间	Rousseau等（2009）[47]	入职前、入职后	4
按内容	Rousseau和Kim（2006）[14]	发展型、灵活型、减少工作量	6
	Hornung等（2008）[48]	发展型、灵活型	6
	Rousseau等（2009）[47]	工作时间、发展型	6
	Ng和Feldman（2010）[23]	薪酬、晋升机会、培训、职业发展、工作保障、个人问题支持	6
	Hornung（2010）[31]	任务型	4
	Rosen等（2013）[15]	任务和工作职责型、时间灵活型、地点灵活型、财务激励型	16
	Hornung等（2014）[49]	任务型、职业型、灵活型	9
	Tang和Hornung（2015）[50]	发展型、灵活型	12
	Sun等（2020）[51]	职业和激励型、任务型、灵活型	25

资料来源：笔者根据文献资料整理而得。

2.1.3　个性化工作协议的影响因素

在现有研究中，已有多位学者就个性化工作协议的影响因素进行了探究。如 Hornung 等（2008）对以人事规则标准化著称的公务员群体进行了调查，并从工作结构和员工个人方面，对个性化工作协议的影响因素进行了分析[48]。研究表明，工作结构既可以促进也可以抑制个性化工作协议的形成。具体来说，兼职人员在灵活型和发展型个性化工作协议方面表现出了比全职人员更大的定制性。以在家工作的灵活性为基础，远程办公的员工可能会协商更多的灵活型个性化工作协议。对于需要实地工作的员工来说，工作时间和工作地点的要求也限制了他们的灵活性工作安排。在员工个人方面，主动性作为一种以自我启动、持续追求个人和组织目标为特征的行为模式，会促使员工表现出主动设计、要求和谈判工作安排的倾向。

Hornung 等（2009）从结构条件、员工工作行为、雇佣关系方面分析了个性化工作协议的形成原因[52]。在结构条件方面，工作限制、组织规模、团队规模可能会不利于灵活型个性化工作协议。需要员工在特定地点和时间完成的工作任务会限制员工的灵活度，而远程工作则不受时间和地点要求的限制，更有利于个性化安排；在规模较大的团队中，由于对公平的关注，会使得协调个性化工作协议的压力和难度增大，而对于规模较小的团队来说，个性化的工作安排会更容易实施。在员工行为方面，主动性工作行为和个人主动性意味着员工对个人和组织目标的自我追求，会促使员工的个性化工作协议寻求。在雇佣关系方面，当领导认为未能履行对员工的义务时，个性化工作协议可以作为一种非正式的形式来弥补未能履行的义务。Huang 和 Niu（2009）认为，高情商的员工更容易获得定制化的工作条件[53]。

Hornung 等（2010）和 Hornung 等（2014）提出，对于处在高质量领导成员交换关系中的员工来说，他们拥有更大的空间来进行角色设计，领导对他们有更多的信任，也更倾向于支持他们的个性化工作协议请求[31][49]。上述研究证实了，高质量的领导成员交换关系可以正向预测员工的任务型、职业型和灵活型个性化工作协议。此外，Hornung 等（2011）从领导风格角度考量了个性化工作协议的影响因素。研究指出，领导的个性化考虑能够促使他们批准更多的发展型和灵活型个性化工作协议[54]。Lee 和 Hui（2011）从资源交换的角度探究了个性化工作协议的前因[55]。研究发现，员工的个人特质如个人主义和社交技能对员工入职前和入职后个性化工作协议的达成均有显著影响，而员工的内部人身份感知仅与员工的入职后个性化工作协议的达成显著正相关。

Rosen 等（2013）指出，任职时间较长的员工通常拥有更多的培训、经验和忠诚，失去这些员工会给组织带来相当大的成本[15]。因此，为了留住他们，领导可能会批准他们的个性化工作协议。然而，研究结果并未支持这一假设。另外，具有高水平政治技能的员工具有高度的人际影响力和社会敏锐度，因此他们更有可能成功协商个性化工作协议。具有高质量领导成员交换关系的员工可能会与领导建立相互信任和回报的关系，因此他们会更易成功协商个性化工作协议。研究结果表明，政治技能和领导成员交换关系能够正向预测员工的各类型个性化工作协议。

Liao（2014）提出领导风格可能会影响员工的个性化工作协议[56]。该研究认为，员工会倾向于在与服务型领导合作的过程中发起个性化工作协议谈判，而服务型领导也可能会更易批准员工的个性化工作协议请求，因为服务型领导将员工的利益置于首位，且有更强的动力帮助员工获得成功并充分授权。樊耘等（2015）指出，个性化工作协议可能是建立在心理契约差异的基础之上[57]。该研究将心理契约划分为心理契约责任认定和心理契约责任履行，当员工（组织）心理契约责任认定与其所感知到的组织（员工）心理契约责任履行之间存在较大差异，或员工（组织）心理契约责任履行与其所感知到的组织（员工）心理契约责任认定之间存在较大差异时，员工（组织）会主动向组织（员工）提出制定个性化工作协议。

Ng 和 Lucianetti（2016）从动机角度解释了影响员工个性化工作协议谈判的因素[58]。通过对 406 位意大利在职员工的调查，该研究证实了成就动机和地位动机与员工的个性化工作协议获得显著正相关。同时，Ho 和 Tekleab（2016）分析了员工的个性化工作协议寻求与个性化工作协议获得之间的关系[59]。研究表明，并不是所有的个性化工作协议寻求都会得到批准，这可能与他们的性别、行业工作经验和领导成员交换关系质量有关。Guerrero 等（2016）针对 325 位已经毕业近 15 年的法国工程师的研究表明，职业生涯规划能促进员工发展型个性化工作协议的达成，进而提高其职业满意度、晋升速度、组织层级和薪酬水平[60]。Tuan（2016）发现，相较于保守型组织，创业型组织的员工更有可能提出个性化工作协议请求[61]。吕霄等（2016）发现，前摄型人格的员工会不甘环境的束缚，主动与组织进行个性化工作安排的协商，并且其较高的人际影响力有助于他们成功说服领导对其个性化工作协议请求的批准[62]。

郭灵珊（2017）提出，工作伦理代表了一种尊重工作并且以工作为首要目标的价值观，能够正向预测员工的个性化工作协议[63]。研究结果表明，工作伦理的四个维度，包括努力工作是首善、成功来自勤奋、禁欲和内控均与任务型、时间灵活型、地点灵活型和薪酬型个性化工作协议正相关，且当员工具有较高的政治技能时，该正向影响会更强。Guerrero 和 Jeanblanc（2017）认为，社交技能熟练的员工能够与他人建立联系并寻求支持，从而提高了他们获得发展型个性化工作协议的可能[64]。Las Heras 等（2017）通过对 520 份领导—下属数据的分析发现，领导对老人的照顾责任与员工的灵活型个性化工作协议呈正相关[65]。此外，Rofcanin 等（2017）认为，当领导与员工在个性化工作协议谈判后感到员工更多积极和更少消极时，更有可能会批准员工的个性化工作协议请求[66]。

在一项有关于批准和拒绝个性化工作协议的研究中，Davis 和 Van der Heijden（2018）指出，管理者更有可能批准他们认为对员工和组织都有利的个性化工作协议请求[67]。对于那些缺乏自信和业务知识的员工来说，他们的个性化工作协议请求会比较难以获得领导的批准。吕霄等（2018）从领导角度探究了个性化工作协议的形成[68]。该研究证实，授权型领导既强调了"授权"，也强调了"赋能"，倾向于认可下属的主动性、关心和支持下属的个人需求、注重提升与下属的人际关系等，能够有效提升员工的心理安全感，而员工高水平的心理安全感会提高他们向授权型领导寻求更多个性化工作协议的意愿。

Luu 和 Djurkovic（2019）基于对 1182 名医疗工作者及其 168 位领导的调查，发现家长式领导的威权这一维度与员工的个性化工作协议获得呈现出微弱的负相关，而家长式领导的仁慈和道德维度与员工的个性化工作协议获得呈现出正相关[69]。该研究也为组织认同和角色宽度自我效能感在家长式领导和个性化工作协议关系间的中介作用提供了支持。Morf 等（2019）在对银行业员工的调查中发现，低质量的领导成员交换关系可能会导致员工的任务型个性化工作协议谈判失败，从而引发员工的犬儒主义[70]。

Kelly 等（2020）基于资源保存理论提出，领导的情感支持能够提高员工获得时间灵活型个性化工作协议的可能性，因此时间灵活型个性化工作协议是领导情感支持促进员工家庭绩效和减少员工越轨行为的路径[71]。此外，刘瀚（2020）在探究领导幽默对新员工社会化的影响机制时发现，领导幽默可以通过激发新员工的真实自我表达，进而促进其主动地进行工作设计，如工作重塑和寻求任务型个性化工作协议[72]。吕霄等（2020）认为，员工的内在职业目标会促使他们主动寻求学习和提升的工作机会，促使其形成更强烈的学习动机和成长诉求，因此这类员工会主动与领导协商定制化的工作安排[73]。

胡玉婷（2021）从自我验证的理论视角提出，员工的资质过剩感能够正向预测员工的任务型个性化工作协议，其中证明目标导向在两者关系中起到中介作用[74]。王瑶（2021）发现，居家办公会正向促进员工灵活型个性化工作协议的达成[75]。同时，Taser 等（2021）指出，亲社会动机可能是促进领导批准员工灵活型个性化工作协议的重要因素，因为亲社会动机较强的领导会将批准灵活型个性化工作协议视为一个能够支持员工实现工作和生活平衡，以及同时对组织有益的途径[76]。Ng 等（2021）的研究表明，员工的创新贡献是他们能够获得发展型个性化工作协议的一个重要原因[77]。这是因为，员工创新行为的增加能够得到组织的赞赏和认可，使得组织为其提供更多的发展机会，以确认他们在工作中的社会地位。Laulié 等（2021）认为，在过去获得过个性化工作协议的领导更有可能会批准下属的个性化工作协议请求，而领导的公平敏感性与下属个性化工作协议呈倒 U 形关系，即当领导的公平敏感性较高或较低时，他们都不太可能会批准员工的个性化工作协议请求[78]。

最近，Anand 等（2022）通过对 69 个工作组中 258 名员工的调查发现，当员工认为他们的团队领导在程序上是公平的时，他们更有可能会获得个性化工作协议[79]。此外，员工对领导者是否公平的感知受到同事对领导者是否公平的感知的影响，即员工与同事对领导公平认知的一致性会影响员工个性化工作协议的获得。

本书从员工、领导和组织三个角度对个性化工作协议的影响因素进行了梳理汇总，如表 2-2 所示。

表 2-2　个性化工作协议的影响因素汇总

分类	影响因素	学者（年份）
员工角度	主动性	Hornung 等（2008）[48]、Hornung 等（2009）[52]
	社交技能	Lee 和 Hui（2011）[55]、Guerrero 和 Jeanblanc（2017）[64]
	个人主义、内部人身份感知	Lee 和 Hui（2011）[55]
	政治技能、情商	Rosen 等（2013）[15]、Huang 和 Niu（2009）[53]
	心理契约差异	樊耘等（2015）[57]
	成就动机、地位动机	Ng 和 Lucianetti（2016）[58]
	个性化工作协议寻求	Ho 和 Tekleab（2016）[59]
	职业生涯规划	Guerrero 等（2016）[60]
	前摄型人格、工作伦理	吕霄等（2016）[62]、郭灵珊（2017）[63]
	自信、业务知识	Davis 和 Van der Heijden（2018）[67]
	内在职业目标、创新行为	吕霄等（2020）[73]、Ng 等（2021）[77]
	资质过剩感、居家办公	胡玉婷（2021）[74]、王瑶（2021）[75]
	员工对领导公平的感知	Anand 等（2022）[79]

分类	影响因素	学者（年份）
领导角度	未履行对员工的义务	Hornung 等（2009）[52]
	领导成员交换关系	Hornung 等（2010）[31]、Hornung 等（2014）[49]、Rosen 等（2013）[15]、Morf 等（2019）[70]
	个性化考虑、服务型、授权型、家长式领导	Hornung 等（2011）[54]、Liao（2014）[56]、吕霄等（2018）[68]、Luu 和 Djurkovic（2019）[69]
	对老人的照顾责任	Las Heras 等（2017）[65]
	谈判后领导的积极、消极感知	Rofcanin 等（2017）[66]
	情感支持、领导幽默、亲社会动机	Kelly 等（2020）[71]、刘瀚（2020）[72]、Taser 等（2021）[76]
	个性化工作协议、公平敏感性	Laulié 等（2021）[78]
组织层面	兼职、远程工作、实地工作	Hornung 等（2008）[48]
	工作限制、团队规模、组织规模	Hornung 等（2009）[52]
	创业导向	Tuan（2016）[61]

资料来源：笔者根据文献资料整理而得。

2.1.4 个性化工作协议的作用效果

（1）对焦点员工的影响。目前，已有大量研究探索了个性化工作协议对焦点员工的影响。具体地，当前研究不仅证实了个性化工作协议对焦点员工工作态度和工作行为的积极影响，还证实了个性化工作协议的溢出效应。

工作满意度。Hornung 等（2010）发现，入职后的个性化工作协议能够通过提升焦点员工的工作自主性和分配公平感知，进而提升其工作满意度[80]。Rosen 等（2013）通过两项实证研究发现，任务和责任型、时间灵活型个性化工作协议对焦点员工工作满意度和组织承诺具有显著的正向影响，而地点灵活型和财务激励型的效应却不显著[15]。Vidyarthi 等（2014）认为，灵活型个性化工作协议对焦点员工满意度和感知组织支持的影响不是线性的，而是呈现出 U 形[81]。孙宁和孔海燕（2016）探究了在中国情景下，个性化工作协议对员工工作满意度和情感承诺的影响[3]。结果表明，在各个维度中，任务型个性化工作协议对员工工作满意度和情感承诺均有正向影响；时间灵活型和地点灵活型个性化工作协议对员工工作满意度和情感承诺的影响均不显著；薪酬型个性化工作协议仅显著正向影响员工工作满意度。Liao 等（2017）证实了个性化工作协议能够通过增强焦点员工对领导程序公平的感知，进而提高焦点员工的工作满意度[82]。

情感承诺。Ng 和 Feldman（2010）通过对 375 名管理者的调查发现，个性化工作协议能够正向提升焦点员工对组织的情感承诺，当员工核心自我评价较低且年龄较大时，该正向影响越强[23]。Liu 等（2013）验证了个性化工作协议对中国员工情感承诺的影响[24]。研究证实，发展型和时间灵活型个性化工作协议能够通过提升焦点员工的感知组织支持和组织自尊，进一步增强其对组织的情感承诺。其中，员工的个人主义特质起到不同的调节作用，当员工个人主义特质较高时，感知组织支持的中介作用减弱，而组织自尊的中介作用增强。此外，Rofca-nin 等（2016）将个性化工作协议和工作重塑的概念进行了对比，并通过实证研究证实了个性化工作协议对焦点员工情感承诺的积极影响[83]。

留职意向。Ho 和 Tekleab（2016）指出，个性化工作协议不仅能够有效提升焦点员工的工作满意度和组织承诺，还能有效降低他们的离职倾向[59]。Singh 和 Vidyarthi（2018）构建了个性化工作协议影响焦点员工工作结果的研究模型[84]。通过对 338 名教职工的调查发现，个性化工作协议能够显著地降低焦点员工的离职倾向，其中感知组织支持、领导成员交换和领导成员交换比较起中介作用。吴尘（2019）认为，个性化工作协议能够通过提高焦点员工的组织自尊和组织认同，进而提高其留职意向[85]。通过对残障人士的调查，Brzykcy 等（2019）发现，个性化工作协议能够通过提升残障人士的感知工作能力，进而有效地降低他们的离职意向[86]。类似地，Zhang 等（2021）证实个性化工作协议能够同时提升焦点员工的感知内部就业能力和外部就业能力[87]，这一发现与 Oostrom 等（2016）[88] 的结论相似；焦点员工的感知内部就业能力与其离职倾向负相关，感知外部就业能力与其离职倾向正相关，而感知内部绩效机会在其中起到关键作用。

工作感恩。现有研究证实了，个性化工作协议对焦点员工工作感恩的提升作用。如 Ng 等（2021）发现，发展型个性化工作协议的增加能够正向预测焦点员工活力的增加、感恩的增加，以及儒犬主义的降低[77]。Wu 等（2022）同样也发现，发展型和灵活型个性化工作协议能够提高焦点员工的工作感恩，进而减少他们的职场偏离行为[44]。

工作投入。Hornung 等（2010）证实了任务型个性化工作协议能够通过改变员工工作任务的特征，如提高工作复杂度、控制感、降低压力，进而提升焦点员工的工作投入水平[31]。Bal 等（2012）通过对退休人员的调查，发现发展型和灵活型个性化工作协议能够增强退休人员继续工作的意愿[89]。Davis 和 Van der Heijden（2018）发现，个性化工作协议可以提高员工对其心理契约改变的接受程度，进而促进他们的工作投入[67]。此外，Pestotnik 和 Süß（2021）指出，发展型个性化工作协议的获得能够显著降低员工的努力回报不平衡感知，进而对其工作投入水平产生影响[90]；而当员工的个性化工作协议请求被拒绝时，他们会产生较高水平的努力回报不平衡。

工作绩效。Hornung 等（2014）证实，任务型个性化工作协议能够通过提升焦点员工的工作自主性，进而提升其工作绩效[49]。类似地，陈芳（2015）[91]、Bal 和 Dorenbosch（2015）[92] 提出，个性化工作协议能够有效提升组织绩效。Vidyarthi 等（2016）发现，获得高于团队平均水平个性化工作协议的员工会表现出更高的工作绩效[22]；尤其当所在工作组的团队导向较低或团队任务依赖程度较低时，该正向作用越强。然而，吕霄等（2016）在其研究中发现，个性化工作协议可以正向预测焦点员工的创新行为，但与焦点员工的角色内绩效可能存在负相关关系[62]。该研究解释道，这可能是由于获得灵活型个性化工作协议的员工因没有遵照与其他同事相同的上下班时间而降低了对自身工作绩效的主观评价。Rofcanin 等（2021）采用了每周测量的方法，通过对周数据的分析发现，任务型个性化工作协议能够通过丰富焦点员工的结构性工作资源，进而提升其工作绩效[93]。

工作繁荣。张润虹（2020）认为，任务型和发展型个性化工作协议具有社会情感性质，因此将这两种个性化工作协议定义为社会性契约；灵活型和薪酬型个性化工作协议具有经济性质，因此将这两种个性化工作协议定义为经济性契约[94]。该研究认为，社会性契约类似于激励因素，而经济性契约类似于保健因素，因此相较于经济性契约，社会性契约对焦点员工的工作繁荣有着更加显著的正向影响。进一步地，刘雪洁（2021）证实了发展型和灵活型个性化工作协议对年长员工工作繁荣的影响，表明组织能够通过个性化的工作设计，激活老龄化劳动力[95]，这一研究结论与 Bal 和 Jansen（2015）的发现一致[96]。

创新绩效。通过对通信行业 261 名员工的调查，王小健等（2020）发现，发展型和灵活型个性化工作协议能够通过提升焦点员工的组织自尊和变革责任感知，提升其创新绩效[97]。黄昱方和陈欣（2021）构建了任务和责任型及灵活型个性化工作协议影响研发人员创新绩效的研究模型[98]。陈欣（2021）通过对 315 位研发人员的调查发现，任务和责任型个性化工作协议及灵活型个性化工作协议均能显著正向影响研发人员的创新绩效，但任务和责任型比灵活型的影响效应更强。此外，研发人员的活力在上述关系中发挥中介作用[99]。王秋英（2021）分析了个性化工作协议在科创型企业中的有效性，研究发现个性化工作协议能够通过提升焦点员工的组织自尊，进而提高科创型企业的新产品开发绩效[100]。

组织公民行为。Anand 等（2010）通过对 231 对领导—员工的调查发现，发展型个性化工作协议能够正向预测焦点员工的组织公民行为；当员工与领导和团队成员的交换关系质量较差时，该正向影响越强[33]。在此基础上，Anand 等（2018）进一步指出，领导成员交换可能是个性化工作协议影响焦点员工组织公民行为的中介[101]。Huo 等（2014）也验证了个性化工作协议对焦点员工组织公民行为的影响，但该研究的结果只支持了人际公民行为，而未支持组织公民行为[34]。Ho 和 Kong（2015）发现，任务型和财务激励型个性化工作协议能够通过提升领导成员交换关系和满足能力需求，进而激发焦点员工对同事的公民行为[102]。此外，国内一些学者也探究了个性化工作协议对焦点员工组织公民行为的影响。如孙宁（2016）发现，任务型个性化工作协议可以通过提升员工的工作满意度来激发员工的组织公民行为模型[103]。类似地，刘逍（2018）发现焦点员工的组织承诺能够中介任务型和薪酬型个性化工作协议与焦点员工组织公民行为之间的关系[104]。刘宇宇（2021）认为，个性化工作协议能够通过提升员工的组织认同感，进而促使其表现出更多的组织公民行为[105]。

建言行为。Ng 和 Feldman（2015）通过对 265 份美国样本和 201 份中国样本的对比研究发现，发展型和时间灵活型个性化工作协议能够正向预测焦点员工的建设性建言行为[106]。其中，灵活工作角色倾向、社交网络行为和组织信任均在个性化工作协议和建言行为关系间发挥中介作用。与时间灵活型个性化工作协议相比，上述中介变量在发展型个性化工作协议和建言行为关系间的中介作用更强；与美国样本相比，上述中介作用在中国样本中更显著。Ng 和 Lucianetti（2016）发现，员工对其自身个性化工作协议获得的认知能够提升角色内绩效，进而激发其建言行为[58]。

知识共享/隐藏行为。王星勇（2018）和胡玮玮等（2018）指出，个性化工作协议能够激发焦点员工的知识共享行为[107][108]。研究表明，任务型和发展型个性化工作协议能够通过提升焦点员工的组织自尊来进一步激发其知识共享行为，而灵活型个性化工作协议对组织自尊和知识共享行为的正向作用并未得到支持。华培（2021）以自我决定理论为基础，探究了个性化工作协议对员工知识隐藏行为的影响路径。该研究证实，发展型和灵活型个性化工作协议能够通过提高焦点员工的和谐式激情、减少强迫式激情，进而减少焦点员工的知识隐藏行为[109]。

创造力/创新行为。罗萍等（2020）证实，个性化工作协议能够通过满足焦点员工的能力需求、自主需求和关系需求，进而提高其创造力[26]。同时，马君等（2020）指出，个性化工作协议的获得能够促使焦点员工做出积极的自我归类，增强他们认为自己是组织内部人的程度[110]，这一发现与 Ding 和 Chang（2020）的结论一致[111]。内部人身份感知则能够促使其做出符合自己内部人身份的工作行为，即提升自身的创造力水平。另外，潘林玉（2021）认为，个性化工作协议能够通过增加员工的创新过程投入，进而提升其创造力[112]。此外，学者们也探究了个性化工作协议对员工创新行为的影响。如罗佳（2019）通过员工—领导匹配样本，证实了个性化工作协议能够增强员工的组织支持感知，进而增加其创新行为[113]。同时，基于工作要求—资源模型，刘佳思（2019）指出，个性化工作协议能够通过提升焦点员工的创造自我效能感和挑战性压力，进而促进其创新行为[114]。吕霄等（2018）认为，授权型领导可以通过增强员工的心理安全感进而正向影响其个性化工作协议，而个性化工作协议的获得能够正向预测其创新行为[68]。此外，吕霄等（2020）[73] 和 Wang 等（2018）[25] 基于社会认知理论提出，个性化工作协议能够有效提升焦点员工的创新自我效能，进而使得他们做出更多的创新行为。类似地，Kimwolo 和 Cheruiyot（2020）也发现了任务和责任型、灵活型个性化工作协议能够有效增加焦点员工创新行为的证据[115]。李顺（2020）提出，个性化工作协议能够通过提高员工的自主性动机，进而激发他们的创新行为[116]。

负面工作行为。金玉笑等（2018）认为，个性化工作协议能够通过提升焦点员工的工作满意度，进而引发其越轨创新行为[117]。王乙妃（2020）通过构建双中介模型验证了个性化工作协议对焦点员工越轨创新行为的影响[118]。该研究指出，个性化工作协议能够通过内部人身份感知和工作旺盛感的双中介作用，增加焦点员工的越轨创新行为。王国猛和刘迎春（2020）通过对 422 名员工的调查发现，个性化工作协议的获得能够提升焦点员工的组织认同感，而高水平的组织认同感可能会促使其为了维护组织福祉而做出亲组织但非伦理的工作行为，如建设性偏差行为[42]。类似地，王国猛等（2020）还指出，个性化工作协议的获得可能会在一定程度上提升焦点员工的心理特权[119]。为了持续获得个性化工作协议，维持与领导之间高质量的交换关系，焦点员工可能会采取不符合道德规范但有助于企业绩效目标实现的方式来行事，如亲组织不道德行为。刘迎春（2020）证实了个性化工作协议能够引发焦点员工的亲社会违规行为，其中领导成员交换在两者关系间发挥中介作用[120]。

溢出效应。Hornung 等（2008）发现，发展型和灵活型个性化工作协议的效应存在差异，如发展型个性化工作协议与焦点员工的绩效期待和加班正相关，而灵活型个性化工作协议则仅与工作家庭冲突负相关[48]。Hornung 等（2009）发现灵活型个性化工作协议与焦点员工的工作家庭平衡呈正相关，而未发现发展型和减少工作量型个性化工作协议对员工工作家庭平衡的影响[52]。Hornung 等（2011）进一步指出，发展型个性化工作协议仅能提高焦点员工的工作投入，而灵活型个性化工作协议仅能降低员工的工作家庭冲突[54]。Las Heras 等（2017）在其研究中证实，灵活型个性化工作协议能够增强焦点员工对工作家庭平衡的满意度[65]。

在另一项研究中，Las Heras 等（2017）证实了个性化工作协议对家庭领域的溢出效应[121]。灵活型个性化工作协议可以通过提升焦点员工的家庭绩效来间接地提升其工作绩效。该研究还强调，对于感知组织支持度高的员工，灵活型个性化工作协议与其家庭绩效间的正向关系更强；当员工感知阻碍性工作需求较低时，员工家庭绩效和工作绩效间的正向关系更强。此外，Tang 和 Hornung（2015）同样也发现灵活型个性化工作协议能够显著地增强焦点员工的工作家庭增益[50]。类似地，饶静（2020）[122]、Kelly 等（2020）[71]、姚俊巧（2021）[123] 也发现，个性化工作协议能够促进焦点员工的家庭绩效。

Lemmon 等（2016）指出，个性化工作协议可以提升焦点员工的情感承诺和继续承诺[124]。其中，情感承诺能够显著提升焦点员工的角色内绩效以及对领导的公民行为，而继续承诺则能够减少焦点员工的工作家庭冲突，并提高他们的生活满意度。在传染理论的基础上，Bal 和 Boehm（2019）提出，个性化工作协议的积极作用会溢出到组织外部[125]。具体地，个性化工作协议能够有效地降低焦点员工的情绪耗竭水平并增强焦点员工的集体承诺，进而有助于提升客户满意度。

本书将个性化工作协议对焦点员工影响的研究梳理成表格，如表 2-3 所示。

表 2-3　个性化工作协议对焦点员工影响的研究汇总

分类	作用结果	学者（年份）
工作态度	工作满意度	Hornung 等（2010）[80]、Rosen 等（2013）[15]、Vidyarthi 等（2014）[81]、孙宁和孔海燕（2016）[3]、Liao 等（2017）[82]
	情感承诺	Ng 和 Feldman（2010）[23]、Liu 等（2013）[24]、Rofcanin 等（2016）[83]
	留职意向	Ho 和 Tekleab（2016）[59]、Singh 和 Vidyarthi（2018）[84]、吴尘（2019）[85]、Brzykcy 等（2019）[86]、Zhang 等（2021）[87]
	工作感恩	Ng 等（2021）[77]、Wu 等（2022）[44]
角色内行为	工作投入	Hornung 等（2010）[31]、Bal 等（2012）[89]、Davis 和 Van der Heijden（2018）[67]、Pestotnik 和 Süß（2021）[90]
	工作绩效	Hornung 等（2014）[49]、陈芳（2015）[91]、Bal 和 Dorenbosch（2015）[92]、Vidyarthi 等（2016）[22]、吕霄等（2016）[62]、Rofcanin 等（2021）[93]
	工作繁荣	张润虹（2020）[94]、刘雪洁（2021）[95]

分类	作用结果	学者（年份）
角色外行为	创新绩效	王小健等（2020）[97]、黄昱方和陈欣（2021）[98]、陈欣（2021）[99]、王秋英（2021）[100]
	组织公民行为	Anand 等（2010，2018）[33][101]、Huo 等（2014）[34]、Ho 和 Kong（2015）[102]、孙宁（2016）[103]、刘逍（2018）[104]、刘宇宇（2021）[105]
	建言行为、知识共享、隐藏行为	Ng 和 Feldman（2015）[106]、Ng 和 Lucianetti（2016）[58]、王星勇（2018）[107]、胡玮玮等（2018）[108]、华培（2021）[109]
	创造力和创新行为	罗萍等（2020）[26]、马君等（2020）[110]、潘林玉（2021）[112]、罗佳（2019）[113]、刘佳思（2019）[114]、吕霄等（2018）[68]、吕霄等（2020）[73]、Wang 等（2018）[25]、Kimwolo 和 Cheruiyot（2020）[115]、李顺（2020）[116]
负面工作行为	越轨创新、建设性偏差、亲组织不道德、亲社会违规	金玉笑等（2018）[117]、王乙妃（2020）[118]、王国猛和刘迎春（2020）[42]、王国猛等（2020）[119]、刘迎春（2020）[120]
溢出效应	工作家庭平衡	Hornung 等（2008）[48]、Hornung 等（2009）[52]、Hornung 等（2011）[54]、Las Heras（2017）[65]
	家庭绩效	Las Heras 等（2017）[121]、Tang 和 Hornung（2015）[50]、饶静（2020）[122]、Kelly 等（2020）[71]、姚俊巧（2021）[123]
	生活满意度、客户满意度	Lemmon 等（2016）[124]、Bal 和 Boehm（2019）[125]

资料来源：笔者根据文献资料整理而得。

（2）对同事的影响。Rousseau（2005）和 Greenberg 等（2004）指出，个性化工作协议的最终有效性受到一个三角关系的影响，包括批准个性化工作协议的领导、获得个性化工作协议的焦点员工及其同事[16][17]。由于其群体内异质性特征，个性化工作协议在组织中的实施不可避免地会引起利益相关第三方同事的反应。现有研究在探究了个性化工作协议对焦点员工的影响之外，也对同事对焦点员工个性化工作协议的反应进行了初步探索。

Lai 等（2009）首次通过实证研究调查了同事对焦点员工个性化工作协议的反应[18]。该研究指出，同事对焦点员工个性化工作协议的接受程度受到人际关系的影响，即当同事与焦点员工私下关系较好时，他们更容易接受焦点员工的个性化工作协议。此外，同事的接受度还受到三角关系中的另一条线，即同事与领导之间交换关系的影响。Lai 等（2009）将交换关系分为两种，包括经济交换关系和社会交换关系。经济交换关系强调的是涉及财务或货币如工资津贴等资源的交换，它的特点是员工和领导双方投入较少的个人情感资源；而社会交换关系则不仅只包括金钱的交换，还包括双方的相互支持、人际依恋、信任和忠诚等互惠交换。同事与领导之间的经济交换关系负向预测同事对焦点员工个性化工作协议的接受程度，而社会交换关系则正向预测同事的接受程度。与此同时，当同事与领导之间的关系是社会交换关系时，同事会相信自己在未来有同样的机会能够获得类似的个性化工作安排，从而表现出更高水平的接受度，而同事与领导之间的经济交换关系则会起到反作用[18]。

Ng（2017）基于公平理论指出，观察到焦点员工个性化工作协议的同事可能会产生较高水平的嫉妒，进而增强同事对竞争氛围的感知，而竞争氛围则会进一步增强同事的被排斥感知和离职倾向[27]。同样地，基于公平理论，Marescaux等（2019）发现，相较于灵活型个性化工作协议和工作量减少型个性化工作协议，焦点员工的薪酬激励型个性化工作协议更有可能引发同事的分配不公平感知，进而使得同事表现出更多的抱怨行为和要求金钱补偿的行为[126]。

Kong等（2020）从资源角度，探究了同事对焦点员工个性化工作协议的反应[28]。该研究证实了，焦点员工的任务型个性化工作协议能够降低其自身的情绪耗竭水平，进而减少其偏离行为；但与此相反，焦点员工的任务型个性化工作协议可能会增强同事的情绪耗竭水平，进而使得同事表现出较多的偏离行为。基于公平启发式理论和特质激活理论，Huang和Tang（2021）构建了焦点员工个性化工作协议影响同事创新行为的理论模型。通过两个研究的实证分析，发现焦点员工的个性化工作协议会导致旁观者（即同事）的创新过程投入降低，其中，旁观者的心理契约违背在两者关系间起到中介作用[127]。同时，Zhang等（2021）发现，焦点员工的个性化工作协议获得可能会通过增强同事的不公平感知，进而降低同事与焦点员工的合作意愿[128]。

Abdulsalam等（2021）发现，焦点员工的薪酬绩效型个性化工作协议会显著负向影响旁观者的工作绩效，但当旁观者与焦点员工的绩效相似性较高时，上述负向影响就会减弱[129]。这是因为，较高水平的绩效相似性会使得旁观者认为自己在未来也能获得相似的组织待遇，因此不会在当下就表现出消极反应。Van Waeyenberg等（2023）从归因角度探究了焦点员工个性化工作协议对同事的影响[130]。通过两项独立但互补的研究，学者们发现，当同事将焦点员工的灵活型个性化工作协议归结于焦点员工的个人需求时，同事会对自己的能力评价较高，从而展现出更多的组织公民行为；但当同事将焦点员工的灵活型个性化工作协议归结于焦点员工的绩效时，同事会降低对自己能力的评价，进而较少地表现出组织公民行为。

近年来，国内一些学者也开始逐渐关注焦点员工的个性化工作协议对其同事的影响。比如，基于公平理论，熊静等（2018）探索了个性化工作协议对同事工作退缩行为的影响机制[32]。熊静（2019）研究发现，焦点员工的个性化工作协议会导致同事心理契约违背感提高，进而增加其工作退缩行为，且同事与组织之间的社会交换关系能够显著地削弱该正向影响[131]。同样基于公平理论，杨健婷（2021）探究了焦点员工个性化工作协议对同事离职倾向的影响[132]。该研究指出，同事的公平感知中介了焦点员工个性化工作协议与同事离职倾向之间的正向关系；同时，团队成员之间的交换关系质量能够减弱个性化工作协议对同事公平感知的负向影响。此外，任政（2020）通过修订中文情景下的个性化工作协议量表，构建了焦点员工个性化工作协议对同事沉默行为的影响模型[133]。通过对222份有效样本的实证分析，该研究发现焦点员工个性化工作协议与同事的沉默行为显著正相关，其中员工的消极情绪在两者关系之间起中介作用；并且，该影响机制受到同事公平敏感性的调节，即对于公平敏感性较高的同事来说，焦点员工所获得的个性化工作协议越多，他们的消极情绪就越强，所表现出的沉默行为就越多。王林琳等（2021）通过对204位员工的调查发现，新员工的个性化工作协议可能会引起同事的双重反应，包括职场排斥和自我完善，而嫉妒感在其关系之间起到中介作用[134]。

本书将有关于焦点员工个性化工作协议影响第三方同事反应的研究梳理形成表格，如表2-4所示。

表 2-4　个性化工作协议对同事影响的研究汇总

学者（年份）	研究结论
Lai 等（2009）[18]	关系越好，同事越会表现出更高的接受度；同事与领导的社会交换关系能够增强同事对自己未来获得个性化工作协议的感知，进而表现出更高的接受度，而经济交换关系则相反
Ng（2017）[27]	增加同事嫉妒和竞争氛围感知，从而提高同事的被排斥感知和离职倾向
熊静等（2018）[32]	导致同事的心理契约违背感提高，进而导致其工作退缩行为
Marescaux 等（2019）[126]	引发同事的分配不公平感知，进而导致同事的抱怨和要求补偿
Kong 等（2020）[28]	导致同事的情绪耗竭，从而激发其偏离行为
任政（2020）[133]	通过增加同事的消极情绪而导致其沉默行为增多
Huang 和 Tang（2021）[127]	导致旁观者心理契约违背，从而导致其创新过程投入减少
Zhang 等（2021）[128]	导致同事不公平感知增加，进而降低其与焦点员工的合作意向
Abdulsalam 等（2021）[129]	会降低同事的工作绩效，但当同事和焦点员工绩效相似性较高时，该负向影响减弱

学者（年份）	研究结论
杨健婷（2021）[132]	通过负向影响同事的公平感知，导致同事离职倾向增强
王林琳等（2021）[134]	可能会引起同事的职场排斥和自我完善，而嫉妒感发挥中介作用
Van Waeyenberg 等（2023）[130]	当同事将个性化工作协议归结于焦点员工的个人需求而非高绩效时，他们会认为自己更有能力，从而展现出更多的组织公民行为

资料来源：笔者根据文献资料整理而得。

（3）个性化工作协议的调节效应。学者们不仅探索了个性化工作协议对焦点员工及其同事的直接影响，还关注了个性化工作协议在不同情景中的调节效应。

樊耘等（2015）在剖析个性化工作协议的形成过程时指出，个性化工作协议是源于员工或组织心理契约比较的差异，因此它能够在一定程度上弥补员工的心理契约破坏[57]。Guerrero 等（2014）以 136 名被组织认定为高绩效工作者的中高级管理者为调研样本，证实了信任在心理契约违背和组织情感承诺关系间的中介作用，且当发展型个性化工作协议较高时，该中介效应不显著[135]。换句话说，在心理契约违背的情况下，发展型个性化工作协议可以作为一种信任补充，修复员工因心理契约违背而降低的组织情感承诺。与此相反，Ng 和 Feldman（2012）提出，心理契约违背会削弱员工对组织的情感承诺，而组织未来个性化工作协议的承诺不仅不会缓冲该负面影响，反而会加剧心理契约违背对员工情感承诺的消极影响[136]。经过实证检验，研究结果并未支持这一双方交互效应，但证实了一个三方交互效应，即当员工被承诺未来的个性化工作协议，且员工认为在其他地方几乎找不到类似的工作选择时，心理契约违背对员工情感承诺的负向影响达到最大。学者们解释为，员工会因组织契约违背而产生对组织的不信任感，并且会将这种不信任感带入未来的雇佣关系中。因此，经历过组织契约违背的员工会将组织的未来个性化工作协议承诺视为组织不履行现有协议的借口。而感知工作选择则反映出员工的市场价值，当员工感知外部工作选择较多时，他们会对组织履行未来个性化工作协议的承诺更有信心；但当员工感知外部工作选择较少时，他们会认为自己的谈判能力较弱，且对组织的影响力较小，因此组织可能不会兑现其未来个性化工作协议承诺。

此外，张伟伟（2016）在其研究中指出，个性化工作协议能够有效缓解员工资质过剩感与其工作投入之间的负向关系，其中任务型个性化工作协议的调节作用最强，时间灵活型和薪酬型两维度次之，地点灵活型个性化工作协议的调节作用不显著[137]。相似地，郝逸斐（2020）以 335 位新生代员工为样本，证实资质过剩感会通过增加员工的工作疏离感，进而减少员工的积极组织行为，而个性化工作协议能够对上述机制起到调节作用[138]。在个性化工作协议的各个维度中，任务型个性化工作协议的调节作用最强，薪酬型和发展型次之，灵活型个性化工作协议的调节作用则不显著。此外，朱彩玲（2020）通过实证研究发现，个性化工作协议能够影响资质过剩感与员工情绪之间的关系，即当员工的个性化工作协议越多，资质过剩感对员工消极情绪的正向影响越小，对员工积极情绪的正向影响越大[139]。

本书将个性化工作协议的调节效应梳理形成表格，如表 2-5 所示。

表 2-5　个性化工作协议的调节效应汇总

工作情景	学者（年份）	研究结论
心理契约违背	Ng 和 Feldman（2012）[136]	在高未来个性化工作协议承诺和低感知工作选择的情况下，心理契约违背对员工情感承诺的负面影响最大
	Guerrero 等（2014）[135]	可以作为一种信任补充，修复员工因心理契约违背而降低的组织情感承诺
资质过剩感	张伟伟（2016）[137]	任务型、时间灵活型和薪酬型个性化工作协议能够有效缓解员工资质过剩感与其工作投入之间的负向关系
	郝逸斐（2020）[138]	任务型、薪酬型和发展型个性化工作协议能够减弱资质过剩感对员工工作疏离感的影响，进而影响其积极组织行为
	朱彩玲（2020）[139]	能够削弱资质过剩感对员工消极情绪的正向影响，增强资质过剩感对员工积极情绪的正向影响

资料来源：笔者根据文献资料整理而得。

2.2　人际帮助行为

2.2.1　人际帮助行为的概念

长久以来，帮助行为被视为人类社会性的核心要素之一，吸引了众多学者的关注。早在 19 世纪，社会学之父 Augustus Comte 便将利他主义这一术语引入，来探索人际帮助行为（Interpersonal Helping Behavior）的本质。20 世纪时，社会生物学家们对利他主义与人际帮助行为之间的关联进行了深入讨论。例如，

Hamilton（1971）基于行为的预期后果提出，在个体进行帮助行为时可能会减少自己的个体适应性，但其帮助行为会使群体中其他人获得即时或未来回报的好处[140]。这一定义与 Dawkins（1976）描绘的利他主义所强调的特征一致，即牺牲自己的利益来增加另一个实体的福祉[141]。因此，众多社会生物学者基于行为后果视角，将帮助行为视为一种利他主义行为。

随着对人类本性是利他还是利己的讨论愈加激烈，社会心理学家们也对帮助行为产生了浓厚的兴趣。然而，与社会生物学家的研究视角不同，多数心理学家通过强调意图和结果的重要性将利他主义描述为一种特殊类型的人际帮助行为[142]。正如 Batson 等（1981）所指出的，利他主义是一种特殊类型的帮助，这种帮助包括对受助者有利的后果、帮助者的帮助意图、无明显的外部强化，以及旨在提高他人福祉的最终目标[142]。为了区分人际帮助行为和利他行为，Dovidio（1984）将人际帮助行为重新定义为，为他人提供某种利益的自愿行为[143]。Dovidio（1984）指出，人际帮助行为虽然通常在表面上对受助者有益，但该行动在实际上可能没有改善受助者的现状，并且人际帮助行为与帮助者是否与受助者进行过个体接触以及是否有外部奖励并无本质联系[143]。受到这股思潮的影响，学者们逐渐将帮助行为视为一种自发的工作行为[144]，这种观念与社会系统学派代表人物 Barnard（1938）所提出的"人际帮助行为是一种给予他人帮助而不求回报的行为"一致[145]。

在组织行为领域的研究中，人际帮助行为通常被视为角色外行为和组织公民行为的核心维度之一。如 Williams 和 Anderson（1991）将组织公民行为分为组织导向的公民行为（OCB-O）和人际导向的公民行为（OCB-I）[146]。其中，人际导向的公民行为就是指人与人之间的互相帮助与合作行为，包含一系列直接会使某个个体获益并可能会间接促进组织发展的行为。之后，Van Dyne 和 LePine（1998）将员工的角色外行为分为四类，包括促进行为、抑制行为、亲和行为、挑战行为，而人际帮助行为被描述为亲和行为与促进行为的结合体[147]。一方面，人际帮助行为是一种合作行为，具有促进行为的基本属性；另一方面，人际帮助行为又是直接而明显的亲和行为，因为它建立和维护了人际关系并强调人际和谐。鉴于此，Van Dyne 和 LePine（1998）将人际帮助行为定义为有利于他人的、促进性的、非互惠性的合作行为[147]。类似地，Podsakoff 等（2000）将人际帮助行为纳入组织公民行为的七个维度之一，并将其定义进一步扩大为，促进人际和谐并帮助同事解决或避免工作问题的自愿行为[148]。

随着研究的不断深入，人际帮助行为的概念更加清晰。如 Bamberger 和 Levi（2009）将人际帮助行为描述为员工无偿花费自身的时间和精力来支持他人工作的行为[149]。Spitzmuller 和 Van Dyne（2013）将人际帮助行为分为被动帮助和主动帮助[150]。其中，被动帮助行为是由情境诱发的，即帮助是为了满足他人的需求或是对领导、同事和组织之前积极对待的回应；主动帮助行为受到帮助者内在需求的激发，是为了满足帮助者的个人需求。Zhu 和 Akhtar（2014）认为，人际帮助行为是一种人际导向的公民行为，是指那些能够使团队成员直接受益，进而使得组织整体效益提升的个人自愿行为[151]。此外，国内一些学者也对人际帮助行为的概念进行了探究，如周文娟等（2013）将人际帮助行为定义为组织成员自愿为同事提供工作信息和资源、分担工作任务、协助解决或预防工作问题的行为[152]。此外，金杨华等（2021）提出，与个体层面帮助组织成员不同，团队帮助行为是仅限于团队内部成员之间的相互帮助和支持的规范或团队特征水平的集体现象[153]。

本书将人际帮助行为的概念梳理形成表格，如表 2-6 所示。

表 2-6　人际帮助行为的概念汇总

学者（年份）	概念
Barnard（1938）[145]	一种给予他人帮助而不求回报的行为
Hamilton（1971）[140]	会减少自己的个体适应性，但使他人获得即时或未来好处的行为
Dovidio（1984）[143]	为他人提供某种利益的自愿行为
Williams 和 Anderson（1991）[146]	使某个个体获益并间接促进组织发展的行为
Van Dyne 和 LePine（1998）[147]	有利于他人的、促进性的、非互惠性的合作行为
Podsakoff 等（2000）[148]	促进人际和谐并帮助同事解决或避免工作问题的自愿行为
Bamberger 和 Levi（2009）[149]	员工无偿花费自身的时间和精力来支持他人工作的行为
Spitzmuller 和 Van Dyne（2013）[150]	被动帮助是为了满足他人的需求或回报他人；主动帮助是为了满足帮助者的个人需求
Zhu 和 Akhtar（2014）[151]	使团队成员直接受益，进而使得组织整体效益提升的个人自愿行为
周文娟等（2013）[152]	自愿为同事提供工作信息和资源、分担任务工作、协助解决或预防工作问题的行为
金杨华等（2021）[153]	团队内部成员相互帮助和支持的规范或团队特征水平的集体现象

资料来源：笔者根据文献资料整理而得。

通过对现有研究中人际帮助行为概念的梳理，本书认为，人际帮助行为是一种以人际为导向的组织公民行为，即帮助者通过利用自己的资源和精力，帮助他人解决或预防与工作相关的问题，从而使得他人直接获益，并间接地使组织获益的行为。

2.2.2 人际帮助行为的测量

随着人际帮助行为概念的不断完善，诸多学者也开始关注其测量工具。在现有研究中，多数学者从个体角度对人际帮助行为进行了测量。例如，较多学者采用了 Williams 和 Anderson（1991）的人际导向的公民行为维度（OCB-I）来测量员工在组织中的帮助行为[146]。该量表适用范围较广，既可以员工自评、同事互评，也可以采取领导配对打分的方式进行测量，包括"帮助缺席的人""帮助工作负担重的人""协助完成工作，即使没有被要求""花时间倾听同事的问题和担忧""尽心地帮助新员工""对其他员工感兴趣""将信息传递给同事"7 个题项。类似地，Van Dyne 和 LePine（1998）通过改编已有的组织公民行为量表形成了人际帮助行为量表[147]。该研究通过自评、他评、领导评价对此量表进行了信效度检验，共包含 7 个题项，分别是"自愿为工作团队做事""帮助新员工熟悉和适应工作团队""参加对工作团队有帮助的活动""帮助其他人完成工作，从而使团队获益""参与有益于工作团队的活动""帮助其他人了解他们的工作""帮助其他人履行他们的工作职责"。此外，Shen 和 Benson（2016）开发了针对中国样本的人际帮助行为量表，共 4 个题项，分别是"自愿为工作组做事情""帮助其他成员完成他们的工作职责""帮助工作组中的新员工适应新环境""帮助工作组中的其他人了解工作"[154]。

同时，也有学者从团队角度对人际帮助行为进行了测量。如 Choi（2009）认为人际帮助行为应该包含群体层面和个人层面，由于参照物的不同，员工可能对个人帮助（如我帮助他）和团体帮助（如成员互相帮助）有不同的看法，并产生显著的感知差距[155]。因此，Choi（2009）基于 Moorman 和 Blakely（1995）[156] 的研究开发了团体层面的帮助行为量表[155]。此量表包含 3 个题项，分别是"组织成员不遗余力地帮助同事解决与工作相关的问题""即使在最困难的业务或个人情况下，组织成员也会对同事表现出真诚的关心""组织成员自愿帮助新员工适应工作"。

此外，基于 Spitzmuller 和 Van Dyne（2013）所提出的主动帮助和被动帮助[150]，高丽丽（2014）编制了共 11 个题项的人际帮助行为量表[157]。其中，主动帮助行为包含 6 个题项，如"主动分享新的或更有效的工作方法"和"主动帮助工作落后的同事"等；被动帮助行为包含 5 个题项，如"怕影响人际关系，对同事的要求才给予帮助"和"只有当同事因工作失误可能会损害组织利益时才给予帮助"等。她指出，尽管两者都会直接或间接地对受助者产生积极影响，但两者之间存在明显的差异。主动帮助行为具有较高的持续性，会给帮助者带来积极的情感体验，而被动帮助行为是在他人请求协助时才会发生，持续时间较短，可能会给帮助者带来工作负荷增加等负面影响。

本书将人际帮助行为的测量量表进行梳理形成表格，如表2-7所示。

表2-7 人际帮助行为的测量量表汇总

学者（年份）	测量方式	题项/个
Williams 和 Anderson（1991）[146]	个人层面，员工自评、同事互评、领导配对打分	7
Van Dyne 和 LePine（1998）[147]	个人层面，员工自评、同事互评、领导配对打分	7
Shen 和 Benson（2016）[154]	个人层面，员工自评、同事互评、领导配对打分	4
Choi（2009）[155]	团队层面，员工评价后聚合到团队层面、领导评价	3
高丽丽（2014）[157]	主动帮助和被动帮助两维度，员工自评	11

资料来源：笔者根据文献资料整理而得。

2.2.3 人际帮助行为的相关研究

（1）影响因素。现有研究表明，组织中的多种因素会对员工的人际帮助行为产生影响，这些因素可以分为与员工个体相关、与同事相关、与领导相关及组织相关的因素。

第一，与员工个体相关。Podsakoff 等（2000）指出，帮助行为作为一种自愿的角色外行为，与个人特质紧密相关[148]。如 Isen 等（1976）从认知过程的视角提出，情绪积极的人对生活有更积极的看法，可能会更多地考虑帮助他人的回报而不是提供帮助的成本，并通过两项实证研究证实了积极情绪对帮助行为的正向影响[158]。随后，Carlson 等（1988）为积极情绪如何影响帮助行为提供了另一种解释，即情绪积极的人会通过低成本的帮助来维持自己的情绪状态[159]。Spector 和 Fox（2002）构建了一个以情感为中心的自愿工作行为模型，并指出，幸福、喜悦和热情之类的积极情绪会促进个体的助人行为[144]。此外，部分学者考察了大五人格与人际帮助行为的关系。如 Organ 和 Ryan（1995）的一项元分析表明，宜人性与人际帮助行为正相关[160]。King 等（2005）通过对 374 名女性及其上司配对样本的分析发现，在预测帮助行为方面，责任心与宜人性、外向性和情绪稳定性之间存在显著的交互作用[161]。Conway 等（2009）通过对 80 名参与者的经验抽样研究，发现利他主义对参与者的后期帮助行为有显著的正向影响[162]。Yang 等（2011）发现主动性人格与个体的帮助行为正相关[163]。

另外，研究还证实了集体主义倾向于员工帮助行为的关系。如 Moorman 和 Blakely（1995）提出，集体主义者更有可能通过人际帮助来增加群体福利，即使这种帮助与他们的个人利益没有直接关系[156]。国内学者冯琳琳和张乐琳（2021）在中国情景下，同样证实了集体主义对人际帮助行为的正向影响，研究表明集体主义能够直接正向提升个人的助人意愿、助人时间、助人金钱和活力[164]。此外，周天爽等（2020）发现，个人的权利感会抑制其助人行为，社会距离在两者关系间发挥中介作用，但当个体责任感较强的情况下，该负向影响不显著[165]。最近，Sawyer 等（2022）的一项研究表明，员工的正念可以在一定程度上提升员工的感恩，进而激发他们的帮助行为[166]。

第二，与同事相关。基于互惠原则，Deckop 等（2003）提出，员工对同事帮助行为的多少可能是由同事对员工的组织公民行为来决定的[167]。通过对 157 份员工—领导的配对数据分析，结果表明，同事的组织公民行为是员工对同事帮助行为的重要预测因素。相似地，以资源保存理论为基础，Halbesleben 和 Wheeler（2015）提出了一个基于同事的社会支持和信任的互惠资源获取螺旋[168]。研究指出，同事的组织公民行为会使员工感知到的资源可用性增多，产生较高水平的同事信任，进而促使他们也同样表现出更多的组织公民行为和帮助行为。此外，Liao 等（2008）发现，员工所感知到的与团队同事之间的深度相似性会通过改善他们的整体工作态度，进而激发他们的帮助行为[169]。

相对地，成员之间的负向人际互动会明显地减少员工的帮助行为。如 Peng 和 Zeng（2017）指出，当组织中使用 360 反馈来进行考核时，被同事排斥会严重损害员工的组织自尊，进而会导致人际偏离行为的增加和人际帮助行为的减少[170]。类似地，Cheng 等（2023）探究了职场负面八卦对人际帮助行为的影响[171]。通过对 526 名中国酒店行业人员的调查发现，职场负面八卦会降低成员之间的关系亲密度，进而减少成员的帮助行为。Sun 等（2021）基于社会比较理论提出，同事嫉妒与员工感知到的同事帮助负相关[172]。

第三，与领导相关。现有研究证实，领导力和领导风格会对员工的人际帮助行为产生显著影响。如 Zhu 和 Akhtar（2014）考察了变革型领导与下属员工对同事人际帮助之间的关系[151]。实证结果显示，变革型领导显著正向影响员工对同事的帮助行为，其中基于情感的信任和基于认知的信任起到中介作用。Zou 等（2015）检验了服务型领导和员工人际帮助行为之间的关系，该研究表明服务型领导能够显著增加员工的帮助行为，其中领导成员交换关系和团队成员交换关系发挥中介作用[173]。之后，郑晓明和王倩倩（2016）基于资源保存理论，探讨了伦理型领导对员工人际帮助行为的影响[174]。研究发现，伦理型领导能够通过提升员工的幸福感，进而激发他们的助人行为。基于社会认知和情感事件理论，Xia 等（2019）从动机和情感的角度研究了辱虐型领导如何影响员工的帮助行为[175]。研究结果表明，辱虐型领导会通过降低员工的自我效能，进而减少员工的人际帮助行为。罗文豪和陈佳颖（2020）探究了谦卑型领导对员工助人行为的影响，研究发现谦卑型领导能够通过增强员工对领导的信任，进而增加员工的主动帮助行为和被动帮助行为[176]。

此外，现有研究还表明，高质量的领导成员交换关系能够在一定程度上激发员工的人际帮助行为。如刘蕴等（2016）分别从个体和团队层面构建了领导成员交换关系对员工助人行为的影响[177]。该研究发现，个体和团队层面的高质量领导成员交换关系能够对个体和团队层面的助人行为产生正向影响，其中人际公平发挥中介作用；当团队成员间的领导成员交换关系差异越小时，上述正向影响越显著。Sparrowe 等（2006）发现，领导的激励、协商和交换策略可能会影响员工的人际帮助行为，但这取决于领导成员关系的质量[178]。对于领导成员交换关系质量较低的员工，领导的激励和交换策略会抑制他们的帮助行为，而协商策略会增加他们的帮助行为。

第四，与组织相关。现有研究表明，团队凝聚力对员工的人际帮助行为有显著的影响。如 Kidwell 等（1997）证明，在更有凝聚力的团队中，员工所做出的人际帮助行为要比仅基于工作满意度或组织承诺所做出的人际帮助行为多[179]。Ng 和 Van Dyne（2005）通过构建一个跨层次模型来预测团队层面的凝聚力、合作规范和任务冲突与个人帮助行为的相关程度，同样证明了组织中高度的合作规范和团队凝聚力均会显著促进成员之间的帮助行为[180]。

同时，组织公正也被证实是人际帮助行为的显著预测因子。如 Farh 等（1990）认为人际帮助行为是一种自愿行为，个体可以根据对组织是否公正的感知来自行调整帮助行为的水平[181]。同样，Moorman（1991）发现，人际帮助行为与组织公正密切相关[182]。其在研究中指出，组织不公平的员工可能会降低实施公民行为的频率或程度。Messer 和 White（2006）通过对 138 名员工的调查发现，与员工的情绪相比，员工对组织公平的看法可能会对其角色外行为有更持久的影响[183]。Shin 等（2015）从 107 个工作团队的 1064 名员工处收集了为期三年的多波数据，以此来测试程序公平对员工人际帮助行为的多层次影响[184]。结果表明，程序公平氛围通过两个中介激发了员工的助人行为，即团体层面的同事信任氛围和个人层面的组织承诺。此外，从组织宏观层面上，Mossholder 等（2011）提出，组织中的人力资源管理系统会通过影响团队的关系氛围，进而影响组织成员的人际帮助行为[185]。杨建锋等（2022）剖析了团队成员助人行为决策的形成过程[186]。他们指出，工作特征、团队薪酬能够分别通过影响团队成员的工作投入和团队认同，进而影响团队成员之间的互助行为。

本书将人际帮助行为的影响因素梳理形成表格，如表 2-8 所示。

表2-8 人际帮助行为的影响因素汇总

分类	影响因素	学者（年份）
与员工个体相关	积极情绪	Isen 等（1976）[158]、Carlson 等（1988）[159]、Spector 和 Fox（2002）[144]
	大五人格	Organ 和 Ryan（1995）[160]、King 等（2005）[161]
	利他主义、主动性	Conway 等（2009）[162]、Yang 等（2011）[163]
	集体主义	Moorman 和 Blakely（1995）[156]、冯琳琳和张乐琳（2021）[164]
	权利感、正念	周天爽等（2020）[165]、Sawyer 等（2022）[166]
与同事相关	同事 OCB	Deckop 等（2003）[167]、Halbesleben 和 Wheeler（2015）[168]
	与同事相似性	Liao 等（2008）[169]
	职场排斥、负面八卦	Peng 和 Zeng（2017）[170]、Cheng 等（2023）[171]
	同事嫉妒	Sun 等（2021）[172]
与领导相关	领导风格	Zhu 和 Akhtar（2014）[151]、Zou 等（2015）[173]、郑晓明和王倩倩（2016）[174]、Xia 等（2019）[175]、罗文豪和陈佳颖（2020）[176]
	领导成员交换	刘蕴等（2016）[177]
	领导策略	Sparrowe 等（2006）[178]
与组织相关	团队凝聚力	Kidwell 等（1997）[179]、Ng 和 Van Dyne（2005）[180]
	组织公平	Farh 等（1990）[181]、Moorman（1991）[182]、Messer 和 White（2006）[183]、Shin 等（2015）[184]
	人力资源管理系统	Mossholder 等（2011）[185]
	工作特征、团队薪酬	杨建锋等（2022）[186]

资料来源：笔者根据文献资料整理而得。

（2）作用效果。第一，对帮助者本身。现有研究表明，实施帮助行为会给帮助者本身带来影响，但这种影响是复杂的。一方面，实施帮助行为能够对帮助者产生积极影响。如 Whiting 等（2008）检验了帮助行为与绩效评价之间的因果关系，研究发现，助人行为对帮助者的绩效评价有正向的影响，也就是说，员工做出的助人行为越多，他们越会得到较高的绩效评价[187]。Grant 和 Sonnentag（2010）提出，帮助他人的经历会使得帮助者将注意力集中在他人的积极结果上，从而缓解了消极任务和低自我评价对其自身情绪耗竭的影响[188]。同样，Glomb 等（2011）也认为人际帮助行为可以改善帮助者的个人情绪，因为帮助他人可以获得一定的满足感，并将其注意力从个人的负面情绪上转移开[189]。Sonnentag 和 Grant（2012）指出，在工作中帮助他人的积极效应甚至会溢出到帮助者的家庭领域[190]。通过对 68 名消防员和救援人员一周每天两次的考察，他们发现，在工作中帮助他人的经历可以通过感知能力和反思的认知机制使帮助者产生在家中的延迟情感溢出。

另一方面,现有研究从资源角度指出,实施帮助行为会给帮助者本身带来成本。陈明淑和陆擎涛(2019)指出,帮助行为与帮助者本身的工作幸福感之间的关系呈倒 U 形[191],表明助人行为会给帮助者本身带来资源增益和资源损耗。肖金岑等(2021)认为,实施帮助行为会损耗帮助者的自控资源,进而导致他们的偏离行为[192]。同样地,Lanaj 等(2016)基于自我损耗理论提出,帮助行为与帮助者资源损耗之间是一种曲线关系,即帮助水平越高,资源损耗的速度越快,但帮助者的亲社会动机能缓和这一负向关系[193]。基于资源保存理论,Lin 等(2020)提出了一个增益和损耗的双重模型[194]。他们的研究表明,人际帮助行为可能会增益帮助者的心理资源,如心理安全和心理意义,进而提高他们的工作投入水平;同时,也可能会损耗他们的心理资源,造成情绪耗竭,进而降低他们的工作投入水平;而工作投入又与他们随后的帮助行为正相关。

第二,对他人和团队。现有研究表明,人际帮助行为除了会对帮助者本身产生影响之外,还会对他人产生影响。如占小军等(2019)从旁观者角度探讨了同事帮助行为对职场不文明行为的影响,结果表明,同事帮助行为能够通过减少旁观者的道德推脱,进而减少职场中的不文明行为[195]。Zhang 等(2020)探讨了领导帮助行为对下属员工的影响,研究发现,领导的帮助行为与下属员工的帮助行为呈正相关,而下属的帮助行为能进一步促进员工的工作成长[196]。同时,Smallfield 等(2020)指出,团队帮助行为会增强领导对团队积极情感基调的认知,进而促使领导更多地表现出授权型领导风格,并降低领导的辱虐倾向[197]。

此外,人际帮助行为还被认为是团队和组织绩效的有效预测指标。如 Podsa-koff 和 MacKenzie(1994)指出,员工的人际帮助行为不仅会影响管理者对其业绩的评价,还有助于组织的成功[198]。之后,Podsakoff 等(2009)的研究同样表明,组织中的人际帮助行为能够有效地提高组织的生产力、效率、客户满意度和营业额[199]。此外,Bachrach 等(2006)发现,员工人际帮助行为对团队绩效的影响似乎受到团队任务特征的影响[200]。他们的研究表明,在高任务依赖条件下,员工的人际帮助行为与团队绩效呈显著正相关;在低任务依赖条件下,员工的人际帮助行为与团队绩效呈显著非线性相关。这种效应表明,在低水平任务依赖条件下,中等水平的人际帮助行为能够有效促进团队绩效,而高水平和低水平的人际帮助行为均与较低的团队绩效有关。最近,Wang 等(2022)的一项研究发现,团队成员的帮助行为除了能够显著地提升团队绩效之外,还能有效地降低团队的离职率[201]。

本书将人际帮助行为的影响效果梳理形成表格,如表 2-9 所示。

表 2-9　人际帮助行为的影响效果汇总

分类	作用结果	学者（年份）
对帮助者本身	提高绩效评估	Whiting 等（2008）[187]
	缓解情绪耗竭	Grant 和 Sonnentag（2010）[188]
	增强积极情绪	Glomb 等（2011）[189]、Sonnetag 和 Grant（2012）[190]
	倒 U 形影响幸福感	陈明淑和陆擎涛（2019）[191]
	导致偏离行为	肖金岑等（2021）[192]
	增加资源损耗	Lanaj 等（2016）[193]
	同时影响资源增益和损耗	Lin 等（2020）[194]
对他人和团队	减少不文明行为	占小军等（2019）[195]
	增加帮助行为	Zhang 等（2020）[196]
	增强领导授权、减少领导辱虐	Smallfield 等（2020）[197]
	提升团队绩效、降低离职率	Podsakoff 和 MacKenzie（1994）[198]、Podsakoff 等（2009）[199]、Bachrach 等（2006）[200]、Wang 等（2022）[201]

资料来源：笔者根据文献资料整理而得。

2.3　社会阻抑行为

2.3.1　社会阻抑行为的概念

在考察社会互动所涉及的过程时，社会阻抑行为（Social Undermining Behavior）作为一种负面的社会互动形式而出现。在《美国传统词典》中，阻抑被定义为通过逐渐或不知不觉地磨损而削弱。Rook（1984）提出，在社交中，成员的一些行为会导致他们的社交对象经历痛苦等情绪，这些行为被称为消极的社会交流、有问题的社会联系或消极的社会互动[202]。Rook 指出，支持性的社会关系可以减少各种压力事件的不利后果，而非支持性的社会关系则会影响人们的心理健康。类似地，Taylor（1991）同样认为，消极的人际事件会引发个体消极的情感、认知和行为反应，并将消极事件定义为具有潜在或实际能力给个人造成不利后果的事件[203]。Vinokur 和 Van Ryn（1993）基于社会支持的有关研究，将社会阻抑视为社会支持的对立面，并首次提出了社会阻抑行为的定义，即针对目标对象的一些行为，体现在：对他人表现出负面情绪，如愤怒或厌恶等；对一个人的特质、行动和努力进行负面评价或批评；给他人的功利性目标增加阻碍，使其变得难以实现[204]。

之后，Duffy 等（2002）首次将这一概念扩展到工作环境中，将其定义为：随着时间的推移，旨在破坏他人良好声誉、完成工作的能力、建立和维持积极关系的能力的行为[205]。这一定义有三个关键点：第一，社会阻抑行为应该是故意为了妨碍目标而产生的，非故意的行为不包含在内。因此，如果个体因疾病或压力等没有做好本职工作或提供必要信息，虽然这些行为是消极的社会行为，但它们超出了社会阻抑的构成定义，不属于社会阻抑行为。第二，阻抑行为具有隐蔽性。因此，人身攻击或损毁财产等行为虽然是故意行为，也会阻碍一个人的成功或人际关系的维持，但它作为一种显而易见的行为不在社会阻抑的范围内。换句话说，少量的社会阻抑行为破坏性并不高，否则便会过于损害人际关系；但是随着时间的推移，社会阻抑的影响会累积起来并产生较大的危害。第三，阻抑行为有多种形式，会以不同的方式破坏人际关系或个人声誉。例如，社会阻抑既可以是直接的行动，比如故意贬低某人或其想法、直接拒绝某人；也可以通过隐蔽的方式来实现，如隐瞒所需的信息或不为某人辩护，这种隐蔽的方式可能会被行为人解释为无意行为，从而掩盖其故意的本意。另外，社会阻抑的不同方式还有可能是语言或行为层面的，语言方面如贬损的评论或沉默对待，行为方面如拒绝提供承诺的工作资源或拖延工作进度等。

在其研究中，Duffy 等（2002）还将同事的社会阻抑与领导的社会阻抑区分开来，前者是由同事造成的，后者是由领导造成的[205]。此外，还有一些学者进行了其他形式的划分，如 Reynolds（2009）将社会阻抑分为四类，包括直接阻抑、言语阻抑、行为阻抑和非言语阻抑[206]。其中，直接阻抑是指行动者对一个人或其想法进行斥责、诽谤、断然拒绝或贬低的行为，这样的行为可能会阻碍人际关系或毁掉一个人的性格；言语阻抑包括对同事进行贬损、在言语上轻视他们、给某人"沉默的待遇"、不向同事提供必要的信息；行为阻抑包括拒绝提供关键工作资源或试图伤害目标；非言语阻抑是指保留关键工作信息或不为同事及下属辩护。

Duffy 等（2002）[205] 所提出的社会阻抑行为定义得到了后续研究的普遍认可和借鉴。例如，Yoo 和 Frankwick（2013）在调查销售人员行为时，将销售人员的社会阻抑定义为故意破坏销售人员的良好声誉，破坏其完成销售相关工作的能力，或与领导、同事及客户建立和保持积极关系的能力[207]。此外，国内学者对于社会阻抑行为的研究也多基于 Duffy 等（2002）[205] 的概念。例如，张玉洁（2014）将社会阻抑行为定义为，长期持续的、蓄意的、妨碍个体积极人际关系的建立和维持、影响工作绩效以及良好名誉的行为[208]；马红宇等（2016）将社会阻抑行为定义为一种消极的、非支持性的人际互动行为，包括对他人表达负面情绪或评价、阻碍他人达成目标等[209]。

本书将国内外学者对社会阻抑行为的定义梳理形成表格，如表 2-10 所示。

表 2-10　社会阻抑行为的概念汇总

学者（年份）	概念
Vinokur 和 Van Ryn（1993）[204]	针对目标对象的一些行为，如对他人表现出负面情绪，对一个人的特质、行动和努力进行负面评价，给他人的功利性目标增加阻碍，使其变得难以实现
Duffy 等（2002）[205]	随着时间的推移，旨在破坏他人良好声誉、完成工作的能力、建立和维持积极关系的能力的行为
Yoo 和 Frankwick（2013）[207]	故意破坏销售人员的良好声誉，破坏其完成销售相关工作的能力，或与领导、同事及客户建立和保持积极关系的能力
张玉洁（2014）[208]	长期持续的、蓄意的、妨碍个体积极人际关系的建立和维持、影响工作绩效以及良好名誉的行为
马红宇等（2016）[209]	消极的、非支持的人际互动行为，包括对他人表达负面情绪或评价，阻碍他人达成目标等

资料来源：笔者根据文献资料整理而得。

结合上述定义，本书认为社会阻抑行为是一种人际间的，旨在破坏他人完成工作的能力、建立和维持积极关系的能力、破坏他人良好声誉，以及阻碍他人达成工作目标的一系列负面行为。

2.3.2　社会阻抑行为的测量

随着社会阻抑行为概念的不断明晰，学者们也对其测量工具进行了开发探索。为考察积极和消极的社会关系对老年妇女福祉的相对影响，Rook（1984）使用 5 个题项对 120 名老年丧偶妇女进行了标准化访谈，要求被试说出谁是他们各种问题的根源[202]。其中针对具体情况的 4 个问题分别是，"隐私被侵犯""被利用""承诺被打破""不断挑起冲突或愤怒情绪"，第 5 个问题询问了是否有人一直是有问题的社会关系的来源。同时，该研究还设计了 2 个指标，以代表作为被试的支持性社会关系和有问题的社会关系的个人，这 2 个指标分别是被列为支持者和问题制造者的总人数，以及被试与这些人互动的频率。

Vinokur 和 Van Ryn（1993）在其研究中使用了 Abbey 等（1985）[210] 制定的量表来衡量社会支持和社会阻抑的程度[204]。Abbey 等（1985）[210] 最初设计的题项是用来衡量社会支持和社会冲突的，要求受访者对其在过去一周内经历了多少社会支持和社会冲突进行评分。Vinokur 和 Van Ryn（1993）在其研究中，使用 7 个题项中的 5 个题项来测量社会阻抑行为，分别是"配偶或重要的人对你有多少不愉快或令人愤怒的行为""让你的生活变得困难""表现出不喜欢你""让你觉得自己不受欢迎""批评你"[204]。之后，Vinokur 等（1996）基于这 5 个题项制定了一个更为完善的量表[211]。该研究分两个时间段从 2005 名失业求职者及其伴侣的子样本中收集了包括求职者的配偶或重要的人的数据。符合资格的受访者共 815 人，他们在过去 13 周内失去工作并仍在寻找机会再就业，样本还包括他们报告的因配偶或恋爱关系而生活在一起的伴侣 815 人。在测量题项方面，Vinokur 等（1996）从受到社会阻抑和从事社会阻抑两个方面进行[211]，共 7 个题项，除上述 5 个题项之外，还包括"让你紧张"和"即使他/她不是故意的，也会侮辱你"；而从事社会阻抑的测量与之类似，不同的是要求求职者的配偶或伴侣进行作答。

2002 年，Duffy 及其同事开发出工作环境中的社会阻抑行为量表，分为同事社会阻抑和领导社会阻抑[205]。Duffy 等（2002）指出，社会阻抑行为量表的开发和评估应该是一个多步骤和迭代的过程，因此可以结合社会阻抑行为的定义，利用非工作关系的社会阻抑测量题项得出一个初始量表[205]。但是因这些题项大多与工作无关，需要进行修改和调整，以更好地适应工作环境。另外，社会阻抑行为与反社会行为和越轨行为的概念有类似和重合的地方，因此相关的测量题项可以是测量工作环境下社会阻抑行为的来源。在数据收集之前，被试提供了一个职场负面社会行为的示例清单，之后研究小组确定并选择了与社会阻抑定义相一致的项目，修改之后通过迭代来进一步细化相关题项。一系列的程序之后，学者们制定出了共包含 72 个题项的问卷，其中 37 个题项用来测量同事阻抑行为，35 个题项用来测量领导阻抑行为，参与者被要求评价他们在上个月经历的领导和同事阻抑行为的频率。通过分析和检验，最终保留了 26 个题项，同事阻抑 13 个题项，领导阻抑 13 个题项。

目前，在社会阻抑行为的相关研究中，学者们大多采用上述 Vinokur 和 Van Ryn（1993）[204] 或 Duffy 等（2002）[205] 所开发的测量量表来衡量社会阻抑行为的程度。在中国情景下，也有部分学者在上述量表的基础上进行了修改，并形成了适应中国本土情境的社会阻抑行为量表。例如，张玉洁（2014）经过探索性因子分析，根据因子载荷值将 Duffy 等（2002）[205] 开发的 26 题项量表删减至 17 题项，其中，8 个题项用来测量来自领导的社会阻抑，9 个题项用来测量来自同事的社会阻抑[208]。此外，李彬（2015）将同事社会阻抑的 13 个测量题项删减至 12 个题项，原题项"侮辱你"因共同度较低被删除[212]。他认为，由于中国独特的礼仪核心价值观使得员工会注意自身的思想和行为，因此不会作出明显的无礼行为，以免自身的名誉受损。

本书将国内外学者对社会阻抑行为的测量梳理形成表格，如表 2-11 所示。

表 2-11　社会阻抑行为的测量量表汇总

学者（年份）	测量方式	题项/个
Rook（1984）[202]	要求受试者说出谁是他们各种问题的根源	5
Abbey 等（1985）[210]	过去一周内经历了多少社会支持和社会冲突	7
Vinokur 和 Van Ryn（1993）[204]	评估了重要的人的社会阻抑行为	5
Vinokur 等（1996）[211]	被试个体及其配偶或重要的人的配对数据	7
Duffy 等（2002）[205]	同事社会阻抑和领导社会阻抑两个维度	26
张玉洁（2014）[208]	同事社会阻抑和领导社会阻抑两个维度	17
李彬（2015）[212]	同事社会阻抑	12

资料来源：笔者根据文献资料整理而得。

2.3.3　社会阻抑行为的相关研究

（1）影响因素。现有研究对于社会阻抑行为的影响因素多从个体层面进行了探索，也有学者发现了组织人际关系对员工社会阻抑行为的影响。

第一，与个体有关的因素。Duffy 等（2006）认为，个体特质可能会对其社会阻抑行为产生重要影响。该研究通过开发群体阻抑行为与个体阻抑行为之间关系的多水平交互模型，证实了对于高自尊和高神经质的个体来说，群体阻抑行为对个体阻抑行为的正向影响会更加显著[213]。之后，Duffy 等（2012）指出，嫉妒虽然能够在一定程度上激励个体提高绩效并进行自我改进，但是也会威胁到个体的职业认同，引发令人不快和痛苦的状态[214]。因此，该研究通过构建模型，以试图解释嫉妒如何以及何时与社会阻抑行为有关。结果表明，嫉妒能够通过道德推脱的中介作用对社会阻抑行为产生正向影响，且当个体的团队认同感较低时，该正向影响越强。吕逸婧和彭贺（2014）在对嫉妒进行研究综述时同样提到，嫉妒会导致个体从事社会阻抑行为的可能性增加[215]。

同时，Greenbaum 等（2012）在其研究中指出，由于员工看待工作重点的方式不同，因此，员工的底线心理可能会对其社会阻抑行为产生显著的影响[216]。拥有底线心理的员工可能愿意采取任何行动，确保他们更接近底线而几乎不考虑随之而来的后果，这更有可能使得他们实施社会阻抑行为。基于社会认知理论，他们开发了一个有调节的中介模型，并收集了多个来源的 113 份数据来验证该理论模型。结果表明，主管的底线心理能够通过员工的底线心理对员工的社会阻抑行为产生间接的正向影响，员工的核心自我评价和责任心对上述中介机制起到调节作用，即当员工的核心自我评价和责任心较低时，中介作用越强。

在一项调查中，Scott 等（2015）基于来源归因、社会认同和社会角色等理论，发现经历过工作家庭冲突的员工会更容易从事社会阻抑行为，并且性别差异也会影响到这个过程，即经历了工作家庭冲突的女性更有可能认为自己不适合该组织，并从事阻抑行为[217]。Yu 和 Zellmer-Bruhn（2018）从团队角度，探究了正念对团队中社会阻抑行为的影响[218]。通过三项多时点的研究，实证了团队正念的工具性，即团队正念与团队关系冲突呈负相关，团队正念能够削弱团队层面任务冲突与关系冲突的关联，并且团队正念还能够通过减少团队关系冲突，从而减小其对个体的跨层次影响，即减少团队层面的社会阻抑行为。

第二，与人际有关的因素。此外，Duffy 等（2006）认为，社会阻抑行为不会发生在真空环境下，而会在一定程度上受到环境的影响[219]。该研究发现个体层面的领导（同事）阻抑行为与个体反应结果（工作态度、幸福感和越轨行为）之间的关系会受到团队层面领导（同事）阻抑行为的影响，即当团队层面领导（同事）阻抑行为越弱，个体层面领导（同事）阻抑对个体反应结果（工作态度、幸福感和越轨行为）的作用越强烈。李彬（2015）认为，具有高相对领导成员交换关系的个体会更多地招致阻抑行为[212]。类似地，Pan 等（2021）基于社会比较理论提出，领导成员交换比较会对员工嫉妒心理产生影响，进而塑造其行为，其中员工对同事自豪感的感知起到关键作用[220]。具体地，当员工（具有低领导成员交换关系）感知到同事（具有高领导成员交换关系）的真实自豪感时，他们会产生良性的嫉妒，进而增强他们的学习行为；但当员工（具有低领导成员交换关系）感知到同事（具有高领导成员交换关系）的骄傲自豪感时，他们会产生恶性的嫉妒，进而导致社会阻抑行为的实施。

陈伍洋等（2017）的研究发现，员工的行为会对领导者的社会阻抑行为产生影响，即员工的越轨创新会引发领导的社会阻抑行为，两者具有显著的正相关关系，而领导的地位威胁感知部分中介了上述关系[221]。袁敏（2021）则是从下属八卦的角度进行研究，发现感知到的下属负面八卦行为能够正向预测领导的社会阻抑，领导情绪耗竭在其关系间发挥中介作用[222]。Rodríguez-Muñoz 等（2022）对 124 名员工进行了一项一般调查和一项连续四周的在线调查，发现工作场所欺凌会引起个体的情绪耗竭和对伴侣的社会阻抑行为[223]。这解释了工作场所欺凌对员工福祉的短期影响，以及这种影响如何超越工作环境并影响家庭领域。Dong 等（2023）利用相对剥夺理论，探究了员工对同事工作重塑的潜在负面反应[224]。通过对 85 个团队 313 名员工及其领导的调查，该研究发现，同事的工作塑造会增强员工的相对剥夺感，进而减少员工的亲社会行为，增加其社会阻抑行为；此外，员工的零和思维会调节上述关系，即当员工的零和思维水平越高时，同事的工作塑造对员工相对剥夺感的正向关系越强。

本书将社会阻抑行为的影响因素梳理形成表格，如表2-12所示。

表2-12　社会阻抑行为的影响因素汇总

分类	影响因素	学者（年份）
与个体相关	自尊和神经质	Duffy 等（2006）[213]
	嫉妒	Duffy 等（2012）[214]、吕逸婧和彭贺（2014）[215]
	底线心理	Greenbaum 等（2012）[216]
	工作家庭冲突、性别	Scott 等（2015）[217]
	正念	Yu 和 Zellmer-Bruhn（2018）[218]
与人际相关	团队阻抑	Duffy 等（2006）[219]
	相对领导成员交换	李彬（2015）[212]、Pan 等（2021）[220]
	下属越轨创新、负面八卦	陈伍洋等（2017）[221]、袁敏（2021）[222]
	工作场所欺凌	Rodríguez-Muñoz 等（2022）[223]
	同事工作重塑	Dong 等（2023）[224]

资料来源：笔者根据文献资料整理而得。

（2）作用效果。第一，对个体心理的影响。在一项纵向设计中，Vinokur 和 Van Ryn（1993）通过对因失业而经历高度压力的个体进行抽样，同时控制社会支持、社会阻抑和心理健康的基线水平，从而观察个体心理健康的变化[204]。结果表明，社会阻抑能够独立地对个体的心理健康产生显著的负向影响，即使随后恢复了正常的互动模式，这些人的心理健康有所改善，但与其他人相比，他们的精神健康水平仍然会较差。Oetzel 等（2007）以美国印第安人为研究对象，发现社会阻抑对心理健康的影响似乎比社会支持更强烈[225]。

Gant 等（1993）从美国社会工作者协会的 288 名非裔美国成员处收集了数据，调查了社会阻抑在同事和领导与员工关系中的作用[226]。多元回归分析结果表明，当社会阻抑包括在一组预测变量（年龄、性别和社会支持）中时，社会工作者的易怒、抑郁、焦虑和去人格化显著增加，员工与领导之间的社会阻抑会导致更多的身体不适和情绪耗竭，并且社会支持的存在并不能减小社会阻抑的影响。此外，Finch（1998）采用潜变量结构方程建模方法，以 330 名大学生为样本，对社会支持和社会阻抑与情绪之间的假设关系进行了实证检验，证实了社会阻抑对情绪障碍的正向影响[227]。

Vinokur 等（1996）使用结构方程模型考察了失业和经济困难与夫妻的抑郁和婚姻或关系满意度之间的关系[211]。基于 815 名近期失业的求职者及其配偶或伴侣的纵向数据分析发现，经济压力对伴侣双方的抑郁症状有显著影响；这反过来会导致伴侣减少社会支持（如表达关心和提供帮助）并增加社会阻抑（如批评和侮辱），这种支持的减少和阻抑的增加会增加求职者的抑郁症状，降低关系满意度；并且，其对抑郁症状的影响已经超过了经济压力所带来的影响。同样地，Cranford（2004）发现，时间 1 中配偶的社会阻抑能够有效预测时间 2 中个体抑郁的增加[228]。

社会阻抑中的负面性、拒绝性或贬低性的评价往往会导致社会疏远和自信心下降，以负面评价（如贬损、敌意或嘲讽）的形式进行的阻抑行为可能与较低的自我效能水平有关。Duffy 等（2002）基于对 343 位斯洛文尼亚警察的调查，证实了领导和同事的社会阻抑对员工自我效能感、员工对组织情感承诺的负向影响[205]。此外，朱迪等（2013）指出，社会阻抑对人际关系、工作绩效、个人名誉的消极影响会降低个体的幸福感[229]。类似地，Hepburn 和 Enns（2013）在对加拿大一所大学 184 名实习护士的调查中发现，受访者早期经历的社会阻抑会严重降低其后来的幸福感[230]。并且，该过程受到个体共有取向的调节，即只有共有取向高的个体才会在经历社会阻抑行为之后大幅度降低幸福感，而共有取向低的个体则不受影响。

第二，对个体行为的影响。Duffy 等（2002）指出，有相当数量的研究可以支持社会阻抑和反生产行为之间的联系[205]，反生产行为包括员工的报复性行为、不必要的缺席和松懈的工作习惯等。该研究表明，领导和同事的社会阻抑与个体主动和被动的反生产行为都有积极的关系，如消极的工作表现、懒惰的工作习惯和延长的休息时间，以及盗窃行为等。在另一项研究中，Duffy 等（2006）还证实了个人和群体层面的社会阻抑行为会增加员工的越轨行为[219]。此外，以社会交换和社会认知理论为基础，彭忆晗（2017）探讨了社会阻抑与员工沉默行为之间的关系[231]。该研究表明，社会阻抑会降低员工的心理安全感，进而增加其沉默行为。王文姣（2020）在其研究中证实，社会阻抑能够对员工的促进性建言和抑制性建言产生负向影响，情绪耗竭在其关系间发挥中介作用[232]。最近，Jung 和 Yoon（2022）通过对 310 名韩国豪华酒店员工的调查发现，员工感知到的社会阻抑对其情绪耗竭有显著的影响，而且当情绪耗竭严重时，员工损害组织的拖延行为也会增加[233]。

第三，对团队层面的影响。Frazier 和 Bowler（2015）基于社会信息加工理论和组织氛围的相关文献，考察了建言氛围的前因和后果[234]。通过对 54 个工作组中 374 名全职员工的调查，该研究发现，团队成员对于领导阻抑行为的感知会对团队建言氛围产生负向影响，而建言氛围又能够通过影响团队的建言行为，进而对团队绩效产生影响。此外，赵红丹（2014）从消极人际互动的视角出发，对国内企业的 75 个研发团队进行了调查[235]。研究结果表明，社会阻抑对团队知识共享具有消极作用，而这个消极影响受到团队任务情景即任务依赖性的影响，即当团队任务依赖性较低时上述关系成立，任务依赖性较高时该关系则不存在。

本书将社会阻抑行为的影响效果梳理形成表格，如表 2-13 所示。

表 2-13　社会阻抑行为的影响效果汇总

分类	作用结果	学者（年份）
对个体心理	损害心理健康	Vinokur 和 Van Ryn（1993）[204]、Oetzel 等（2007）[225]
	导致情绪耗竭、情绪障碍	Gant 等（1993）[226]、Finch（1998）[227]
	增加抑郁症状	Vinokur 等（1996）[211]、Cranford（2004）[228]
	降低自我效能、组织承诺	Duffy 等（2002）[205]
	降低幸福感	朱迪等（2013）[229]、Hepburn 和 Enns（2013）[230]
对个体行为	导致反生产行为、越轨行为	Duffy 等（2002）[205]、Duffy 等（2006）[219]
	增加沉默行为	彭忆晗（2017）[231]
	减少建言行为	王文姣（2020）[232]
	增加拖延行为	Jung 和 Yoon（2022）[233]
对团队层面	负向影响团队建言、团队绩效	Frazier 和 Bowler（2015）[234]
	减少团队知识共享	赵红丹（2014）[235]

资料来源：笔者根据文献资料整理而得。

2.4　研究评述

本章通过系统地回顾个性化工作协议、人际帮助行为和社会阻抑行为的概念、测量、影响因素及作用效果，掌握了各个变量的含义和发展脉络。虽然有关于各个变量的研究已经取得了丰硕的成果，但仍存在一定的研究空白，需要进行更深入地探索。

第一，由于个性化工作协议在组织管理中的有效性，越来越多的学者开始关注这一话题。目前，有关于个性化工作协议的研究已较为丰富，但仍存在亟待完善的方面。首先,绝大多数现有研究聚焦于个性化工作协议对焦点员工的影响,而相对忽视了团队中未获得个性化工作协议的其他员工的反应。在当前文献中,仅有少数学者对焦点员工个性化工作协议如何影响同事进行了初步探索,但相关作用结果和作用机制还不完善。Greenberg 等(2004)指出,同事作为相关利益第三方,会深刻地影响个性化工作协议的整体有效性[17]。鉴于此,本书认为,在深入探索个性化工作协议如何影响焦点员工之外,还必须深入考量其对同事的影响。其次,目前对个性化工作协议作用效果的探索主要集中于其对焦点员工或同事自身工作行为的影响,而对其人际效应的探索仍停留在初级阶段,且对其影响人际结果的作用机制探索还尚不充分。人际帮助行为和社会阻抑行为是组织成员之间两种重要的人际行为,不仅对团队成员有深远的影响,还会显著地影响组织氛围和组织绩效。因此,本书聚焦于个性化工作协议如何分别对焦点员工和同事的人际帮助行为和社会阻抑行为产生影响。最后,尽管目前已有多位学者对个性化工作协议的内容进行了丰富,研究指出,发展型和时间灵活型是目前在组织中应用最为广泛的两种个性化工作协议形式[15]。从内容来看,发展型个性化工作协议包括技能提升的机会、职业晋升的通道、在职培训的机会、挑战性的工作任务等,涵盖了任务型、职业型、培训和发展晋升等一系列个性化工作协议;减少工作量型个性化工作协议的内容和效果与时间灵活型个性化工作协议类似;地点灵活型个性化工作协议对岗位的性质、工作内容和工作形式要求较高;而薪酬型个性化工作协议由于薪酬保密制度,具有较高的隐蔽性而不易被观察到。因此,为了提高研究的普适性,本书重点关注发展型和(时间)灵活型个性化工作协议对焦点员工和同事人际帮助行为及社会阻抑行为的影响。

第二,目前,绝大多数有关个性化工作协议对焦点员工影响的研究都证实了其对焦点员工的积极影响。比如,个性化工作协议能够对焦点员工的工作满意度、组织承诺、工作投入、工作绩效等产生正向影响。然而,现有研究相对忽视了个性化工作协议给焦点员工所带来的潜在负面影响。当前,仅有极少数研究表明,焦点员工个性化工作协议的获得并不总是产生积极效应,也可能会产生一定的负面效应[44]。如个性化工作协议可能会引发焦点员工的越轨创新行为、建设性偏差行为、亲组织不道德行为或亲社会违规行为。但这些负面效应均聚焦于焦点员工自身的工作行为,尚未揭示个性化工作协议对焦点员工人际行为影响的负面效应。因此,本书以社会认知理论为基础,构建了发展型和灵活型个性化工作协议对焦点员工人际帮助行为和社会阻抑行为的双路径影响模型。具体地,本书分别引入感知责任和心理特权作为个性化工作协议影响焦点员工人际行为的正负心理认知机制,并引入焦点员工交换意识这一边界条件,以全面分析个性化工作协议对焦点员工人际行为的"双刃剑"影响效应。

第三，在当前文献中，几乎所有关于个性化工作协议对焦点员工同事的影响研究均表明个性化工作协议会引发同事的消极反应。比如，焦点员工个性化工作协议会降低同事的公平感知，增强其离职倾向、工作退缩行为、情绪耗竭、职场排斥等。然而，现有研究在很大程度上忽视了焦点员工个性化工作协议给团队同事所带来的积极效应。目前，仅有极个别研究表明，焦点员工的个性化工作协议并不总是引发同事的消极反馈，也可能会产生一定的积极效应，如焦点员工的个性化工作协议可能会触发同事的自我完善机制，促进同事的自我提升[134]。尽管最近的研究为探索焦点员工个性化工作协议对同事的积极效应提供了初步证据，但却不足以揭示焦点员工个性化工作协议影响同事人际行为的作用机制及边界条件。因此，本书以社会比较理论为基础，构建了焦点员工发展型和灵活型个性化工作协议影响同事人际帮助行为和社会阻抑行为的双路径模型。具体地，本书分别引入地位威胁感知和未来获得感知作为个性化工作协议影响同事人际行为的正负作用机制，并引入同事相对领导成员交换这一作用边界，以全面阐释个性化工作协议对同事人际行为的"双刃剑"影响效应。

2.5　本章小结

本章首先对个性化工作协议的概念与特点、分类与测量、影响因素及作用后果进行了梳理，系统地掌握了个性化工作协议的发展脉络和研究现状；其次，对人际帮助行为和社会阻抑行为的概念、测量工具及相关研究进行了整理；最后，根据上述文献归纳，对当前有关于个性化工作协议与人际行为的文献进行了总结评述，从而为本书开展"个性化工作协议如何分别影响焦点员工和同事人际行为"的研究奠定了基础。

第3章 个性化工作协议对焦点员工人际行为的影响

为了明晰个性化工作协议影响焦点员工人际行为的具体作用机制，通过借鉴社会认知理论，本章构建了个性化工作协议影响焦点员工人际帮助行为和社会阻抑行为的双路径模型。

3.1 社会认知理论

3.1.1 社会认知理论的内涵

许多早期的心理学理论都是建立在行为主义原则的基础之上，该原则认为个体行为的产生是基于一个输入和输出模型，即人类的行为是由外部环境刺激自动地、机械地塑造和控制的。社会认知理论（Social Cognitive Theory）最早起源于行为主义理论，行为主义理论主张摒弃意识等主观的东西，专注于能够观察和测量的刺激与反应。这种观点忽视了人的主观能动性，认为个体的行为都是由外部环境刺激所引发的，即环境单向决定行为。Bandura（1986）则认为，环境不仅能决定个体的行为，反过来，个体的行为也会塑造环境，行为与环境之间是相互作用的，这一观点被称为交互决定论[236]。在其后的理论发展过程中，Bandura进一步将第三个要素即个体的认知和特征引入，最终形成了社会认知理论的三元交互决定论，即个体行为、个体的认知及特征、外部环境可以作为三个独立的要素相互作用。

首先，个人行为与外部环境之间存在双向决定关系，即外部环境会制约、改变和修正个体的行为，包括个体行为的方向和强度等，而个体行为的改变也会对其所处的环境和社会形态产生影响；其次，个体认知及相关特征与个体行为之间存在双向决定关系，即个体的认知和相关特征会决定和引导个体行为，而个体的行为结果又会反过来影响其认知模式塑造和主观情绪；最后，外部环境和个体认知及相关特征之间存在双向决定关系，即外部环境的刺激会改变个体的主观认知、意识和思维，而个体的认知及相关特征也会导致个体在不同的情景下做出不同的反应[237]。个体认知及相关特征、个体行为和个体所处的环境三方之间影响的双向性表明人既是环境的"产品"，也是环境的"生产者"[238]。

此外，Bandura（1986）认为，相较于传统的学习方式，观察学习更加普遍有效[236]。观察学习是指个体通过观察他人行为及结果来调整自己相应的行为，意味着个体对某种行为或技能的掌握。而将观察学习中的所学进行应用还需要个体对自身完成目标能力的高度自信，即自我效能感。Bandura（1977）指出，自我效能感是个体对自身能否利用自身能力完成工作的自信程度[239]。高自我效能感的个体关注于如何实现掌控，会更加坚持；低自我效能感的个体往往关注于可能出错的地方，缺少持久力。Bandura认为，自我效能感受到个体自身成败经历、观察他人的替代性经验、他人的言语说服、自身情绪与生理的影响。具体而言，个体成功的经历会增强自我效能感，相反，失败的经历会降低个体的自我效能感；当个体观察到与自己相似的人在某种情境下取得成功时，便认为自己也能在此种情形下获取成功，进而增加自我效能感；他人实事求是的言语鼓励和劝导会促使个体相信自己的能力，增加自我效能；乐观积极的情绪会促使个人相信自己的能力，增加自我效能感，而消极的情绪则会增加挫败感，降低个体的自我效能感。

3.1.2 社会认知理论的应用

自Bandura提出社会认知理论以来，该理论已被广泛应用于组织行为领域的研究中，为预测员工在组织中的各类行为选择和行为特征提供了坚实的理论支撑[238]。国外学者从社会认知理论的视角出发，对个体产生不同组织行为的原因进行了探索。例如，Holley等（2019）在其研究中发现，当下属员工认为上级领导的可信赖程度越高时，他们越会表现出更多的建言行为，进而提高了领导对他们绩效的评价[240]。此外，下属员工所感知到的组织对不确定性的规避会对上述关系起到正向的调节作用。Pan（2021）分析了悖论型领导如何影响下属员工的组织公民行为，研究指出，悖论型领导作为组织环境因素，能够通过塑造下属员工的态度（如悖论思维）和行为倾向（个人服务倾向），进而影响他们的组织公民行为[241]。

此外，国内学者也利用社会认知理论剖析了组织因素如何影响个体员工的行为。例如，陈默和梁建（2017）探索了高绩效要求与员工亲组织不道德行为之间的关系机制[242]。结果表明，组织的高绩效要求可能会使得员工触发道德推脱机制，从而使其对自身不道德行为的自我监督和自我调节机制失效，最终导致员工的亲组织不道德行为。另外，该研究还指出，员工的个体差异，包括员工所感知到的市场竞争水平和员工自身的道德认同水平能够对上述关系起到调节作用。马吟秋等（2017）发现，领导的辱虐管理会使下属感觉到不满意和愤怒，破坏了员工对领导的互惠期望，认为自己被领导背叛，这些消极的情绪会造成员工认知失衡，即心理契约破裂；当员工心理契约破裂时，他们可能会表现出针对组织和领导的反生产行为[243]。此外，该研究还指出，个体的特征会影响他们的认知处理过程，即当员工更倾向于依存型自我构建，而非独立型自我构建时，领导辱虐对其心理契约破裂的影响越强；相应地，心理契约破裂的中介作用也越强。

同样基于社会认知理论，耿紫珍等（2020）发现，来自上级的发展性反馈作为一种外部环境刺激会激发下属员工的认知调节机制，而个体通过调节认知能力和认知方式，会改变自身的个体行为[244]。研究表明，来自上级的发展性反馈会增强下属员工的中庸思维，进而提升他们创造力。此外，员工对组织创新支持的感知会对上述关系起调节作用。曹元坤等（2021）探究了谦卑型领导的负面作用，提出对于具有高权力距离的下属来说，当领导表现出谦卑时，下属员工可能会对领导的能力和资源做出较低的评价，进而强化下属员工自身的职场地位感知；而对于具有低权力距离的下属来说，领导的谦卑有助于他们与领导建立平等、亲近的人际关系，满足他们的关系需求，在这种情况下，下属的职场地位感知不会被强化；进一步地，员工的职场地位感知会进一步影响他们的行为，如职场偏差行为[245]。

上述研究均表明，社会认知理论可以作为一个理论框架用来预测外部环境因素如何影响个体的认知及后续的行为。根据社会认知理论的核心命题，个性化工作协议作为工作环境中重要且有价值的外部要素，可能会触发焦点员工的自我认知调节机制，通过改变他们的主观认知，进而促使他们做出与其主观认知一致的工作行为。在此过程中，焦点员工的个体特征可能会影响他们主观认知的塑造过程。因此，本书使用社会认知理论来探索个性化工作协议影响焦点员工人际帮助行为和社会阻抑行为的心理认知机制及边界条件。

3.2　研究假设

3.2.1　个性化工作协议对焦点员工责任感知的影响

根据社会认知理论，组织中的外部环境因素会触发员工的认知调节机制，进而使得他们在外部环境因素的刺激下，重塑主观认知[236]。现有研究指出，个性化工作协议作为定制化的工作安排，不仅可以满足焦点员工的特殊工作需求和个人偏好，还可能会被焦点员工视为有价值的组织要素[22][25]。鉴于此，结合社会认知理论，本书认为，焦点员工在组织中所获得的发展型和灵活型个性化工作协议能够作为一种环境刺激因素，对焦点员工的工作态度和主观认知产生显著的影响。

发展型个性化工作协议指的是能够促进员工职业发展和技能提升的个性化工作安排，比如为焦点员工提供能够提升工作技能的培训机会、增强专业能力的学习机会以及能够满足其个人职业发展需求的晋升机会等[48][52]。发展型个性化工作协议对于焦点员工提高工作绩效、获取职业成功和获得晋升空间具有重要作用[49]。在管理实践中，发展型个性化工作协议的常见表现形式为：选拔员工参加行业内高端会议、资助员工进行学历深造、提供在职培训的机会或为员工提供快速的晋升通道等[31]。灵活型个性化工作协议指的是组织允许员工采用灵活的上下班时间或工作日时间，意味着员工拥有自主选择工作时间的裁量权[13]。灵活型个性化工作协议对于满足焦点员工的个性化工作需求、减少其工作家庭冲突、提高其家庭绩效具有重要意义[121]。在管理实践中，灵活型个性化工作协议的常见表现形式为：焦点员工采取与其他同事不同的工作时间，如比其他同事提前一小时下班以满足其照顾婴幼儿的家庭需求，或每周工作四天以满足照顾患病家属的个性化需求等。现有大量研究表明，个性化工作协议作为标准化人力资源管理实践的补充，能够显著地提高焦点员工的组织承诺[23]、工作满意度[80] 和生产力[89] 等。

责任感知是指组织中的员工认为他们应该努力工作，并积极地表现出对组织有益的工作行为的信念[35]。Liu 等（2021）指出，责任感知是具有认知属性的，因为它反映了员工对自己是否应该关心组织的福祉以及是否应该帮助组织实现其目标的主观信念，在一定程度上体现了员工想要为组织做出贡献的动力[246]。从这一点来看，员工的责任感知是一种以群体或集体为导向的主观认知，它有助于减弱员工以自我利益为核心的自利动机[247]。Blau（1964）的研究表明，领导与组织的优惠待遇能够增强个体员工的感知责任，使得他们成为"负责任的组织公民"[248]。鉴于此，结合社会认知理论，本书提出，发展型和灵活型个性化工作协议的获得作为组织中的环境刺激因素，能够激发焦点员工的认知调节机制，进而增强焦点员工自身的责任感知。

具体来说，首先，现有个性化工作协议的研究指出，个性化工作协议的获得能够提升焦点员工的内部人身份感知[111]。Van Dyne 和 Ang（1998）指出，当员工感受到组织的尊重和接纳，认为组织将其视为"内部人"而不是"边缘人"

时，员工可能会增强他们对组织的情感承诺，并且会与领导和组织建立较为密切的交换关系[249]。因此，对于焦点员工来说，个性化工作协议的获得可能会增进他们对组织的积极情感，进而提升他们愿意为组织做出贡献的动力。其次，Singh 和 Vidyarthi（2018）在其研究中证实，个性化工作协议能够显著地增强焦点员工所感知到的组织支持[84]。发展型和灵活型个性化工作协议能够通过满足焦点员工的个性化工作需求和家庭需求，使其感知到组织的关心和支持。Eisenberger 等（2001）认为，当员工感知到较多的组织支持时，他们会增强回报组织的信念[35]。因此，本书认为，焦点员工个性化工作协议的获得能够使他们产生较强的回报动机，即表现为对组织较高的责任感。最后，个性化工作协议的获得有助于焦点员工和领导之间建立高质量的领导成员交换关系[47]。Bauer 和 Green（1996）指出，高质量的领导成员交换关系会增强员工对领导的信任、忠诚和互惠意识[250]。因此，发展型和灵活型个性化工作协议的获得能够提高焦点员工的领导成员交换关系质量，继而促使其表现出对领导和对组织更强责任感知[251]。综上所述，本书提出如下假设：

H1：发展型和灵活型个性化工作协议正向影响焦点员工的责任感知。

3.2.2　焦点员工责任感知对其人际行为的影响

现有研究表明，员工的责任感知对于促进员工的工作态度和工作行为具有重要意义。例如，员工的责任感知不仅能够提高员工的工作投入、对组织的情感承诺和工作绩效等[251]，还有助于约束其不当的工作行为[252]。此外，现有研究还指出，员工的责任感知除了能够对其自身产生积极的影响之外，还具有重要的人际含义[253]。根据社会认知理论，在外部环境因素的刺激下，个体会启动自身的认知调节机制，进而表现出与其主观认知一致的外在行为[238]。该理论的三元交互决定论也指出，员工个体的行为是由其主观认知所决定和引导的[236]。基于此，本书提出，焦点员工的责任感知可能会显著地影响焦点员工的人际行为。

人际帮助行为是指个体员工主动地、自愿地为团队或组织其他员工提供帮助、信息、资源和支持，协助他们解决工作问题，或帮助他们避免出现工作问题的行为[151]；社会阻抑行为是指个体员工通过隐蔽的方式故意破坏他人的良好声誉、完成工作的能力、建立和维持积极关系的能力以及故意阻碍他人工作目标的达成[205]。Wu 等（2022）明确指出，拥有较强责任感知的员工不仅会努力完成工作职责范围以内的任务，还可能会做出超越他们工作职责范围的角色外行为[254]。这是由于，首先，强烈的责任感知强调了个人在组织中的责任，并且反映出员工付出额外努力的内在原因；其次，强烈的责任感知可能会增强员工帮助组织的亲社会动机，进而激发和维持员工的角色外行为，以提升或保护其他员工、团队和整个组织的福祉。因此，较强的责任感知可能会激发焦点员工的亲社会行为，以维护组织的整体福祉；同时，也有助于减少员工的反生产行为，以避免对组织利益造成损害。

责任感知是焦点员工对自己的工作结果积极负责的心理状态，这种认知反映了焦点员工的内在动机[246]。当焦点员工认为他们对组织的发展具有较高的责任感时，他们就不会局限于只完成日常工作，而是会愿意积极地帮助身边的其他同事以使组织获得更好的发展。Williams 和 Anderson（1991）指出，高责任感的员工可能会实施一系列不仅能够使受助人获益，还能间接地有利于组织发展的行为，如向组织中的其他员工提供信息和资源，帮助他们解决工作问题等[146]。类似地，Frazier 和 Bowler（2015）表明，高责任感的个体可能会为了组织利益而刻意减少其社会阻抑行为，以避免影响组织中其他成员的发展[234]。因此，本书认为，具有较高责任感的焦点员工，为了整个组织的福祉，会表现出更多的人际帮助行为和更少的社会阻抑行为。

此外，越来越多的证据表明，责任感知是增加员工的亲组织行为和减少反生产行为的重要心理驱动力。如基于社会认同理论，Lorinkova 和 Perry（2019）发现，高水平的责任感知会提升员工的团队认同，进而促使他们表现出更多的助人行为和更高水平的团队绩效[253]。Wu 等（2022）证实了具有较高责任感知的员工会做出更多的人际帮助行为和主动性行为[254]。Roch 等（2019）基于社会交换理论提出，感知组织公平能够提高员工的责任感知，进而提升员工想要回报组织的意愿，即表现为更多的组织公民行为和更高水平的工作绩效[255]。Lin 和 Johnson（2018）认为，当员工具有较高的责任感时，不太会做出伤害组织和违反组织规范的行为，如反生产行为[256]。基于上述分析，本书提出如下假设：

H2：焦点员工的责任感知正向影响其人际帮助行为（2a），负向影响其社会阻抑行为（2b）。

基于 H1 和 H2 的推理，本书进一步提出了有关于焦点员工责任感知的中介效应假设。社会认知理论指出，外部环境因素的刺激会触发员工的认知调节机制，从而改变和重塑他们的主观认知，并且个体会表现出与其调整后的主观认知相一致的外在行为。在本书中，当焦点员工获得个性化工作安排条款时，他们会感知到来自领导和组织的尊重、关心和支持，认为自己是组织的"内部人"，并且有助于他们与领导建立高质量的交换关系。这种积极的情感资源会显著地增强他们对组织的责任感知，进而为了与其主观认知保持一致，他们会做出具有高责任含义的亲社会行为来回报组织，即增加人际帮助行为，减少社会阻抑行为。因此，本书提出如下假设：

H3：焦点员工的责任感知在其发展型和灵活型个性化工作协议与其人际帮

助行为（3a）及社会阻抑行为（3b）之间起中介作用。

3.2.3　个性化工作协议对焦点员工心理特权的影响

在分析了个性化工作协议对焦点员工人际行为的积极影响后，本书将进一步探索个性化工作协议对焦点员工人际行为的潜在负面影响。如前所述，社会认知理论强调，外部环境因素会通过改变个体的主观认知，进而塑造他们的行为[236]。基于此，本书进一步提出，个性化工作协议的获得可能会引发焦点员工的负面认知，表现为较高水平的心理特权。

心理特权的概念最早起源于自恋，被认为是自恋的一个重要维度，是一种夸大的权利感。但后来的学者认为，尽管自恋和心理特权都反映出了夸大的自我意识，但自恋更多的是关注自身，而心理特权则是关注自身与他人的对比关系[257]。Snow 等（2001）曾将"特权"一词用来描述个人"在社会环境中喜欢被特殊地或独特地对待"[258]。Campbell 等（2004）提出了组织情景下心理特权的定义，即个体员工认为自己应该并且有权利获得更多优待的一种稳定而普遍的主观信念和感知[36]。类似地，Harvey 和 Martinko（2009）也指出，心理特权是一种主观信念，即一个人应该得到更优越的对待，而无论其是否值得[259]。因此，从定义来看，高水平的心理特权容易使得个体产生过高的自我期待和膨胀的自我认知，从而引发他们对现状的不满和抱怨。Priesemuth 和 Taylor（2016）认为，高水平心理特权是一种认知倾向，即不管其实际的绩效水平如何，都认为自己应该得到高水平的赞扬和奖励；此外，高心理特权的员工对自己的绩效表现有夸大的感知，并期望得到一定程度的绩效认可；最后，高心理特权的员工认为自己比其他员工更有价值，应该得到高于组织中其他成员的福利待遇[260]。尽管心理特权曾被视为一种个体差异，近年来的研究逐渐将心理特权视为一种可被情境因素所影响的心理认知机制，并认为心理特权可以对个体行为产生重要影响[261]。

本书认为，发展型和灵活型个性化工作协议的获得会提升焦点员工的心理特权水平。首先，个性化工作协议是一种旨在满足员工个性化需求的定制工作安排，强调了焦点员工在组织中的特殊地位。当焦点员工获得个性化工作安排后，他们会认为自己拥有比同事更多的组织资源或更灵活的工作时间，认为自己在组织和领导眼中拥有特殊的地位[13]。组织地位的提升可能会使得员工更加自恋和更加关注自我，进而提升其心理特权水平[262]。王弘钰等（2018）的研究曾指出，获得领导特殊照顾的员工会认为自己的组织地位较高，因而产生较高水平的心理特权[263]。其次，获得个性化工作协议的员工通常是组织中绩效水平和专业能力较高的员工，他们往往拥有较高的自我效能感和自我评估。而个性化工作协议的特殊对待可能会强化他们的积极自我意识，继而导致他们认为自己比其他员工更加优秀，因此自己应该比其他人得到更多组织支持和优待[264]。最后，个性化工作协议的获得可能会提升焦点员工的优越感。领导个性化工作协议的批准本身就可能会使焦点员工产生他们有权获得比同事更优越的工作条件的认知[265]。由于组织资源的有限性，个性化工作协议具有独特性和稀缺性的特征。这种独特性和稀缺性通常会与特殊感和自我重要性联系在一起，这些都是提升心理特权水平的关键要素[265]。因此，本书认为，获得个性化工作协议的焦点员工可能会感知到更高的自我重要性及特殊性，从而产生高水平的心理特权认知。

本书所提出的这一观点也得到了相关研究的支持。如王国猛等（2020）发现，个性化工作协议的获得能够提升焦点员工的心理特权水平，从而导致他们表现出更多的亲组织不道德行为[119]。夏宇寰等（2021）提出，曾经获得个性化工作协议的焦点员工会产生较高水平的心理特权，进而促使他们在未来做出更多的契约寻求行为[266]。此外，Liu 和 Zhou（2021）基于独特性理论证实了，个性化工作协议的获得会通过增强焦点员工的心理特权，进而激发他们的越轨创新行为[265]。结合上述分析，本书提出如下假设：

H4：发展型和灵活型个性化工作协议正向影响焦点员工的心理特权。

3.2.4 焦点员工心理特权对其人际行为的影响

根据社会认知理论，当个体的主观认知受到外部环境因素的刺激后，个体会表现出与其主观认知相一致的外在行为[238]。此外，社会认知理论中的三元交互决定论也表明，员工个体的主观认知会对其外在行为产生决定性作用[236]。因此，本书提出，焦点员工的心理特权会显著地影响其在组织中的人际行为。

心理特权水平较高的个体会认为自己应该比其他同事得到更多的组织特殊对待，并且倾向于以自我为中心，具有较为膨胀的自我认知[258]。在人际方面，高心理特权水平的个体会较少地顾及他人的感受，不尊重他人，易与他人产生冲突，并且会在追求个人目标的过程中损害他人的利益，因此往往在人际方面具有消极的结果。Harvey 和 Martinko（2009）曾指出，心理特权水平较高的个体更有可能产生自我服务归因，并将自己的需求置于他人和组织的利益之上[259]。Zitek 等（2010）同样表明，心理特权水平较高的个体更有可能会表现出自私及拒绝提供帮助的人际倾向[261]。基于此，本书认为，焦点员工高水平的心理特权可能会导致其人际帮助行为的减少和社会阻抑行为的增加。

具体来说，一方面，焦点员工的高心理特权水平会使得他们更加关注自身，并且表现出自私的行为倾向[261]。在这种情况下，他们会忽视团队其他成员的困难，认为自己的利益高于他人的利益，甚至高于团队整体的利益。因此，具有高水平心理特权的焦点员工会不愿意将自己的资源和精力投入到帮助其他团队成员中。另一方面，Lee 等（2019）的研究表明，具有高水平心理特权的员工会有较强的地位追求动机，它会驱使个体在人际交往中对同事施加个人影响，并采取一系列行为以在等级制度中确保自身的权力和支配地位[267]。因此，为了维持自己在组织中的地位并保证未来能够持续地获得组织的特殊对待，高心理特权水平的员工可能会以牺牲他人（如贬低同事、阻碍同事成功、违背承诺等）为代价，来巩固自己的地位和利益。Harvey 和 Harris（2010）的实证研究表明，高心理特权的员工会对其同事做出不道德和违反组织规范的行为，如辱虐同事[268]。基于此，本书认为，焦点员工的高心理特权可能会在一定程度上增加他们的阻抑行为，减少他们的帮助行为。

此外，现有实证研究表明，高水平的心理特权会导致个体员工的负面工作行为。如 Lee 等（2019）指出，高水平的心理特权会导致员工的亲组织不道德行为和反生产行为[267]。Yam 等（2017）的研究证实，员工的高心理特权水平会促使他们做出较多的职场偏离行为[269]。另外，已有研究还表明，高水平的心理特权会减少员工的亲社会行为。如 Khalid 等（2022）发现，具有高水平心理特权的员工会认为自己有较大的工作压力，进而显著地减少他们对团队成员的知识分享行为[270]。类似地，Qin 等（2022）发现个体的高心理特权水平可以正向预测其自私行为，但却负向预测其亲社会行为[271]。基于上述分析，本书提出如下假设：

H5：焦点员工的心理特权负向影响其人际帮助行为（2a），正向影响其社会阻抑行为（2b）。

在 H4 和 H5 的基础上，本书进一步提出关于焦点员工心理特权的中介效应假设。如前所述，根据社会认知理论，外部环境因素的刺激会触发员工的自我认知调节机制，从而通过改变员工的主观认知来塑造其外在行为。在本书中，个性化工作协议的获得可能会增强焦点员工对自身组织地位的认知、强化焦点员工的积极自我意识及提升焦点员工对自我重要性和特殊性的感知，这种对自身优越感和应得感的认知会导致其心理特权水平的提升。为了维持自身的组织地位和相较于团队其他成员的优越感，心理特权水平较高的焦点员工会表现出较少的人际帮助行为和较多的社会阻抑行为。基于此，本书提出如下假设：

H6：焦点员工的心理特权在其发展型和灵活型个性化工作协议与其人际帮助行为（6a）及社会阻抑行为（6b）之间起中介作用。

3.2.5　焦点员工交换意识的调节作用

根据社会认知理论，不仅个体的主观认知会决定个体的行为，个体的相关特征也会对个体行为的形成过程产生影响，即个体的相关特征会影响外部环境因素对其主观认知的塑造过程[236]。基于社会认知理论所开展的相关研究也表明，个体差异会影响个体对外部环境因素的认知过程，进而使得个体的主观认知对其行为也产生不同程度的影响[245]。基于此，本书提出焦点员工个体的交换意识可能会影响焦点员工对其所获得的个性化工作协议的认知过程。

Eisenberger 等（2001）指出，交换意识是指员工认为自己工作努力的程度应该取决于组织如何对待自己的程度[35]。Witt（1991）认为，交换意识在个体行为决策的过程中很重要，因为它塑造了社会关系中的互惠规范[38]。此外，不同的个体会在其交换意识中表现出不同的互惠策略，因此互惠规范并不是组织中的普遍现象[272]。现有关于交换意识的研究表明，当关系中的一方为双方关系做出贡献时，具有强交换意识的个体更有可能会为对方付出回报。比如，Witt 等（2001）发现，具有强交换意识的个体会根据其对组织公平的感知表现出更高水平的组织情感承诺，而交换意识较弱的个体则不会改变其情感承诺水平，无论他们对组织公平的感知如何[273]。基于此，本书提出，交换意识能够正向调节发展型和灵活型个性化工作协议与焦点员工责任感知之间的正相关关系。

Ladd 和 Henry（2000）指出，当员工具有较强的交换意识时，他们会对其与领导之间的社会交换关系更加敏感[274]。因此，相较于交换意识较弱的焦点员工，交换意识较强的焦点员工在获得个性化工作协议后，会认为他们与领导建立了更高质量的社会交换关系，并且会有更强的动力来回报领导和组织。也就是说，与交换意识较弱的焦点员工相比，交换意识较强的焦点员工更有可能会承担更多的组织责任、表现出更高的工作绩效、为组织做出更多的努力，以回报组织和领导给予他们的特殊待遇[38]。然而，当焦点员工的交换意识较弱时，他们对领导成员交换关系相对不敏感，在获得领导的个性化工作协议批准后，不会增强他们的回报动机，因此，他们的工作表现和责任感知可能并不会发生太大的变化。基于此，本书认为，交换意识较强的焦点员工在获得个性化工作协议这种定制化的工作安排后，会在后续的工作中投入更多的努力，表现出更高的组织责任感；而交换意识较弱的个体则不会因为得到所期望的个性化工作安排而明显地提升自己的工作努力。综合上述分析，本书提出如下假设：

H7：焦点员工的交换意识强化了发展型和灵活型个性化工作协议对其责任感知的影响。

进一步地，本书提出，焦点员工的交换意识也会对发展型和灵活型个性化工作协议的获得与其心理特权之间的关系起到调节作用。具体地，本书认为，焦点员工的交换意识可能会显著地削弱发展型和灵活型个性化工作协议对焦点员工心理特权的正向影响。

根据 Eisenberger 等（2001）的研究，交换意识可以反映出员工对自身与组织交换关系的期望以及自身可能会表现出的反应[35]。在组织中，并非所有的个体员工都会认同且遵守互惠规范，因此具有不同交换意识的员工可能会在得到组织的特殊待遇后展现出不同的行为。Eisenberger 等（1986）从连续体的角度讨论了这个问题，认为在连续体的一端，员工的表现与组织的强化是相一致的[272]。换句话说，当交换意识较强的员工认为自己被组织善待时，他们会更加努力地工作以回报组织的善待；如果他们认为自己没有被善待或没有获得自己所期望的待遇，他们就不会产生回报组织的动机。在这个连续体的另一端是交换意识较弱的员工，他们对组织中的社会交换关系不那么敏感，无论得到什么，他们的努力程度都不会发生改变[273]。因此，当焦点员工的交换意识较强时，他们会比较认可组织在制定个性化工作协议方面的努力和投入，不太可能会觉得自己获得个性化工作协议是理所当然的，并且还会表现出较强的回报动机。相反地，当焦点员工的交换意识较弱时，他们会更加关注自身的投入和努力，而相对忽略组织的付出，并可能会认为自己值得组织的特殊待遇，更多地强调自我价值。基于上述分析，本书提出如下假设：

H8：焦点员工的交换意识削弱了发展型和灵活型个性化工作协议对其心理特权的影响。

3.3　理论模型与假设汇总

3.3.1　理论模型

依据所提出的研究假设，本书构建了个性化工作协议影响焦点员工人际帮助行为和社会阻抑行为的理论模型，如图 3-1 所示。在该理论模型中，本书揭示了个性化工作协议影响焦点员工人际行为的心理认知机制与边界条件。具体来说，一方面，个性化工作协议能够增强焦点员工的责任感知，而较强的责任感知会促使他们表现出更多的帮助行为，减小实施社会阻抑行为的可能性；另一方面，个性化工作协议也可能会引发焦点员工心理特权的提升，而较高水平的心理特权可能会驱使焦点员工实施社会阻抑行为，降低其助人行为的意愿。另外，焦点员工的交换意识能够对上述关系起到调节作用，即当焦点员工具有较强的交换意识时，个性化工作协议对焦点员工责任感知的影响会增强，而个性化工作协议对焦点员工心理特权的影响会被削弱。

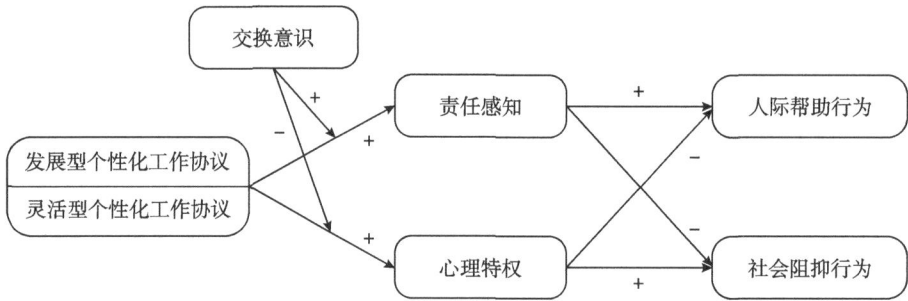

图 3-1 焦点员工个性化工作协议影响其自身人际行为的理论模型

3.3.2 假设汇总

结合假设论证和理论模型，本书将所提出的个性化工作协议影响焦点员工自身人际行为的研究假设进行了汇总，共计 8 个假设，如表 3-1 所示。

表 3-1 焦点员工个性化工作协议影响其人际行为的研究假设汇总

编号	假设内容
H1	发展型和灵活型个性化工作协议正向影响焦点员工的责任感知
H2	焦点员工的责任感知正向影响其人际帮助行为（2a），负向影响其社会阻抑行为（2b）
H3	焦点员工的责任感知在其发展型和灵活型个性化工作协议与其人际帮助行为（3a）及社会阻抑行为（3b）之间起中介作用
H4	发展型和灵活型个性化工作协议正向影响焦点员工的心理特权
H5	焦点员工的心理特权负向影响其人际帮助行为（2a），正向影响其社会阻抑行为（2b）
H6	焦点员工的心理特权在其发展型和灵活型个性化工作协议与其人际帮助行为（6a）及社会阻抑行为（6b）之间起中介作用
H7	焦点员工的交换意识强化了发展型和灵活型个性化工作协议对其责任感知的影响
H8	焦点员工的交换意识削弱了发展型和灵活型个性化工作协议对心理特权的影响

3.4 本章小结

本章首先回顾了社会认知理论的主要内容，以及学者对该理论的应用情况，进而确认了本书使用社会认知理论来探究个性化工作协议对焦点员工人际行为影响的合适性，为后续的假设提出和模型构建提供了理论框架；其次，结合社会认知理论和当前文献研究，本章进一步提出了相关的研究假设；最后，本章在研究假设的基础上，构建了焦点员工个性化工作协议影响其自身人际行为的理论模型，并将所提出的研究假设进行了汇总整理。

第4章 个性化工作协议对焦点员工人际行为影响的实证研究

基于第 3 章所提出的个性化工作协议影响焦点员工人际行为的理论模型和研究假设，本章通过开展实证研究对上述理论模型和研究假设进行检验和分析。

4.1 研究设计

4.1.1 变量的操作性定义

（1）发展型和灵活型个性化工作协议。根据 Hornung 等（2008）[48] 和 Liu 等（2013）[24]，本书认为发展型个性化工作协议是指能够促进员工职业发展和技能提升、为员工提供特殊培训机会和在职学习机会等的定制化工作安排，灵活型个性化工作协议是指允许员工采用灵活工作时间的定制化工作安排。

（2）责任感知。根据 Eisenberger 等（2001）[35] 和 Cheng 等（2022）[252]，本书认为责任感知是指员工认为他们应该努力工作、应该积极做出对组织有益的工作行为的主观信念。

（3）心理特权。根据 Campbell 等（2004）[36] 和 Zitek 等（2010）[261]，本书认为心理特权是指个体员工认为自己应该并且有权利获得更多组织优待的一种稳定而普遍的主观信念。

（4）人际帮助行为。根据 Williams 和 Anderson（1991）[146] 及 Podsakoff 等（2000）[148]，本书认为人际帮助行为是一种以人际为导向的组织公民行为，即帮助者通过利用自己的资源和精力，帮助他人解决或预防与工作相关的问题，从而使得他人直接获益，并间接使组织获益的行为。

（5）社会阻抑行为。根据 Duffy 等（2002）[205] 和 Duffy 等（2006）[219]，本书认为社会阻抑行为是人际间旨在破坏他人完成工作的能力、建立和维持积极关系的能力、破坏他人良好声誉及阻碍他人达成目标的一系列负面行为。

（6）交换意识。根据 Witt（1991）[38] 和 Eisenberger 等（1986）[272]，本书认为交换意识是指个体员工认为自己工作努力的程度应该取决于组织如何对待自己的程度。

4.1.2　变量的测量量表

在明确了变量的操作性定义后，本书选取了合适的测量工具。量表均出自本领域国际顶级期刊，且已被多位中外学者证实了具有良好的信效度。鉴于原始量表是英文表述，本书遵循严格的"翻译—回译"程序将其翻译为中文[275]。首先，邀请1 位从事组织行为研究的博士生将原始英文量表翻译为中文。其次，邀请1 位从事组织行为研究且具有中英文双教育背景的学者将中文量表回译为英文。再次，邀请另外 2 位从事组织行为研究的博士生对原始英文量表、回译后的英文量表及中文量表进行反复对比，确认中文量表是否存在语义差别，并进行相应修正。最后，邀请2 位从事管理心理学和组织行为学的专家学者和 2 位从事实际管理工作的业内人士对中文量表进行评价，并根据他们的意见进行修订，从而形成最终的中文量表。

（1）发展型和灵活型个性化工作协议。本书采用 Hornung 等（2008）[48] 所开发的 6 题量表来测量焦点员工所获得的发展型和灵活型个性化工作协议。其中，发展型个性化工作协议由 4 题组成，灵活型个性化工作协议由 2 题组成。该变量由焦点员工利用李克特 7 点计分法进行自我评价，1 代表从未，7 代表总是，具体题项如表 4-1 所示。

表 4-1　发展型和灵活型个性化工作协议测量量表

编号		题项内容	来源
发展型个性化工作协议	1	在当前工作中，你在多大程度上要求并成功协商了不同于其他同事的特殊培训机会？	Hornung 等（2008）[48]
	2	在当前工作中，你在多大程度上要求并成功协商了不同于其他同事的技能提升机会？	
	3	在当前工作中，你在多大程度上要求并成功协商了不同于其他同事的在职活动机会？	
	4	在当前工作中，你在多大程度上要求并成功协商了不同于其他同事的职业发展机会？	
灵活型个性化工作协议	1	在当前工作中，你在多大程度上要求并成功协商了不同于其他同事的开始或结束工作时间的灵活安排？	Hornung 等（2008）[48]
	2	在当前工作中，你在多大程度上要求并成功协商了不同于其他同事的灵活工作日安排？	

（2）责任感知。本书采用 Eisenberger 等（2001）[35] 所开发的 7 题量表来测量焦点员工的责任感知。该变量由焦点员工利用李克特 7 点计分法来进行自我评价，1 代表非常不同意，7 代表非常同意，具体题项如表 4-2 所示。

表 4-2　责任感知测量量表

编号	题项内容	来源
1	我觉得我有责任尽我所能来帮助公司实现它的目标	
2	当工作的时候，我把全部精力都用在了实现公司的目标上	
3	我有责任确保我的工作是高质量的	
4	我觉得我有责任帮助公司为客户提供令人满意的服务	Eisenberger 等（2001）[35]
5	当公司需要时，我有责任利用私人时间来帮助它	
6	如果我没有达到公司的绩效标准，我会感到内疚	
7	我觉得我对公司的唯一义务就是满足工作的最低要求（R）	

注："R"代表反向题项，下同。

（3）心理特权。本书采用 Campbell 等（2004）[36] 所开发的 9 题量表来测量焦点员工的心理特权。但题项"如果我在泰坦尼克号上，我应该登上第一艘救生艇"具有强烈的文化背景指向，不适合对中国样本的测量[269]，因此本书删掉了这一题项，共使用 8 题。该变量由焦点员工利用李克特 7 点计分法来进行自我报告，1 代表非常不同意，7 代表非常同意，具体题项如表 4-3 所示。

表 4-3　心理特权测量量表

编号	题项内容	来源
1	我真的觉得我值得比别人拥有更多	
2	美好的事情应该发生在我的身上	
3	我想要最好的，因为我值得	
4	我不一定值得特殊对待（R）	
5	在我的生命中，我应该得到更多东西	Campbell 等（2004）[36]
6	像我这样的人偶尔应该多休息一下	
7	事情应该按我想要的方式发展	
8	我觉得我有权拥有更多	

（4）人际帮助行为。本书采用 Williams 和 Anderson（1991）[146] 所开发的 7

题量表来测量焦点员工的人际帮助行为。该变量由焦点员工利用李克特 7 点计分法来进行自我报告，1 代表非常不符合，7 代表非常符合，具体题项如表 4-4 所示。

表 4-4　人际帮助行为测量量表

编号	题项内容	来源
1	在过去的一个月，我帮助过那些缺席的同事	Williams 和 Anderson (1991)[146]
2	在过去的一个月，我帮助过那些工作负担过重的同事	
3	在过去的一个月，虽然未被要求，但我曾积极协助同事完成工作	
4	在过去的一个月，我愿意花时间倾听同事的问题和担忧	
5	在过去的一个月，我尽心尽力地帮助了同事	
6	在过去的一个月，我曾对其他员工的事情很有兴趣	
7	在过去的一个月，我曾向同事提供工作信息	

（5）社会阻抑行为。本书采用 Duffy 等（2002）[205] 所开发的 13 题量表来测量焦点员工的社会阻抑行为。该变量由焦点员工利用李克特 7 点计分法来进行自我报告，1 代表非常不符合，7 代表非常符合，具体题项如表 4-5 所示。

表 4-5　社会阻抑行为测量量表

编号	题项内容	来源
1	在过去的一个月，我冒犯过同事	Duffy 等 (2002)[205]
2	在过去的一个月，我曾对同事不理不睬	
3	在过去的一个月，我散布过有关于同事的谣言	
4	在过去的一个月，我曾拖延工作导致同事的工作进度变慢	
5	在过去的一个月，我贬低过同事的观点	
6	在过去的一个月，我伤害过同事的感情	
7	在过去的一个月，我曾在同事背后说坏话	
8	在过去的一个月，我曾批评同事处理事情的方式毫无可取之处	
9	在过去的一个月，我没有完全兑现曾承诺给同事的帮助	
10	在过去的一个月，我给同事提供了不正确或有误导性的工作信息	
11	在过去的一个月，我和同事之间存在地位和组织认可方面的竞争	
12	在过去的一个月，我让同事知道我不喜欢他们的地方	
13	在过去的一个月，当别人说同事坏话的时候，我没有维护他们	

（6）交换意识。本书采用 Eisenberger 等（2001）[35] 所开发的 8 题量表来测

量焦点员工的交换意识。该变量由焦点员工利用李克特 7 点计分法来进行自我评价，1 代表非常不同意，7 代表非常同意，具体题项如表 4-6 所示。

表 4-6　交换意识测量量表

编号	题项内容	来源
1	当公司表现出对员工的关心时，员工也应该关心公司	
2	当公司尽心尽力地帮助员工时，员工也应该尽心尽力地帮助公司	
3	无论公司如何对待员工，员工都应该尽可能地努力工作（R）	
4	当公司不欣赏员工的努力时，员工仍应该尽可能地努力工作（R）	Eisenberger 等
5	当公司对员工不好时，员工应该减少工作努力	(2001)[35]
6	员工工作努力的程度应该取决于组织如何对待他们的期望和担忧	
7	只有当员工的努力能带来加薪、晋升或其他福利时，他们才应该努力工作	
8	员工的工作努力程度不应该取决于工资的公平性（R）	

（7）控制变量的选择。大多数现有研究在探索个性化工作协议对焦点员工的影响时，会将焦点员工的性别、年龄、教育水平、在当前组织中的工作年限作为控制变量[24][25]。因此，与现有研究一致，本书也将上述人口统计变量作为控制变量。其中，性别方面，0 代表男性，1 代表女性；年龄用实际数字来表示；教育水平方面，1 代表大专及以下，2 代表本科，3 代表硕士，4 代表博士及以上；工作年限用实际数字来表示。

另外，Grant（2008）的研究表明，焦点员工的亲社会动机能够显著地影响其人际行为[276]。亲社会动机是指为了使他人受益而付出努力的意愿，而具有强亲社会动机的员工更有可能会表现出亲社会人际行为，因此本书将焦点员工的亲社会动机作为控制变量。该变量采用 Grant（2008）所开发的 4 题量表来进行测量[276]，由焦点员工自评，1 代表非常不符合，7 代表非常符合，具体题项如表 4-7 所示。

表 4-7　亲社会动机测量量表

编号	题项内容	来源
1	我工作很有动力，因为我想通过我的工作让别人受益	
2	我工作很有动力，因为我想通过我的工作来帮助别人	Grant
3	我工作很有动力，因为我想对他人产生积极的影响	(2008)[276]
4	我工作很有动力，因为通过工作为别人做好事对我来说是很重要的	

此外，Farmer 等（2015）的研究表明，员工与团队成员之间的交换关系会显著地影响员工的人际行为[277]，因此本书将团队成员交换也作为控制变量。团队成员交换关系是指团队成员之间在分享和交换观点、反馈、努力、资源、专业知识和认可等方面的互惠水平，当员工与团队成员交换关系的质量较高时，他们越可能会表现出对团队成员的支持和帮助[277]。团队成员交换关系的测量采用 Sherony 和 Green（2002）所开发的 6 题量表[278]，由焦点员工利用李克特 7 点计分法来进行自我报告，1 代表非常不符合，7 代表非常符合，具体题项如表 4-8 所示。

表 4-8　团队成员交换关系测量量表

编号	题项内容	来源
1	我的同事对我的工作很满意	
2	我的同事很了解我的工作问题和需求	
3	无论我的同事在岗位上建立了多大的权威，他们都会利用他们的能力来帮助我解决工作中的问题	Sherony 和 Green （2002）[278]
4	无论我的同事在岗位上建立了多大的权威，他们都会不惜牺牲自己的利益为我辩护	
5	我对我的同事很有信心。当他们不在场时，我会尽力为他们的工作决定辩护	
6	我和同事的工作关系很好	

4.1.3　问卷设计

在确定各变量的中文量表后，本书编制了调研问卷。首先，设计了调研问卷的内容和结构，主要包括封面页和测量问题页。在封面页，本书使用简洁的语言描述了此次调研的主要目的、后续的调研安排，并承诺对问卷结果保密。另外，封面页还对问卷填写的注意事项进行了重点提醒，并向被试强调要根据自己的真实情况进行填答。在测量问题页，主要将上述中文测量题项进行合理安排，并收集被试的基本信息，确保问卷语义清晰、准确、易懂、无歧视性字眼，且长度适中。其次，为了提高数据回收质量，本书采用纸质问卷的形式。最后，是关于问卷发放与回收。鉴于本研究的变量均由焦点员工自评，为了减小共同方法偏差，本书将研究变量共分三次进行收集，每次问卷收集之间的时间间隔为一个月。在完成问卷之后，每位被试将自己的问卷放入信封密封后，交给现场的调研人员进行回收。详细调研问卷请见附录 A。

4.2 样本与数据收集

4.2.1 数据收集过程

为了扩大样本规模，本研究初步选取了三家企业作为拟调研对象。首先，调研团队对各公司的人力资源经理和代表员工进行了访谈。访谈内容包括个性化工作协议在公司中的具体实施情况、个性化工作协议的类型、获得个性化工作协议员工的特点、员工主动向领导寻求个性化工作协议的频率等。根据访谈结果，本书确定了发展型和灵活型个性化工作协议在两家公司中应用广泛。因此本书最终选定两家公司开展数据收集，其中一家是大型制造公司，另一家是科技公司。

进一步的邮件和电话沟通，调研团队向公司高层介绍了本研究的内容、调研目的、研究意义、调研流程等，并向其提供了样本问卷。之后，在公司高层的支持下，人力资源管理部门为调研团队提供了可以参与调研的被试人员名单，被试所在的团队规模相似。依据名单，调研团队为每位被试编制了一个4位数的编码，如1001、1002、1003等，以此类推，以实现三轮问卷数据的匹配，编码由人力资源部负责向每位被试发送。

在准备纸质问卷后，调研团队赶赴公司开展了实地调研。首先，由人力资源部将所有被试依次集中到一间大会议室中，并要求被试分开落座。调研团队给每位被试发放了一份纸质问卷、一支笔及一个信封。其次，在问卷填写之前，调研团队对调研的内容、目的、流程和填写问卷需要注意的事项进行了强调和宣讲。例如，请将自己的编码填写到问卷封面页；调研数据仅用于学术研究，将对公司严格保密，不会用于绩效评定和晋升参考；每题均为必答题，请务必按照最真实的情况填答；有些题目虽描述相似，但意义大有不同，请仔细阅读；每题均无正确答案，请大胆评价，放心作答；请用√或○标记出最能代表真实情况的数字，每位数字均代表不同的程度。在宣讲结束后，由所有被试完成问卷。其间，如被试对问卷题目有任何疑问，调研团队负责及时做出解释。在被试完成问卷后，交由调研团队检查封面页编码是否填写、是否漏答或漏页，再由被试将问卷装入信封并密封，交回给调研团队。最后，调研团队将纸质问卷的数据进行录入、整理和分析。

为减小共同方法偏差的影响，本研究共开展三轮问卷调查。在时间点1，员工完成了附录A中的第一轮问卷，包括发展型和灵活型个性化工作协议、交换意识、人口统计变量、亲社会动机和团队成员交换关系。一个月后，在时间点 2，员工完成了附录 A 中的第二轮问卷，包括责任感知和心理特权。一个月后，在时间点 3，员工完成了附录 A 中的第三轮问卷，包括人际帮助行为和社会阻抑行为。在三轮数据收集完成之后，调研团队进行了匹配和整理。通过剔除三轮数据不完整的问卷、多个题项未填答的问卷、答案呈现出明显规律的问卷、答案自相矛盾的问卷等无效问卷，最终从 525 个原始样本中得到有效问卷 418 份，有效率为 79.62%。

4.2.2　样本特征

本研究的最终有效数据为 418 份，有效样本的特征如表 4-9 所示。其中，男性 239 人（57.18%），女性 179 人（42.82%）；年龄方面，20～30 岁 93 人（22.25%），>30～40 岁 256 人（61.24%），>40～50 岁 66 人（15.79%），≥50 岁 3 人（0.72%），平均年龄为 35 岁。学历方面，大专及以下学历 63 人（15.07%），本科学历 179 人（42.82%），硕士学历 148 人（35.41%），博士及以上学历 28 人（6.70%）。在当前组织的工作年限方面，≤5 年 165 人（39.47%），>5～10 年 170 人（40.67%），≥10 年 83 人（19.86%）。

表 4-9　样本描述性统计

变量	分类	频率	占比/%	累计占比/%
性别	男	239	57.18	57.18
	女	179	42.82	100.00
年龄	20～30 岁	93	22.25	22.25
	>30～40 岁	256	61.24	83.49
	>40～50 岁	66	15.79	99.28
	≥50 岁	3	0.72	100.00
学历	大专及以下	63	15.07	15.07
	本科	179	42.82	57.89
	硕士	148	35.41	93.3
	博士及以上	28	6.70	100.00
在当前组织中的工作年限	≤5 年	165	39.47	39.47
	>5～10 年	170	40.67	80.14
	≥10 年	83	19.86	100.00

4.2.3 共同方法偏差检验

本研究通过多时点数据收集的方式以最大程度地减小共同方法偏差对研究结果的影响。通过利用 Harman 单因素检验，共提取到 7 个特征值大于 1 的因子，累计解释变异量为 68.537%，而第一个因子能够解释 22.438% 的变异量，低于学界所采用的 40% 临界值[279]。因此，说明数据的共同方法偏差问题并不严重。

4.3 信效度分析

4.3.1 信度分析

信度分析的主要目的是检验所使用量表的可靠性，一般使用 Cronbach's α 系数作为检验指标。研究指出，当 Cronbach's α 系数大于 0.7 时，表明量表具有良好的信度[280]。另外，在验证量表信度时，还可以将修正后项总相关系数（Corrected Item-Total Correlation，CITC）作为题项筛选指标。当某一题项的 CITC 值小于 0.4，且删除该题项后，量表的 Cronbach's α 系数大于整体量表的 Cronbach's α 系数时，可以考虑删除该题项[281]。

（1）发展型个性化工作协议。如表 4-10 所示，发展型个性化工作协议量表各题项的 CITC 值均大于临界值 0.4，删除任一项后量表的 Cronbach's α 系数均低于量表整体的 Cronbach's α 系数。结果说明，发展型个性化工作协议量表无须删除任何一个题项。同时，整体量表的 Cronbach's α 系数为 0.826，大于临界值 0.7，说明该量表具有良好的信度。

表 4-10 发展型个性化工作协议量表信度检验

编号	CITC 值	删除该题项后 Cronbach's α 系数	量表整体 Cronbach's α 系数
1	0.679	0.768	
2	0.597	0.804	0.826
3	0.617	0.797	
4	0.715	0.750	

（2）灵活型个性化工作协议。如表4-11所示，灵活型个性化工作协议量表各题项的CITC值均大于临界值0.4。同时，量表整体的Cronbach's α系数为0.865，大于临界值0.7，说明该量表具有良好的信度。

表4-11 灵活型个性化工作协议量表信度检验

编号	CITC 值	删除该题项后 Cronbach's α 系数	量表整体 Cronbach's α 系数
1	0.762	—	0.865
2	0.762	—	

（3）责任感知。如表4-12所示，责任感知量表各题项的CITC值均大于临界值0.4，且删除任一题项后量表的Cronbach's α系数均低于量表整体的Cronbach's α系数，说明该量表无须删除任何题项。同时，量表整体的Cronbach's α系数为0.903，大于临界值0.7，说明该量表具有良好的信度。

表4-12 责任感知量表信度检验

编号	CITC 值	删除该题项后 Cronbach's α 系数	量表整体 Cronbach's α 系数
1	0.638	0.897	0.903
2	0.733	0.886	
3	0.743	0.885	
4	0.653	0.895	
5	0.687	0.891	
6	0.716	0.888	
7	0.828	0.877	

（4）心理特权。如表4-13所示，心理特权量表各题项的CITC值均大于临界值0.4，且删除任一题项后量表的Cronbach's α系数均低于量表整体的Cronbach's α系数，说明该量表无须删除任何题项。同时，量表整体的Cronbach's α系数为0.924，大于临界值0.7，说明该量表具有良好的信度。

表 4-13　心理特权量表信度检验

编号	CITC 值	删除该题项后 Cronbach's α 系数	量表整体 Cronbach's α 系数
1	0.788	0.911	
2	0.740	0.915	
3	0.746	0.914	
4	0.720	0.916	
5	0.761	0.913	0.924
6	0.703	0.918	
7	0.787	0.911	
8	0.709	0.917	

（5）人际帮助行为。如表 4-14 所示，人际帮助行为量表各题项的 CITC 值均大于临界值 0.4，且删除任一题项后量表的 Cronbach's α 系数均低于量表整体的 Cronbach's α 系数，说明该量表无须删除任何题项。同时，量表整体的 Cronbach's α 系数为 0.937，大于临界值 0.7，说明该量表具有良好的信度。

表 4-14　人际帮助行为量表信度检验

编号	CITC 值	删除该题项后 Cronbach's α 系数	量表整体 Cronbach's α 系数
1	0.806	0.927	
2	0.814	0.926	
3	0.784	0.929	
4	0.798	0.927	0.937
5	0.794	0.928	
6	0.779	0.929	
7	0.791	0.928	

（6）社会阻抑行为。如表 4-15 所示，社会阻抑行为量表各题项的 CITC 值均大于临界值 0.4，且删除任一题项后量表的 Cronbach's α 系数均低于量表整体的 Cronbach's α 系数，说明该量表无须删除任何题项。同时，量表整体的 Cronbach's α 系数为 0.950，大于临界值 0.7，说明该量表具有良好的信度。

表 4-15　社会阻抑行为量表信度检验

编号	CITC 值	删除该题项后 Cronbach's α 系数	量表整体 Cronbach's α 系数
1	0.821	0.945	
2	0.803	0.945	
3	0.670	0.949	
4	0.722	0.948	
5	0.692	0.948	
6	0.671	0.949	
7	0.728	0.947	0.950
8	0.720	0.947	
9	0.741	0.947	
10	0.721	0.947	
11	0.862	0.944	
12	0.869	0.943	
13	0.845	0.944	

（7）交换意识。如表 4-16 所示，交换意识量表各题项的 CITC 值均大于临界值 0.4，且删除任一题项后量表的 Cronbach's α 系数均低于量表整体的 Cronbach's α 系数，说明该量表无须删除任何一个题项。同时，量表整体的 Cronbach's α 系数为 0.945，大于临界值 0.7，说明该量表具有良好的信度。

表 4-16　交换意识量表信度检验

编号	CITC 值	删除该题项后 Cronbach's α 系数	量表整体 Cronbach's α 系数
1	0.804	0.937	
2	0.821	0.936	
3	0.757	0.940	
4	0.785	0.938	
5	0.818	0.936	0.945
6	0.783	0.938	
7	0.809	0.936	
8	0.815	0.936	

（8）亲社会动机。如表 4-17 所示，亲社会动机量表各题项的 CITC 值大于临界值 0.4，且删除任一题项后量表的 Cronbach's α 系数均低于量表整体的

Cronbach's α 系数，说明该量表无须删除任何一个题项。同时，量表整体的 Cronbach's α 系数为 0.905，大于临界值 0.7，说明该量表具有良好的信度。

表 4-17　亲社会动机量表信度检验

编号	CITC 值	删除该题项后 Cronbach's α 系数	量表整体 Cronbach's α 系数
1	0.783	0.877	
2	0.774	0.881	0.905
3	0.808	0.869	
4	0.778	0.880	

（9）团队成员交换。如表 4-18 所示，团队成员交换量表各题项的 CITC 值均大于临界值 0.4，且删除任一题项后量表的 Cronbach's α 系数均低于量表整体的 Cronbach's α 系数。该结果表明，团队成员交换关系量表无须删除任何题项。同时，量表整体的 Cronbach's α 系数为 0.938，大于临界值 0.7，说明该量表具有良好的信度。

表 4-18　团队成员交换关系量表信度检验

编号	CITC 值	删除该题项后 Cronbach's α 系数	量表整体 Cronbach's α 系数
1	0.801	0.928	
2	0.801	0.928	
3	0.834	0.924	0.938
4	0.810	0.927	
5	0.812	0.926	
6	0.827	0.925	

4.3.2　效度分析

效度分析的目的在于检验量表的准确性，主要从内容效度、聚合效度和区分效度三个方面进行效度分析。

（1）内容效度。本书从以下三个方面保证了量表的内容效度：首先，所有量表均来源于国际顶级期刊，并且均已被多项研究验证其效度；其次，严格遵循翻译—回译程序将英文量表翻译为中文量表；最后，邀请组织行为领域的专家学者和企业界人士修订量表的表述。

（2）聚合效度。研究指出，当某一量表能够满足以下三个条件时，说明具有良好的聚合效度：一是所有题项的因子载荷系数大于 0.5；二是组成信度

（Construct Reliability，CR）大于0.7；三是平均方差析出量（Average Variance Extracted，AVE）大于0.5[282]。

第一，发展型个性化工作协议。如表4-19所示，发展型个性化工作协议量表的KMO值为0.803，Bartlett球形检验结果显著，表明该量表适合进行因素分析。本书采用主成分分析法萃取特征值大于1的因素，并使用最大方差法进行因素分析。共萃取到1个因素，解释变异量为65.784%，大于临界值60%，说明保留1个因素十分理想。同时，该量表所有题项的因子载荷系数均大于临界值0.5，CR高于临界值0.7，AVE高于临界值0.5，说明本书所使用的发展型个性化工作协议量表具有良好的聚合效度。

表4-19　发展型个性化工作协议量表效度检验

编号	因子1	解释变异量/%	KMO值	Bartlett球形检验			CR	AVE
				近似卡方	自由度	显著性		
1	0.831							
2	0.769	65.784	0.803	594.433	6	0.000	0.828	0.548
3	0.785							
4	0.856							

第二，灵活型个性化工作协议。如表4-20所示，虽然灵活型个性化工作协议量表的KMO值为0.500，但Bartlett球形检验结果显著。在采用主成分分析法萃取特征值大于1的因素，并使用最大方差法进行因素分析后，共萃取到1个因素。其解释变异量为88.077%，大于临界值60%，说明保留1个因素十分理想。同时，该量表所有题项的因子载荷系数均大于临界值0.5，CR高于临界值0.7，AVE高于临界值0.5，说明本书所使用的灵活型个性化工作协议量表具有良好的聚合效度。

表4-20　灵活型个性化工作协议量表效度检验

编号	因子1	解释变异量/%	KMO值	Bartlett球形检验			CR	AVE
				近似卡方	自由度	显著性		
1	0.938	88.077	0.500	360.379	1	0.000	0.867	0.766
2	0.938							

第三，责任感知。如表4-21所示，责任感知量表的KMO值为0.813，Bartlett球形检验结果显著，表明该量表适合进行因素分析。本书采用主成分分析法萃取特征值大于1的因素，并使用最大方差法进行因素分析。共萃取到1个因素，解释变异量为63.590%，大于临界值60%，说明保留1个因素十分理想。同

时，该量表所有题项的因子载荷系数均大于临界值 0.5，CR 高于临界值 0.7，AVE 高于临界值 0.5，说明本书所使用的责任感知量表具有良好的聚合效度。

表 4-21　责任感知量表效度检验

编号	因子 1	解释变异量/%	KMO 值	Bartlett 球形检验			CR	AVE
				近似卡方	自由度	显著性		
1	0.730							
2	0.815							
3	0.822							
4	0.741	63.590	0.813	1939.550	21	0.000	0.905	0.579
5	0.774							
6	0.803							
7	0.886							

第四，心理特权。如表 4-22 所示，心理特权量表的 KMO 值为 0.944，Bartlett 球形检验结果显著。在采用主成分分析法萃取特征值大于 1 的因素，并使用最大方差法进行因素分析后，共萃取到 1 个因素。其解释变异量为 65.521%，大于临界值 60%，说明保留 1 个因素十分理想。同时，该量表所有题项的因子载荷系数均大于临界值 0.5，CR 高于临界值 0.7，AVE 高于临界值 0.5，说明本书所使用的心理特权量表具有良好的聚合效度。

表 4-22　心理特权量表效度检验

编号	因子 1	解释变异量/%	KMO 值	Bartlett 球形检验			CR	AVE
				近似卡方	自由度	显著性		
1	0.846							
2	0.806							
3	0.811							
4	0.789	65.521	0.944	2071.652	28	0.000	0.925	0.607
5	0.822							
6	0.773							
7	0.845							
8	0.780							

第五，交换意识。如表 4-23 所示，交换意识量表的 KMO 值为 0.948，Bartlett 球形检验结果显著。在采用主成分分析法萃取特征值大于 1 的因素，并使用最大方差法进行因素分析后，共萃取到 1 个因素。其解释变异量为 72.117%，大于临界值 60%，说明保留 1 个因素十分理想。同时，该量表所有题项的因子载荷系数均大于临界值 0.5，CR 高于临界值 0.7，AVE 高于临界值 0.5，说明本书所使用的交换意识量表具有良好的聚合效度。

表 4-23　交换意识量表效度检验

编号	因子 1	解释变异量/%	KMO 值	Bartlett 球形检验			CR	AVE
				近似卡方	自由度	显著性		
1	0.853							
2	0.867							
3	0.814							
4	0.838	72.117	0.948	2678.369	28	0.000	0.945	0.682
5	0.864							
6	0.837							
7	0.857							
8	0.863							

第六，人际帮助行为。如表 4-24 所示，人际帮助行为量表的 KMO 值为 0.948，Bartlett 球形检验结果显著。在采用主成分分析法萃取特征值大于 1 的因素，并使用最大方差法进行因素分析后，共萃取到 1 个因素。其解释变异量为 72.688%，大于临界值 60%，说明保留 1 个因素十分理想。同时，该量表所有题项的因子载荷系数均大于临界值 0.5，CR 高于临界值 0.7，AVE 高于临界值 0.5，说明人际帮助行为量表的聚合效度良好。

表 4-24　人际帮助行为量表效度检验

编号	因子 1	解释变异量/%	KMO 值	Bartlett 球形检验			CR	AVE
				近似卡方	自由度	显著性		
1	0.861							
2	0.867							
3	0.844							
4	0.855	72.688	0.948	2181.896	21	0.000	0.937	0.681
5	0.851							
6	0.840							
7	0.849							

第七，社会阻抑行为。如表4-25所示，社会阻抑行为量表的KMO值为0.941，Bartlett球形检验结果显著。在采用主成分分析法萃取特征值大于1的因素，并使用最大方差法进行因素分析后，共萃取到1个因素。其解释变异量为64.135%，大于临界值60%，说明保留1个因素十分理想。同时，该量表所有题项的因子载荷系数均大于临界值0.5，CR高于临界值0.7，AVE高于临界值0.5，说明本书所使用的社会阻抑行为量表具有良好的聚合效度。

表4-25 社会阻抑行为量表效度检验

编号	因子1	解释变异量/%	KMO值	Bartlett球形检验			CR	AVE
				近似卡方	自由度	显著性		
1	0.853							
2	0.835							
3	0.724							
4	0.766							
5	0.736							
6	0.725							
7	0.768	64.135	0.941	4787.330	78	0.000	0.953	0.613
8	0.768							
9	0.788							
10	0.764							
11	0.887							
12	0.893							
13	0.874							

第八，亲社会动机。如表4-26所示，亲社会动机量表的KMO值为0.851，Bartlett球形检验结果显著。在采用主成分分析法萃取特征值大于1的因素，并使用最大方差法进行因素分析后，共萃取到1个因素。其解释变异量为77.802%，大于临界值60%，说明保留1个因素十分理想。同时，该量表所有题项的因子载荷系数均大于临界值0.5，CR高于临界值0.7，AVE高于临界值0.5，说明本书所使用的亲社会动机量表具有良好的聚合效度。

表 4-26 亲社会动机量表效度检验

编号	因子 1	解释变异量/%	KMO 值	Bartlett 球形检验			CR	AVE
				近似卡方	自由度	显著性		
1	0.880							
2	0.875	77.802	0.851	1048.903	6	0.000	0.905	0.704
3	0.896							
4	0.877							

第九,团队成员交换。如表 4-27 所示,团队成员交换关系量表的 KMO 值为 0.930,Bartlett 球形检验结果显著。在采用主成分分析法萃取特征值大于 1 的因素,并使用最大方差法进行因素分析后,共萃取到 1 个因素。其解释变异量为 76.295%,大于临界值 60%,说明保留 1 个因素十分理想。同时,该量表所有题项的因子载荷系数均大于临界值 0.5,CR 高于临界值 0.7,AVE 高于临界值 0.5,说明本书所使用的团队成员交换关系量表具有良好的聚合效度。

表 4-27 团队成员交换关系量表效度检验

编号	因子 1	解释变异量/%	KMO 值	Bartlett 球形检验			CR	AVE
				近似卡方	自由度	显著性		
1	0.864							
2	0.864							
3	0.888	76.295	0.930	1998.000	15	0.000	0.938	0.716
4	0.870							
5	0.872							
6	0.883							

(3)区分效度。本书运用软件 Mplus 8.3 对测量量表进行验证性因子分析,以验证量表的区分效度。本书将对比由发展型和灵活型个性化工作协议、责任感知、心理特权、交换意识、人际帮助行为、社会阻抑行为、亲社会动机、团队成员交换所构造的九因子模型至单因子模型的拟合指数。如表 4-28 所示,九因子模型的拟合效果优于其他八个模型,且模型拟合结果达到了学者建议的临界值。其中,九因子模型的拟合结果为:x^2/df 为 1.718,符合学者建议范围($1<x^2/df<3$);CFI 为 0.936,TLI 为 0.933,均大于临界值 0.90;RMSEA 为 0.041,小于临界值 0.08;SRMR 为 0.038,小于临界值 0.50[283]。

表 4-28　测量模型比较

模型	χ^2	df	χ^2/df	CFI	TLI	RMSEA	SRMR
九因子	2776.685	1616	1.718	0.936	0.933	0.041	0.038
八因子	3202.551	1624	1.972	0.913	0.909	0.048	0.049
七因子	4936.678	1631	3.027	0.819	0.810	0.070	0.119
六因子	7131.964	1637	4.357	0.699	0.685	0.090	0.144
五因子	9004.288	1642	5.484	0.596	0.579	0.104	0.155
四因子	10980.799	1646	6.671	0.488	0.468	0.116	0.170
三因子	11556.437	1649	7.008	0.457	0.437	0.120	0.173
双因子	14000.459	1651	8.480	0.323	0.298	0.134	0.188
单因子	14957.860	1652	9.054	0.271	0.245	0.139	0.188

注：①八因子模型：发展型个性化工作协议+灵活型个性化工作协议；七因子模型：发展型个性化工作协议+灵活型个性化工作协议、责任感知+心理特权；六因子模型：发展型个性化工作协议+灵活型个性化工作协议、责任感知+心理特权、人际帮助行为+社会阻抑行为；五因子模型：发展型个性化工作协议+灵活型个性化工作协议、责任感知+心理特权+交换意识、人际帮助行为+社会阻抑行为；四因子模型：发展型个性化工作协议+灵活型个性化工作协议、责任感知+心理特权+交换意识、人际帮助行为+社会阻抑行为、亲社会动机+团队成员交换；三因子模型：发展型个性化工作协议+灵活型个性化工作协议+责任感知+心理特权+交换意识、人际帮助行为+社会阻抑行为、亲社会动机+团队成员交换；双因子模型：发展型个性化工作协议+灵活型个性化工作协议+责任感知+心理特权+交换意识+人际帮助行为+社会阻抑行为、亲社会动机+团队成员交换；单因子模型：发展型个性化工作协议+灵活型个性化工作协议+责任感知+心理特权+交换意识+人际帮助行为+社会阻抑行为+亲社会动机+团队成员交换。②"+"表示合并。

4.4　描述性统计与相关分析

表 4-29 描述了主要变量的均值、标准差和相关系数。根据表 4-29，发展型个性化工作协议与责任感知显著正相关（$r=0.279$，$p<0.01$）；灵活型个性化工作协议与责任感知显著正相关（$r=0.184$，$p<0.01$）；责任感知与人际帮助行为显著正相关（$r=0.325$，$p<0.01$），与社会阻抑行为显著负相关（$r=-0.469$，$p<0.01$）；发展型个性化工作协议与心理特权显著正相关（$r=0.265$，$p<0.01$）；灵活型个性化工作协议与心理特权显著正相关（$r=0.166$，$p<0.01$）；心理特权与人际帮助行为显著负相关（$r=-0.108$，$p<0.05$），与社会阻抑行为显著正相关（$r=0.204$，$p<0.01$）。

表 4-29　均值、标准差和相关性

变量	均值	标准差	AGE	GEN	EDU	TEN	PROM	TMX	DI	FI	FOB	PEN	HB	SU	EXI
AGE	35.110	5.461	—												
GEN	0.572	0.495	0.093	—											
EDU	2.337	0.813	0.440**	0.062	—										
TEN	6.153	3.474	0.595**	0.102*	-0.101*	—									
PROM	3.836	1.369	-0.042	-0.003	-0.087	0.019	**0.839**								
TMX	3.435	1.813	-0.031	-0.006	-0.059	-0.009	0.105*	**0.846**							
DI	4.080	1.336	-0.008	0.028	-0.092	0.024	-0.020	0.082	**0.740**						
FI	3.419	1.698	0.070	-0.010	-0.010	0.077	-0.017	0.031	-0.031	**0.873**					
FOB	4.010	1.634	-0.101*	-0.004	-0.080	-0.081	-0.182**	0.188**	0.279**	0.184**	**0.761**				
PEN	4.407	1.337	0.055	-0.033	0.054	-0.003	-0.292**	-0.049	0.265**	0.166**	0.243**	**0.779**			
HB	3.388	1.262	0.016	-0.041	-0.006	-0.026	0.088	0.432**	0.143**	0.181**	0.325**	-0.108*	**0.825**		
SU	3.657	1.529	0.124*	-0.024	0.033	0.070	-0.241**	-0.160**	-0.140**	0.131**	-0.469**	0.204**	-0.187**	**0.783**	
EXI	3.845	1.458	-0.030	-0.044	-0.021	-0.021	0.248**	-0.023	-0.113*	-0.043	-0.351**	-0.181**	-0.035	0.051	**0.826**

注：①$*p<0.05$，$**p<0.01$。②AGE=年龄，GEN=性别，EDU=学历，TEN=工作年限，PROM=亲社会动机，TMX=团队成员交换，DI=发展型个性化工作协议，FI=灵活型个性化工作协议，FOB=责任感知，PEN=心理特权，HB=人际帮助行为，SU=社会阻抑行为，EXI=交换意识。③对角线上的粗体数字表示 AVE 的平方根，对角线以下的数字是变量间相关性。

4.5 假设检验

4.5.1 直接效应检验

本书使用 Mplus 8.3 进行假设检验。在进行假设验证时，均控制年龄、性别、学历、工作年限、亲社会动机和团队成员交换关系。如表 4-30 所示，发展型个性化工作协议显著正向影响责任感知（B=0.328，95% CI =［0.236，0.484］），并且灵活型个性化工作协议也显著正向影响责任感知（B=0.212，95% CI =［0.085，0.267］），支持 H1；责任感知显著正向影响人际帮助行为（B=0.274，95% CI =［0.154，0.356］），支持 H2a；责任感知显著负向影响社会阻抑行为（B=-0.635，95% CI =［-0.844，-0.557］），支持 H2b；发展型个性化工作协议显著正向影响心理特权（B=0.313，95% CI =［0.210，0.461］），并且灵活型个性化工作协议也显著正向影响心理特权的影响（B=0.200，95% CI =［0.069，0.254］），支持 H4；心理特权显著负向影响人际帮助行为（B=-0.232，95% CI =［-0.322，-0.122］），支持 H5a；心理特权显著正向影响社会阻抑行为（B=0.248，95% CI =［0.182，0.380］），支持 H5b。

表 4-30　直接效应检验结果

直接效应	估计值	标准差	95% CI		检验结果
			下限	上限	
发展型个性化工作协议→责任感知	0.328 ***	0.053	0.236	0.484	支持
发展型个性化工作协议→心理特权	0.313 ***	0.055	0.210	0.461	支持
灵活型个性化工作协议→责任感知	0.212 ***	0.049	0.085	0.267	支持
灵活型个性化工作协议→心理特权	0.200 ***	0.055	0.069	0.254	支持
责任感知→人际帮助行为	0.274 ***	0.050	0.154	0.356	支持
责任感知→社会阻抑行为	-0.635 ***	0.039	-0.844	-0.557	支持
心理特权→人际帮助行为	-0.232 ***	0.052	-0.322	-0.122	支持
心理特权→社会阻抑行为	0.248 ***	0.045	0.182	0.380	支持

注：* $p<0.05$，** $p<0.01$，*** $p<0.001$。

4.5.2 中介效应检验

本书采用 Bootstrapping 法（$n = 5000$）来验证责任感知和心理特权的中介作用。如表 4-31 所示，在发展型个性化工作协议与人际帮助行为的关系中加入责任感知和心理特权后，发展型个性化工作协议对人际帮助行为的影响仍然显著（B = 0.130，95% CI = ［0.022，0.238］）。同时，责任感知在发展型个性化工作协议与人际帮助行为关系间的中介作用显著（$\gamma = 0.090$，95% CI = ［0.049，0.130］），心理特权在发展型个性化工作协议与人际帮助行为关系间的中介作用显著（$\gamma = -0.073$，95% CI = ［-0.114，-0.031］）。因此，责任感知和心理特权在发展型个性化工作协议和人际帮助行为之间起部分中介作用。

表 4-31 中介效应 Bootstrapping 检验结果

路径	估计值/ 间接效应	标准差	95% CI		检验结果
			下限	上限	
发展型个性化工作协议→人际帮助行为	0.130*	0.055	0.022	0.238	—
发展型个性化工作协议→社会阻抑行为	-0.030	0.049	-0.125	0.065	—
灵活型个性化工作协议→人际帮助行为	0.185***	0.050	0.087	0.283	—
灵活型个性化工作协议→社会阻抑行为	0.204***	0.042	0.121	0.287	—
发展型个性化工作协议→责任感知→人际帮助行为	0.090***	0.021	0.049	0.130	部分中介
发展型个性化工作协议→责任感知→社会阻抑行为	-0.208***	0.037	-0.280	-0.136	中介
发展型个性化工作协议→心理特权→人际帮助行为	-0.073**	0.021	-0.114	-0.031	部分中介
发展型个性化工作协议→心理特权→社会阻抑行为	0.078***	0.021	0.037	0.119	中介
灵活型个性化工作协议→责任感知→人际帮助行为	0.058**	0.018	0.024	0.092	部分中介
灵活型个性化工作协议→责任感知→社会阻抑行为	-0.135***	0.034	-0.201	-0.068	部分中介
灵活型个性化工作协议→心理特权→人际帮助行为	-0.046**	0.017	-0.079	-0.014	部分中介
灵活型个性化工作协议→心理特权→社会阻抑行为	0.049**	0.017	0.017	0.082	部分中介

注：* $p < 0.05$，** $p < 0.01$，*** $p < 0.001$。

此外，在灵活型个性化工作协议与人际帮助行为的关系中加入责任感知和心理特权后，灵活型个性化工作协议对人际帮助行为的影响仍然显著（B = 0.185，95% CI = ［0.087，0.283］）。同时，责任感知在灵活型个性化工作协议与人际帮助行为关系间的中介作用显著（$\gamma = 0.058$，95% CI = ［0.024，0.092］），心理特权在灵活型个性化工作协议与人际帮助行为关系间的中介作用显著（γ＝－0.046，95% CI＝［－0.079，－0.014］）。因此，责任感知和心理特权在灵活型个性化工作协议和人际帮助行为之间起部分中介作用。基于此，H3a 和 H6a 得到部分支持。

在发展型个性化工作协议与社会阻抑行为的关系中加入责任感知和心理特权后，发展型个性化工作协议对社会阻抑行为的影响不显著（B＝－0.030，95% CI＝［－0.125，0.065］）。同时，责任感知在发展型个性化工作协议与社会阻抑行为关系间的中介作用显著（γ＝－0.208，95% CI＝［－0.280，－0.136］）；心理特权在发展型个性化工作协议与社会阻抑行为关系间的中介作用显著（γ＝0.078，95% CI＝［0.037，0.119］）。因此，责任感知和心理特权在发展型个性化工作协议和社会阻抑行为之间起完全中介作用。

在灵活型个性化工作协议与社会阻抑行为的关系中加入责任感知和心理特权后，灵活型个性化工作协议对社会阻抑行为的影响仍然显著（B＝0.204，95% CI＝［0.121，0.287］）。同时，责任感知在灵活型个性化工作协议与社会阻抑行为关系间的中介作用显著（γ＝－0.135，95% CI＝［－0.201，－0.068］），心理特权在灵活型个性化工作协议与社会阻抑行为关系间的中介作用显著（γ＝0.049，95% CI＝［0.017，0.082］）。因此，责任感知和心理特权在灵活型个性化工作协议和社会阻抑行为之间起部分中介作用。基于此，H3b 和 H6b 得到部分支持。

4.5.3　调节效应检验

同样，本书采用 Bootstrapping 法（$n = 5000$）来验证交换意识的调节作用。如表 4-32 所示，交互项发展型个性化工作协议与交换意识的乘积显著正向影响责任感知（B＝0.167，95% CI＝［0.082，0.283］）。结合发展型个性化工作协议显著正向影响责任感知，可知交换意识正向调节发展型个性化工作协议对责任感知的正向影响，即当交换意识较高时，发展型个性化工作协议对焦点员工责任感知的正向作用越强；反之，该正向作用越弱。

表 4-32　调节效应 Bootstrapping 检验结果

变量	责任感知				心理特权				检验结果
	作用系数	标准差	95% CI		作用系数	标准差	95% CI		
			上限	下限			上限	下限	
发展型个性化工作协议	0.267 ***	0.049	0.177	0.408	0.297 ***	0.050	0.200	0.427	—

续表

变量	责任感知				心理特权				检验结果
	作用系数	标准差	95% CI		作用系数	标准差	95% CI		
			上限	下限			上限	下限	
灵活型个性化工作协议	0.218***	0.050	0.098	0.275	0.160**	0.053	0.044	0.219	—
交换意识	-0.319***	0.042	-0.558	-0.302	-0.109*	0.046	-0.260	-0.023	—
发展型个性化工作协议×交换意识	0.167***	0.044	0.082	0.283					支持
					-0.139*	0.048	-0.247	-0.046	支持
灵活型个性化工作协议×交换意识	0.157**	0.046	0.053	0.216					支持
					-0.166**	0.050	-0.220	-0.054	支持

注：$*p<0.05$，$**p<0.01$，$***p<0.001$。

为了更加清晰地体现交换意识对发展型个性化工作协议与责任感知关系的调节作用，本书绘制了交换意识在不同水平下，发展型个性化工作协议影响责任感知的简单斜率图。如图 4-1 所示，当交换意识较高时（高于均值一个标准差），发展型个性化工作协议对责任感知的正向影响显著（B = 0.475，95% CI = [0.312，0.637]）；当交换意识较低时（低于均值一个标准差），发展型个性化工作协议对责任感知的正向影响不显著（B = 0.110，95% CI = [-0.033，0.254]）。

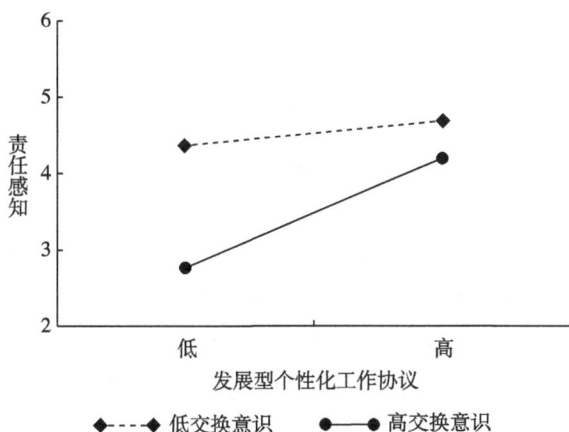

图 4-1　交换意识对发展型个性化工作协议和责任感知关系的调节效应

如表4-32所示，交互项灵活型个性化工作协议与交换意识的乘积显著正向影响责任感知（B=0.157，95% CI=［0.053，0.216］）。结合灵活型个性化工作协议显著正向影响责任感知，可知交换意识正向调节灵活型个性化工作协议对责任感知的正向影响，即当交换意识较高时，灵活型个性化工作协议对责任感知的正向作用越强；反之，该正向作用越弱。

为了更加清晰地体现交换意识对灵活型个性化工作协议与责任感知关系的调节作用，本书绘制了交换意识在不同水平下，灵活型个性化工作协议影响责任感知的简单斜率图。如图4-2所示，当交换意识较高时（高于均值一个标准差），灵活型个性化工作协议对责任感知的正向影响显著（B=0.321，95% CI=［0.182，0.459］）；当交换意识较低时（低于均值一个标准差），灵活型个性化工作协议对责任感知的正向影响不显著（B=0.052，95% CI=［-0.047，0.152］）。上述结果支持H7。

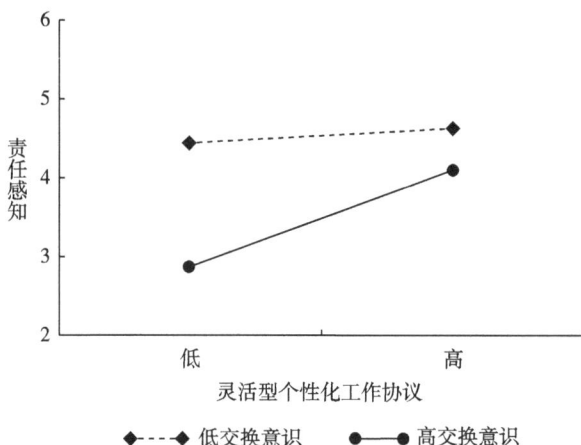

图4-2　交换意识对灵活型个性化工作协议和责任感知关系的调节效应

如表4-32所示，交互项发展型个性化工作协议与交换意识的乘积显著负向影响心理特权（B=-0.139，95% CI=［-0.247，-0.046］）。结合发展型个性化工作协议显著正向影响心理特权，可知交换意识负向调节发展型个性化工作协议对心理特权的正向影响，即当交换意识较高时，发展型个性化工作协议对心理特权的正向作用越弱；反之，该正向作用越强。

为了更加清晰地体现交换意识对发展型个性化工作协议与心理特权关系的调节作用，本书绘制了交换意识在不同水平下，发展型个性化工作协议影响心理特权的简单斜率图。如图4-3所示，当交换意识较高时（高于均值一个标准差），发展型个性化工作协议对心理特权的正向影响显著（B=0.167，95% CI=［0.019，0.315］）；当交换意识较低时（低于均值一个标准差），发展型个性化工作协议对心理特权的正向影响增强（B=0.460，95% CI=［0.304，0.615］）。

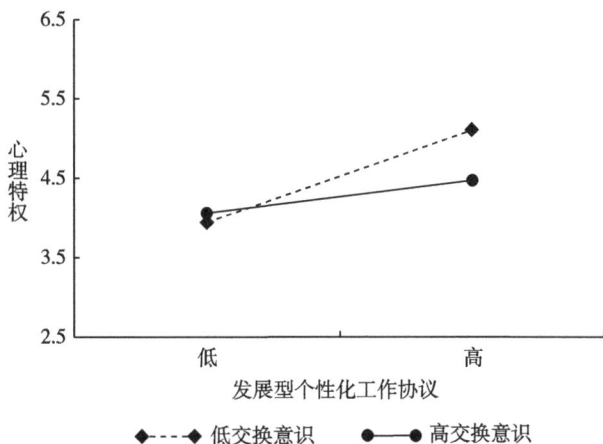

图4-3　交换意识对发展型个性化工作协议和心理特权关系的调节效应

如表4-32所示，交互项灵活型个性化工作协议与交换意识的乘积显著负向影响心理特权（B=-0.166，95% CI=［-0.220，-0.054］）。结合灵活型个性化工作协议显著正向影响心理特权，可知交换意识负向调节灵活型个性化工作协议对心理特权的正向影响，即当交换意识较高时，灵活型个性化工作协议对心理特权的正向作用越弱；反之，该正向作用越强。

为了更加清晰地体现交换意识对灵活型个性化工作协议与心理特权关系的调节作用，本书绘制了交换意识在不同水平下，灵活型个性化工作协议影响心理特权的简单斜率图。如图4-4所示，当交换意识较高时（高于均值一个标准差），灵活型个性化工作协议对心理特权正向影响不显著（B=-0.005，95% CI=［-0.135，0.125］）；当交换意识较低时（低于均值一个标准差），灵活型个性化工作协议对心理特权的正向影响显著（B=0.268，95% CI=［0.158，0.379］）。上述结果支持H8。

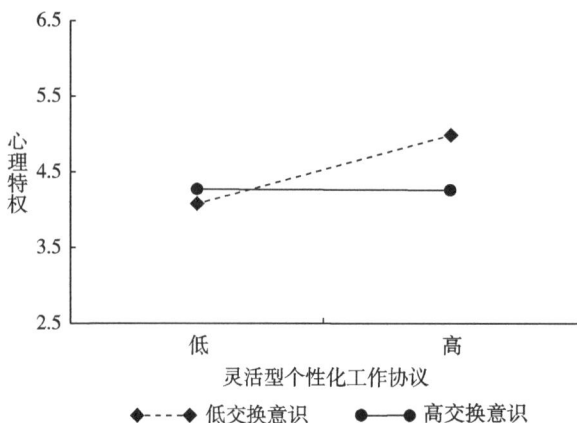

图 4-4　交换意识对灵活型个性化工作协议和心理特权关系的调节效应

4.5.4　假设检验结果汇总

假设检验结果汇总情况如表 4-33 所示。

表 4-33　假设结果汇总

编号	假设内容	结果
H1	发展型和灵活型个性化工作协议正向影响焦点员工的责任感知	通过
H2	焦点员工的责任感知正向影响其人际帮助行为（2a），负向影响其社会阻抑行为（2b）	通过
H3	焦点员工的责任感知在其发展型和灵活型个性化工作协议与人际帮助行为（3a）及社会阻抑行为（3b）之间起中介作用	部分通过
H4	发展型和灵活型个性化工作协议正向影响焦点员工的心理特权	通过
H5	焦点员工的心理特权负向影响其人际帮助行为（5a），正向影响其社会阻抑行为（5b）	通过
H6	焦点员工的心理特权在其发展型和灵活型个性化工作协议与其人际帮助行为（6a）及社会阻抑行为（6b）之间起中介作用	部分通过
H7	焦点员工的交换意识强化了发展型和灵活型个性化工作协议对其责任感知的影响	通过
H8	焦点员工的交换意识削弱了发展型和灵活型个性化工作协议对其心理特权的影响	通过

4.5.5　假设检验结果解释

（1）个性化工作协议对焦点员工责任感知影响的实证结果解释。实证结果表明，焦点员工的发展型个性化工作协议显著正向影响其责任感知（B＝0.328，

95% CI ＝ ［0.236, 0.484］），灵活型个性化工作协议同样显著正向影响其责任感知（B＝0.212, 95% CI ＝ ［0.085, 0.267］），H1 得到支持。以往研究表明，个性化工作协议旨在满足焦点员工的个性化工作需求，能够有效提升焦点员工的工作满意度和对组织的情感承诺[3]。由此可见，作为标准化人力资源管理实践的补充，个性化工作协议不仅能够提升焦点员工的工作表现[22]，还能够提升焦点员工对组织的认同[85]，增强与组织的情感连接[23]。根据社会认知理论，外部环境事件能够触发员工的认知调节机制，使得他们在环境因素的刺激下，改变主观认知[236]。Zhang 等（2021）的研究指出，个性化工作协议的获得作为重要且有价值的外部环境因素，能够显著地影响焦点员工的心理认知[87]。个性化工作协议不仅意味着焦点员工获得了相应的组织资源，还意味着组织对他们的重视、信任、尊重和支持[13]。这种积极的组织刺激会使焦点员工认为自己是"内部人"，进而增强他们回报组织的动力。需要注意的是，尽管发展型和灵活型个性化工作协议均能正向影响责任感知，但发展型个性化工作协议的影响效应要大于灵活型个性化工作协议。这表明，相较于满足员工灵活工作时间的需求，满足员工职业发展和技能提升的需求会更加有助于提升员工对组织的责任感。

（2）焦点员工责任感知对其人际行为影响的实证结果解释。实证结果表明，焦点员工责任感知显著正向影响其人际帮助行为（B＝0.274, 95% CI ［0.154, 0.356］），负向影响其社会阻抑行为（B ＝ － 0.635, 95% CI ＝ ［－0.844, －0.557］），H2 得到支持。责任感知是员工认为他们有责任有义务努力工作，并积极地做出对组织有利的行为的信念[35]。已有研究表明，员工的责任感知是一种以集体为导向的主观认知，不仅能够对员工的组织公民行为[284] 和亲社会行为[254][255] 产生积极影响，还能够有效地减少员工的偏离行为[44] 和反生产行为[256]。由此可见，员工的责任感知不仅有助于激发其亲社会行为，还有助于减少其负面工作行为。当员工认为自己对组织有较高的责任感时，他们会做出与其主观认知相一致的外在工作行为，如增加自己的工作努力、帮助团队成员以促进组织发展或减少对团队成员的故意破坏以免组织受损等。尽管责任感知对员工的人际帮助行为和社会阻抑行为均有显著影响，但责任感知对社会阻抑行为的影响效应更大。这表明，当员工的责任感知提升时，虽然他们会表现出一定程度的助人行为，但他们会更少地表现出对组织间接有害的社会阻抑行为。

（3）焦点员工责任感知中介作用的实证结果解释。实证结果表明，焦点员工的责任感知在发展型个性化工作协议与人际帮助行为之间起部分中介作用（γ＝0.090, 95% CI ＝ ［0.049, 0.130］），在发展型个性化工作协议与社会阻抑行为之间起完全中介作用（γ＝－0.208, 95% CI ＝ ［－0.280, －0.136］），在灵活型个性化工作协议与人际帮助行为之间起部分中介作用（γ＝0.058, 95% CI ＝

[0.024, 0.092]），在灵活型个性化工作协议与社会阻抑行为之间起部分中介作用（γ=-0.135，95% CI = [-0.201，-0.068]），即发展型和灵活型个性化工作协议能够通过提升焦点员工的责任感知，进而促进其人际帮助行为，约束其社会阻抑行为，H3 得到部分支持。个性化工作协议不仅能够满足焦点员工的个性化需求，还能够使焦点员工感知到组织的支持、信任和尊重。这种积极的情感信号会增强他们对组织的情感承诺，进而提升他们愿意为组织做出更多回报、承担更多组织责任、帮助组织实现更好发展的动力。因此，与其积极的主观认知一致，焦点员工会表现出更多的助人行为和更少的阻抑行为。

需要注意的是，责任感知在发展型个性化工作协议和助人行为、灵活型个性化工作协议和助人行为及阻抑行为关系之间起部分中介作用。这说明，发展型和灵活型个性化工作协议除了会通过责任感知影响焦点员工的助人行为外，还会对其助人行为产生直接影响。这可能是由于个性化工作协议的获得会增强焦点员工的自我效能，进而促使其表现出助人行为。此外，灵活型个性化工作协议除了会通过责任感知影响焦点员工的阻抑行为之外，还会对其阻抑行为产生直接影响。这可能是由于焦点员工考虑到其灵活的工作时间安排会无形之中加重其他成员的工作负担，进而使其主动减少对其他成员的阻抑行为。

（4）个性化工作协议对焦点员工心理特权影响的实证结果解释。实证结果表明，焦点员工的发展型个性化工作协议显著正向影响其心理特权（B = 0.313，95% CI = [0.210，0.461]），灵活型个性化工作协议同样显著正向影响其心理特权（B = 0.200，95% CI = [0.069，0.254]），H4 得到支持。心理特权是一种主观感知，表现为自我膨胀和夸大的自我认知，认为自己应该并且有权利比其他人得到更多的组织优待[36]。由于组织资源的有限性，个性化工作协议并不是组织中所有员工都能够获得的，仅有少部分关键员工可以获得，他们常常会表现出较高的工作绩效、较强的工作能力，或具备丰富的专业知识等[13][17]。当焦点员工获得个性化工作协议后，他们会认为自己占据了较高的组织地位、得到了领导的另眼相待[119]。在这种情况下，他们会认为自己是独特的、自己比其他成员更有价值、更加优秀，因此自己应该获得更多的个性化工作安排或组织优待。此外，个性化工作协议本身的定制化和特殊性可能就会向焦点员工传递一种错觉，即他们有权获得比其他成员更优越的工作安排，进一步强化了焦点员工的权利感[265]。需要注意的是，尽管发展型和灵活型个性化工作协议均能正向影响心理特权，但发展型个性化工作协议的影响效应要大于灵活型个性化工作协议。这表明，相较于组织所提供的灵活工作时间，组织所提供的能够促进员工职业发展的资源更有价值，同时也会使员工感知到更多的隐含意义，从而导致其心理特权水平的提升。

（5）焦点员工心理特权对其人际行为影响的实证结果解释。实证结果表明，焦点员工心理特权显著负向影响其人际帮助行为（B = -0.232，95% CI = [-0.322，-0.122]），正向影响其社会阻抑行为（B = 0.248，95% CI = [0.182，0.380]），H5 得到支持。心理特权作为一种夸大的权利感和膨胀的自我认知，会显著地影响员工自身的工作行为[36]。现有研究表明，高水平的心理特权会扭曲员工的应得感，促使他们不仅减少亲社会行为[271]，表现出较少的工作投入和较低的绩效水平[285]，还可能会导致员工的偏离行为[269][286] 和反生产行为[267]。由此可见，心理特权不仅会引发员工的负面工作行为，还可能会抑制其积极工作行为。当员工的心理特权水平较高时，他们往往会更加关注自身，期待并认为自己有权利获得比其他成员更多且更优越的组织待遇。在高心理特权的驱动下，焦点员工会表现出较强的目标追求动机，并且会在追求目标的过程中，不惜损害其他员工甚至组织的利益，以获得自身的成功。因此，心理特权水平较高的焦点员工会倾向于表现出较少的帮助行为，却表现出较多的阻抑行为。尽管心理特权对员工的人际帮助行为和社会阻抑行为均有显著影响，但心理特权对社会阻抑行为的影响效应更大。这表明，当员工具有较高水平的心理特权时，他们不仅会减少助人行为，还会更多地表现出对其他成员具有破坏性质的阻抑行为。

（6）焦点员工心理特权中介作用的实证结果解释。实证结果表明，焦点员工的心理特权在发展型个性化工作协议与人际帮助行为之间起部分中介作用（γ=-0.073，95% CI = [-0.114，-0.031]），在发展型个性化工作协议与社会阻抑行为之间起完全中介作用（γ= 0.078，95% CI = [0.037，0.119]），在灵活型个性化工作协议与人际帮助行为之间起部分中介作用（γ= -0.046，95% CI = [-0.079，-0.014]），在灵活型个性化工作协议与社会阻抑行为之间起部分中介作用（γ= 0.049，95% CI = [0.017，0.082]），即发展型和灵活型个性化工作协议能够通过引发焦点员工的心理特权，进而减少其人际帮助行为，导致其社会阻抑行为增加，H6 得到部分支持。对于焦点员工来说，个性化工作协议的获得不仅意味着他们获得了稀缺或重要的组织资源，还意味着他们得到了领导的特殊对待。这种特殊性可能会使得他们认为自己拥有了较高的组织地位，认为自己在领导眼中是与众不同的，因而强化了他们的应得感和权利感。因此，与其负面的主观一致，为了实现应得感和权利感，焦点员工会表现出较少的助人行为和较多的阻抑行为。

需要注意的是，心理特权在发展型个性化工作协议和助人行为、灵活型个性化工作协议和助人行为及阻抑行为关系之间起部分中介作用。这说明，发展型和灵活型个性化工作协议除了会通过心理特权影响焦点员工的助人行为外，还会对其助人行为产生直接影响。如前所述，个性化工作协议可能会增强焦点员工的自我效能或感知能力，进而增加其助人行为。此外，灵活型个性化工作协议除了会通过心理特权影响焦点员工的阻抑行为之外，还会对其阻抑行为产生直接影响。原因可能在于，如前所述，焦点员工的灵活工作时间使得同事为其承担了较多的工作任务，这在一定程度上会有助于减少焦点员工的阻抑行为。

（7）焦点员工交换意识调节作用的实证结果解释。实证结果表明，焦点员工的交换意识正向调节发展型个性化工作协议（B = 0.167, 95% CI = [0.082, 0.283]）和灵活型个性化工作协议（B = 0.157, 95% CI = [0.053, 0.216]）对其责任感知的正向作用，即当焦点员工的交换意识较强时，发展型和灵活型个性化工作协议对其责任感知的正向影响越强，支持了 H7。此外，实证结果还表明，焦点员工的交换意识负向调节发展型个性化工作协议（B = −0.139, 95% CI = [−0.247, −0.046]）和灵活型个性化工作协议（B = −0.166, 95% CI = [−0.220, −0.054]）对其心理特权的正向作用，即当焦点员工的交换意识较强时，发展型和灵活型个性化工作协议对其心理特权的正向影响较弱，支持了 H8。交换意识是指员工认为自己的工作努力程度应该取决于组织如何对待自己，反映出员工在其与领导和组织交换关系中的互惠程度[35]。根据 Witt 等（2001）的研究，当领导或组织为双方关系作出努力时，相较于交换意识较弱的员工，交换意识较强的员工会更有可能付出同等的回报[273]。也就是说，交换意识较强的员工对组织中的交换关系更加敏感[274]。因此，在获得个性化工作协议后，交换意识较强的员工会比交换意识较弱的员工产生更加强烈的责任感，以回报组织给予他们的特殊工作安排。另外，当员工的交换意识较弱时，他们往往更加关注自己的付出；而当员工的交换意识较强时，他们会关注到组织或领导为双方关系所做出的努力，重视和认可这种努力，并且会表现出为这种努力付出他们相应回报的倾向。基于此，当员工的交换意识较强时，他们不会认为自己得到组织的特殊工作安排是理所当然的，也不会产生较为膨胀的自我认知和自我评价。因此，焦点员工的交换意识能够削弱个性化工作协议对其心理特权的正向影响。

4.6　本章小结

本章对个性化工作协议影响焦点员工人际行为的理论模型进行了实证分析。首先，本章对实证研究的设计进行了介绍，包括所涉及变量的操作性定义、相应的测量量表、调研问卷设计。其次，详细说明了数据收集的过程、最终样本的特征，并对样本数据的共同方法偏差进行了检验，确定了样本数据适合进行下一步的实证分析。再次，通过信效度分析，确认了量表的内部一致性，且具有较好的区别效度，证实了量表的准确性。之后，进行了描述性统计分析和相关分析，为假设验证提供了初步支持。最后，对第 3 章所提出的直接、间接和调节假设进行验证，并对假设验证结果做出相应的解释。

第5章 个性化工作协议对同事人际行为的影响

在验证了个性化工作协议对焦点员工人际行为的影响之后，本章进一步借鉴社会比较理论，构建了焦点员工个性化工作协议对第三方同事人际帮助行为和社会阻抑行为影响的双路径模型。

5.1 社会比较理论

5.1.1 社会比较理论的内涵

社会比较理论（Social Comparison Theory）是由美国社会心理学家 Festinger 在 1954 年首先提出的，其观点被学者称作经典社会比较理论[287]。Festinger（1954）认为，人的机体中存在一种内在驱动力，会使得个体在没有外部客观标准的情况下，为了减少自身的不确定性并获得准确的自我评价，而将自身的观点和能力与他人进行比较，这一过程就是社会比较。同时，为了确保比较的准确性，相对于差异度较高的比较目标，个体往往会选择与其特征相似的个体进行比较。进一步地，在和他人进行比较后，个体对所处环境的认知（看法和信念）以及对自己能做什么的评价（能力）将会对自身行为产生影响[287]。在此基础上，Schachter（1959）将社会比较的内容拓展为观点、能力和情绪等多个维度，认为模糊情绪状态下的个体无法通过生理和经验对情绪状态做出清晰的判断时，会通过社会比较对自己的情绪作出评价[288]。之后，有学者认为，经典社会比较理论的狭隘内容维度和比较对象限制了探索社会比较问题的深度。因此，Kruglanski 和 Mayseless（1990）对经典社会比较理论的内涵进行了拓展，并提出社会比较是个体根据社会刺激，就某一特定内容与其他个体进行比较的评价[289]。

自 Festinger 的经典社会比较理论提出后，许多学者围绕此理论开展了诸多研究，并对社会比较的定义提出了不同的见解。为了检验社会比较研究方法的准确性并解决社会比较概念的争议，Wood（1996）提出了全新的社会比较概念，并将比较过程进行了细化[290]，认为社会比较是指寻找和利用有关于他人的立场和观点的信息来进行自我评估，从而判断自己观点、信念和能力的正确性。主要包括获得、思考、反应三个阶段，其中，获得阶段是指个体获得社会信息，在这一过程中，个体会选择特定的比较对象或某一方面的社会信息来进行观察；思考阶段是指对所获得的信息进行处理，在这一过程中，个体会分析自己和他人之间的相同点和不同点，来判断他人与自己的差距，进而形成有关于自己和他人相对地位的判断和解读；反应阶段是指对社会比较结果的反应，包括认知反应（改变自我评价、曲解社会比较结果、否认社会比较结果等），情感反应（嫉妒、骄傲等），行为反应（模仿、随大流、加入他人等）。此外，有关社会比较动机的研究表明，个体进行社会比较的动机是为了进行自我评价（获取自我能力和观点的准确评价信息）、自我完善（寻找自身与比较对象的差距进行完善）、自我提升（维护自身的积极情感）[291]。

作为社会比较理论的关键，个体进行社会比较的方向受到了大量学者的关注。研究指出，根据比较对象，个体可能会进行上行比较或下行比较。上行比较是指个体与相对自己表现较好的对象进行比较[292]；而下行比较则是个体与相对自己表现较差的对象进行比较[293]。Buunk 等（1990）指出，和不同的对象进行比较会带来不同的效果，上行比较和下行比较都有各自的优点和缺点[294]。具体而言，上行比较虽然痛苦，但比下行比较更有价值，因为通过上行比较可以获得更多有用的信息；下行比较虽然用处不大，但比上行比较更开心。此外，学者们在对社会比较不同效果的原因进行探索时发现，社会比较的效果取决于个体选择是与比较对象进行对比还是与之同化[295]。当个体专注于和比较对象间的共同特征时就会产生同化效应，当个体关注和比较对象间的区别特征时便会产生对比效应。当个体与之对比时，下行比较是一种自我肯定，上行比较则会威胁到个体的认同和自我形象；当个体与之同化时，下行比较可能是危险的，因为个体会担心陷入同样糟糕的情况，而上行比较可能是自我提升的，因为个体会认为他们同样可以获得类似有吸引力的情况[296]。

5.1.2　社会比较理论的应用

社会比较理论为学者探索社会比较现象提供了理论基础[287]，尤其是在组织行为领域的研究中，社会比较理论已成为主流框架之一[296]。例如，Lam 等（2011）构建了一个三方交互模型来分析团队中人际伤害行为的原因[297]。该研究表明，团队间的绩效比较会导致团队人际伤害行为的增多，即当比较对象的绩效高于个体员工时，个体员工会表现出较多的人际伤害行为。类似地，Kim 和 Glomb（2014）提出了一个高绩效员工受伤害的整合模型[298]。通过两项实证分析，结果显示，高绩效员工更容易成为团队的受害者，因为他们的高绩效会引发同事的嫉妒，进而导致同事的伤害行为。此外，Sun 等（2021）研究了员工的主动性对其自身的影响效应[172]。该研究认为，员工的高主动性不仅会促使其与领导建立高质量的领导成员交换关系，还会使其取得相对高水平的工作绩效，而高水平的相对领导成员交换和工作绩效均会使得该员工成为同事嫉妒的对象，进而引发同事的消极工作行为。

然而，Downes 等（2021）最近的一项研究表明，与高绩效员工的上行比较并不总是引发个体的消极反应，也可能会对个体产生一定的积极影响，这可能取决于个体的目标导向[299]。该研究指出，对于绩效证明目标导向较高的个体来说，他们会将高绩效员工视为比较参照，而不是具有指导性的学习榜样，从而抑制了他们的社会学习，降低了他们的自我效能；然而，对于绩效证明目标导向较低的个体来说，他们会在观察到其他员工的高绩效后，增强社会学习并提高自我效能；进一步地，观察者的自我效能与其自身的工作绩效显著正相关。同时，Watkins（2021）研究了工作场所人际资本化的"双刃剑"影响效应[300]。研究证实，一方面，工作场所人际资本化会对同事起到激发作用，促使同事增加人际公民行为；另一方面，工作场所人际资本化可能会引发同事的嫉妒，导致同事增加社会阻抑行为；而员工与同事之间的竞争关系则会对上述影响机制起到不同的调节作用。

此外，国内一些学者也对社会比较理论的双重影响进行了探索。例如，马君等（2022）发现，组织中明星员工的存在会引发同事的嫉妒，而同事嫉妒既可能会导致同事的社会阻抑，也可能会增强同事的自我提升，其中同事的成就可达预期起到关键作用[301]。魏巍等（2022）探究了团队成员视角下，个体员工地位获得事件对第三方同事的影响[302]。研究表明，个体的地位获得事件会同时正向影响同事的资源收益感知和资源威胁感知，资源收益感知会增加同事的帮助行为，而资源威胁感知则会导致同事的人际回避行为。

由上述有关于社会比较理论的介绍和相关应用可知，个体会选择与之相近的对象进行社会比较，以此来形成对自身相对地位或能力的感知，并会根据比较结果采取相应的行动。根据社会比较理论，焦点员工的个性化工作协议会不可避免地引起同事的注意，使得同事进行上行社会比较。在比较的过程中，同事可能会产生对比效应，也可能会产生同化效应，而不同的效应又会对同事产生不同的影响。因此，社会比较理论适用于本章探究焦点员工个性化工作协议对第三方同事人际行为的作用机制。

5.2　研究假设

5.2.1　个性化工作协议对同事地位威胁感知的影响

社会比较理论指出，比较这一社会现象在组织环境中是普遍存在的[296]。Festinger（1954）认为，个体在选择比较对象时，往往会选择与之相似的个体来进行比较[287]。在组织中，同一部门或同一工作组的成员之间往往具有较高的相似性，因此容易成为相互比较的对象[303]。从本质上来看，个性化工作协议的非标准化、个性化、群体内异质性特征使得焦点员工的工作条款与其他未获得个性化工作协议同事的工作条款产生明显的区别[13]。因而，当同事观察到焦点员工的个性化工作协议后，会不可避免地与之进行上行社会比较，而上行比较的结果又会进一步塑造同事的认知和行为[28]。

此外，有关于个性化工作协议的研究表明，同事对焦点员工个性化工作协议的反应可能取决于个性化工作协议的具体内容[29]。例如，Rousseau 等（2006）指出，旁观者（即同事）对焦点员工个性化工作协议的接受程度受到个性化工作协议的内容、获得过程及类似机会可得性的影响，因为这些方面与同事本身的利益紧密相关[13]。Lai 等（2009）同样指出，由于不同的个性化工作协议所涉及的资源不同[18]，在考察焦点员工个性化工作协议对同事的影响时，需要考虑到协议的具体内容。在一项实证研究中，Marescaux 等（2019）证实，与焦点员工的灵活型和工作量减少型个性化工作协议相比，焦点员工的薪酬型个性化工作协议会引发同事更强烈的不公平感知，从而促使同事做出更多的抱怨[126]。因此，本书假设焦点员工不同的个性化工作协议会对同事产生不同的影响。

具体地，社会比较理论指出，上行社会比较既可能会产生积极效应，也可能会产生消极效应，这取决于个体与比较对象是进行对比还是同化[295]。个体选择与之进行对比或同化的关键在于，对于个体来说，比较对象的标准是否容易达到[294]。Buunk 和 Gibbons（2007）指出，当个体认为自己与标准很接近或标准容易达到时便会产生同化效应，而当个体认为自己与标准相差较远或标准很难达到时便会产生对比效应[304]。发展型个性化工作协议经常被用作对高绩效员工或为组织做出重要贡献员工的奖励，而灵活型个性化工作协议则是为了解决员工的个人困难或家庭需求[48]。从这一点来看，相较于灵活型个性化工作协议，与焦点员工发展型个性化工作协议的上行比较会更易产生对比效应，因为发展型个性化工作协议比灵活型个性化工作协议更难获得。基于此，本书假设，与焦点员工的灵活型个性化工作协议相比，其发展型个性化工作协议更有可能会引发同事的地位威胁感知。

首先，根据社会比较理论，个体具有与他人进行比较的内在驱动力，并以此来形成对自身相对地位的评价[287]。地位威胁感知是个体对自身地位的一种主观认知，表现为个体感知到自身的组织地位受到挑战[305]，以及个体对自身地位潜在丧失的担忧[306]。Anderson 等（2015）的研究表明，个体对自身地位的感知受到他们对同事地位的判断[307]。如前所述，灵活型个性化工作协议的制定通常是为了解决员工的工作家庭冲突或满足员工的生活需求[121]，并旨在"使得员工的绩效水平达到平均标准"[48]。因此，基于"需求"而非"能力"来制定的灵活型个性化工作协议，并不能成为预示焦点员工组织地位的有力信号[28]。而发展型个性化工作协议能传递出一种强烈的信号，即焦点员工受到领导的高度重视和信任，领导高度认可焦点员工的工作，以及焦点员工在领导眼中具有特殊的地位等[22]。因此，基于员工"能力"而制定的发展型个性化工作协议更有可能会成为同事产生对比效应的基础，从而引发同事的地位威胁感知[292]。

其次，在与焦点员工进行上行比较的过程中，同事也会形成对自身能力的评价[287]。Rousseau（2005）指出，发展型个性化工作协议的批准预示着领导对焦点员工能力的认可[16]。鉴于发展型个性化工作协议的内容涉及特殊的培训机会、快速的晋升通道、挑战性的工作任务等，相较于灵活型个性化工作协议，发展型个性化工作协议更有助于焦点员工在未来取得更大的职业成功或实现更高水平的工作绩效[49]。因此，当观察到焦点员工的发展型个性化工作协议后，同事会感到更高的地位威胁感，因为焦点员工的发展型个性化工作协议可能会在未来将同事置于更加不利的组织地位。

最后，发展型个性化工作协议涉及的内容多是相对稀缺的、有限的、有价值的组织资源，而灵活型个性化工作协议则不然[13]。换句话说，焦点员工培训机会、晋升机会或工作任务的获得预示着同事无法获得相同的组织资源，进而可能会增强同事的相对剥夺感知[308]。因此，同事与焦点员工发展型个性化工作协议的上行比较要比其与焦点员工灵活型个性化工作协议的上行比较更加突出，更易引发同事的地位威胁感知。综上所述，本书提出如下假设：

H1：相较于灵活型个性化工作协议，焦点员工的发展型个性化工作协议更易引起同事的地位威胁感知。

5.2.2 同事地位威胁感知对其人际行为的影响

根据社会比较理论，个体比较所产生有关于相对地位的自我评价会驱使其做出相应行为[309]。Wood（1996）也指出，个体会选择与某一特定的对象进行比较，从而形成有关于自己和他人相对地位的判断，通过对相对地位的解读，个体会产生一系列情感或行为反应[290]。当同事观察到焦点员工所获得的发展型个性化工作协议时，他们会将其视为彰显焦点员工组织地位的信号，认为焦点员工在组织和领导眼中具有较高的地位，进而引发了同事对自身地位降低或丧失的担忧。而这种由焦点员工发展型个性化工作协议所引发的地位威胁感知，可能会对同事的人际行为产生重要影响。

作为一种以人际为导向的组织公民行为，人际帮助行为是指个体自愿帮助其他成员，如提供资源和信息、协助完成工作任务、帮助解决或避免与工作有关的问题等一系列亲社会行为[148]。人际帮助行为能够使得其他成员直接获益，且不要求受助者做出回报，能够有效地促进人际和谐[147]。相反地，社会阻抑行为是一种旨在破坏他人的人际负面行为，具体表现为破坏他人完成工作的能力、故意阻碍他人工作目标的完成、破坏他人的良好声誉或间接地阻止他人建立和维持积极关系等[205]。少量的社会阻抑行为破坏性并不高，但随着时间的推移，所积累的社会阻抑行为会严重破坏人际和谐。现有研究表明，个体是否从事人际帮助行为或社会阻抑行为，不仅受到其自身特质的影响，还会受到团队成员的影响，如与团队成员的人际互动[170][223] 或团队成员的工作表现[224] 等。

Anderson 等（2015）强调，个体对地位的渴望并不仅仅是一种归属需求，而是个体内在的一种基本动机[307]。地位是指他人对个体的尊重、重视、赞赏以及个体的广泛影响力，在一定程度上，地位的高低决定了个体的主观幸福感、自尊和心理健康等[310]。而地位的丧失不仅会引发个体的消极情绪，还有可能会降低他们的绩效水平[37]。Anderson 等（2001）指出，由于地位的重要意义，个体不仅会从事一些目标导向活动以提升自身的地位，还会警惕地监控其在组织环境中的地位状态，一旦感知地位受到了威胁，便会做出强烈的防御反应以保持自身的相对地位[311]。具体地，本书提出，当同事感知到较高水平的地位威胁时，会减少自身的人际帮助行为，并增加社会阻抑行为。

一方面，现有学者指出，当个体感知到地位威胁时，为了捍卫自身的相对地位，最直接的方法就是降低比较对象的组织地位[312]。换句话说，为了降低地位威胁对自身所带来的负面影响和避免进一步的地位损失，个体可能会采取消极的破坏行为，如人际伤害行为、社会阻抑行为或欺骗行为等，以此来削弱比较对象的地位，进而突出个体的组织地位[297]。Reh 等（2018）同样指出，具有较高地位威胁感知的个体可能会以他人为代价来维护自己的地位，如做出更多的社会阻抑行为[313]。因此，在组织中，具有高地位威胁感知的同事可能会通过增加对焦点员工的社会阻抑或减少对焦点员工的社会支持，如故意阻碍其工作任务的完成、故意拖延工作进度、不向其提供必要的信息和资源支持等方式、抹黑其声誉等，以试图降低焦点员工的工作表现，进而维护自己的组织地位。基于此，本书认为，同事的地位威胁感知可能会导致同事对焦点员工的社会阻抑行为增加和帮助行为减少。

另一方面，强烈的地位威胁感知可能会引发同事对焦点员工的消极情绪，进而导致同事的负面人际行为。鉴于地位对自我认同的重要性，个体会对自身地位变动的信号保持高度的敏感，尤其是对失去地位风险的信号[307]。现有研究表明，高地位威胁感知可能会引发个体对比较对象的嫉妒和敌意[313]。具体来说，焦点员工个性化工作协议的获得不仅意味着他们在当下掌握了更多的组织资源，还预示着他们可能会在未来取得更大的工作成就和更高的组织地位[49]，这在一定程度上会引发同事的嫉妒[27]。另外，Tse 等（2018）指出，同事可能会将自身地位损失的风险归因于同事的高组织地位，进而增加同事对焦点员工的敌意[314]。因此，当同事对焦点员工具有较高的嫉妒或敌意等负面情绪时，他们可能会减少对焦点员工的人际帮助，并增加对焦点员工的社会阻抑，以此来表达其不满情绪。现有研究为这一论点提供了相应的支持，如 Sun 等（2021）证实，高绩效水平的员工会成为团队成员的比较对象，进而引发团队成员的嫉妒，并使得团队成员减少对高绩效员工的人际帮助，增加对高绩效员工的社会阻抑[172]。基于此，本书认为，当同事的地位威胁感较强时，他们会表现出较少的人际帮助行为和较多的社会阻抑行为。综上所述，本书提出如下假设：

H2：同事地位威胁感知负向影响其人际帮助行为（2a），正向影响其社会阻抑行为（2b）。

结合 H1 和 H2，本书进一步提出了有关于同事地位威胁感知的中介效应假设。如前所述，社会比较理论指出，个体会通过社会比较来形成对自身相对地位的主观评价，而这种主观评价会影响个体对其地位的管理行为。在组织中，与焦点员工发展型个性化工作协议的上行比较可能会引发对比效应，进而导致同事的地位威胁感知增强。这种地位威胁感知进而会引起同事的防御性应对措施，如增加对焦点员工的社会阻抑，减少对焦点员工的帮助，以试图降低焦点员工的工作表现和组织地位，从而减小自身地位进一步丧失的可能性。因此，本书提出如下假设：

H3：同事地位威胁感知在焦点员工发展型个性化工作协议与同事人际帮助行为（3a）和社会阻抑行为（3b）之间起中介作用。

5.2.3 个性化工作协议对同事未来获得感知的影响

根据社会比较理论，当个体将自己与上行比较的对象进行同化时，可能会产生积极的效果，因为在这种情况下，上行比较会增强个体认为自己能够获得同样有吸引力条件的信念[295]。如前所述，当个体认为自己与比较对象的标准相差较小或比较对象的标准容易达到时，他们会更倾向于与比较对象进行同化[304]。在组织中，获得发展型个性化工作协议的焦点员工往往需要做出高水平的组织贡献或具有较强的专业技能，而灵活型个性化工作协议则是为了更多地满足焦点员工的家庭或个人需求[65]。因此，相较于发展型个性化工作协议，与焦点员工灵活型个性化工作协议的上行比较更有可能会引起第三方同事的同化效应，因为对于同事来说，寻求灵活型个性化工作协议的难度要小于发展型个性化工作协议。基于此，本书假设，相较于发展型个性化工作协议，焦点员工的灵活型个性化工作协议更有可能会增强同事的未来获得感知。

同事的未来获得感知是指，同事认为自己在未来可以获得与焦点员工类似的个性化工作协议的信念[18]。获得类似个性化工作协议的信念并不意味着同事认为他们在当下就应该获得，而是同事相信在未来，当他们主动向领导寻求类似的个性化工作协议时，他们会成功获得领导的批准[13]。正如之前所提到的，灵活型个性化工作协议的批准是基于员工的"需求"而不是基于员工的"能力"，目的是为了解决焦点员工的家庭问题或工作家庭冲突；而发展型个性化工作协议更多的是被授予高绩效员工，以促进他们进一步的职业发展和技能提升[48][52]。从这一点来看，对于同事来说，灵活型个性化工作协议的获得似乎更有可能，因为发展型个性化工作协议的谈判基础往往需要有高水平的工作绩效、对组织的杰出贡献或更高的专业技能水平等[14]。因此，相较于发展型个性化工作协议，与焦点员工灵活型个性化工作协议的上行比较更有可能会成为同事产生同化效应的基础，从而提高了同事获得未来个性化工作协议的信心。

此外，关于个性化工作协议的现有研究为这一论点提供了侧面支持。如 Ng 和 Lucianetti（2016）在其研究中指出，同事对焦点员工获得个性化工作协议的感知会正向影响其对自身获得个性化工作协议的感知[58]。研究强调，这是因为社会比较验证和增强了个体的自我概念，并且焦点员工获得个性化工作协议会向同事传递出一种信号，即在组织中协商个性化的工作安排是被允许的，因此可能会激发同事的个性化工作协议寻求行为。同时，Liao 等（2016）认为，焦点员工个性化工作协议的获得可能会促使同事产生一种期望，即为了公平起见，领导可能同样会为同事提供类似的特殊工作安排[20]。基于上述分析，本书提出如下假设：

H4：相较于发展型个性化工作协议，焦点员工的灵活型个性化工作协议更易增强同事的未来获得感知。

5.2.4　同事未来获得感知对其人际行为的影响

Greenberg 等（2004）指出，个性化工作协议的整体有效性是由一个三角关系来决定的，除焦点员工及其领导之外，同事作为相关利益第三方也是其中的一个重要组成部分[17]。同事的未来获得感知是指同事对自己在未来获得与焦点员工类似的个性化工作协议可能性的评估[18]。根据社会比较理论，上行社会比较的同化效应会使个体产生自我增强的信念[295]，继而个体会表现出与该信念一致的行为[290]。在本书中，通过与焦点员工灵活型个性化工作协议的上行比较，同事的未来获得感知可能会增强，进而同事会根据社会比较的结果来调整自己的行为，以最大限度地实现与自我评估的一致性[315]。具体地，本书提出，同事的未来获得感知可能会促使其表现出更多的人际帮助行为，并减少社会阻抑行为。

首先，同事的未来获得感知会在一定程度上提高同事的组织公平感知，即当同事认为自己在未来也有可能获得类似的个性化工作协议时，他们会认为焦点员工的个性化工作协议是公平的[13]。在这种情况下，组织会被认为是分配公平的，因为同事有机会获得类似的福利；组织也会被认为是程序公平的，因为同事也有机会协商类似的特殊工作条款；此外，组织还会被认为是互动公平的，因为同事有机会获得与焦点员工类似的组织尊重[18]。Marescaux 等（2021）基于社会比较理论指出，当同事认为焦点员工的个性化工作协议是公平的时，他们更有可能会做出积极的反应[316]。基于此，本书认为，当同事认为自己能够从焦点员工的个性化工作协议中获益（即增加了同事获得类似个性化工作协议的可能）时，他们会认为组织是公平的，因而不会对焦点员工表现出较多的社会阻抑行为，并且可能会增加他们的人际帮助行为。

其次，当同事认为自己在未来有机会获得类似的个性化工作协议时，他们可能会表现出积极的行为来实现这种期望。这是因为，在组织中建立一个"好员工"的形象可能会使员工长期受益[317]。人际帮助行为有助于建立积极的人际关系，而社会阻抑行为不仅会破坏人际关系的建立，还会破坏个人的形象[205]。从印象管理的角度来说，为了维持自己在焦点员工和领导眼中的良好印象，同事可能会实施更多的人际帮助行为和更少的社会阻抑行为，来强调自己的亲社会倾向，以切实获得领导对其未来个性化工作协议请求的批准。相较于表现出高水平的工作绩效，良好的人际行为是一种可以自由支配的行为，同事可以根据自己的个人期望水平自愿贡献自己的力量。因此，更多的人际帮助行为和更少的社会阻抑行为可以作为一种更灵活且有效的方式，以满足同事对未来个性化工作协议获得的期望。

此外，现有相关研究为这一论点提供了重要的佐证。如 Lai 等（2009）[18]和 Zhang 等（2020）[318]认为，同事对获得未来个性化工作协议的信念会提高他们对同事个性化工作协议的接受水平。而 Huo 等（2014）的研究更是直接表明，同事对获得未来个性化工作协议的信念会显著地激发同事以人际为导向的组织公民行为[34]。魏巍等（2022）也发现，个体的地位获得事件除了会导致第三方同事的资源威胁感知外，还可能会增强同事的资源收益感知，进而增加同事的互助行为[302]。基于上述分析，本书提出如下假设：

H5：同事未来获得感知正向影响其人际帮助行为（5a），负向影响其社会阻抑行为（5b）。

结合 H4 和 H5，本书进一步提出了有关于同事未来获得感知的中介作用假设。根据社会比较理论，个体会选择特定的对象进行比较，而比较所产生的自我评估和自我认知会促使个体根据社会比较的结果做出相应的行为。在本书中，与焦点员工灵活型个性化工作协议的上行比较可能会引发同化效应，进而增强同事对自己在未来获得与焦点员工类似个性化工作协议的感知。当同事认为自己也能获得个性化工作协议时，他们会认为组织是公平的，并且为了维持自己的良好形象，他们可能会表现出更多的人际帮助行为，并主动减少社会阻抑行为的实施。基于此，本书提出如下假设：

H6：同事未来获得感知在焦点员工灵活型个性化工作协议与同事人际帮助行为（6a）和社会阻抑行为（6b）之间起中介作用。

5.2.5　同事相对领导成员交换的调节作用

如前所述，决定个性化工作协议有效性的三角关系还强调了领导在其中的重要作用[17]。也就是说，领导与焦点员工之间的交换关系和领导与同事之间的交换关系可能会对个性化工作协议的作用效果产生显著的影响。基于此，结合社会比较理论，本书提出同事相较于焦点员工的领导成员交换关系可能会影响同事对焦点员工个性化工作协议的反应程度。

领导成员交换关系指的是团队领导与其每位下属之间所建立的独特二元关系，这种关系是通过一系列的交换和人际互动建立起来的[250]。Green 等（1996）表明，由于团队领导和团队员工双方在交换关系建立过程中所投入的时间和资源不同，每个团队成员与其领导之间所建立的交换关系在质量方面可能存在差异[319]。换句话说，团队领导并不是采取同样的方式对待每位下属，而是与每位成员建立不同质量的交换关系[320]。低质量的领导成员交换关系是一种不超出雇佣合同所规定范围的经济交换关系，而高质量的领导成员交换关系则是一种社会交换关系，它超出了雇佣合同所规定的范围，具有高水平的信任和忠诚、较多的社会互动和情感支持，以及更多的正式和非正式奖励等特征[321][322]。根据社会比较理论，团队成员与领导交换关系质量的差异可能会触发个体的社会比较过程[287]。Hu 和 Liden（2013）指出，当团队领导与团队成员建立了差异化的交换关系时，个体自身的领导成员交换关系质量与他人的领导成员交换关系质量之间的差异程度可能会影响个体对其自身与领导关系的评价，以及其随后的态度和行为[323]。基于此，本书提出，同事相较于焦点员工的高质量领导成员交换关系能够削弱焦点员工发展型个性化工作协议对同事地位威胁感知的正向影响。

具体来说，第一，Vidyarthi 等（2010）认为，与拥有低质量相对领导成员交换关系的员工相比，拥有高质量相对领导成员交换关系的员工往往更有可能获得来自领导的资源、支持和奖励[39]。这预示着，具有高质量相对领导成员交换关系的员工在领导眼中可能具有较高的组织地位。因此，即使观察到焦点员工获得了发展型个性化工作协议，同事与领导之间的高质量交换关系也可以显著地降低同事的地位威胁感知。第二，具有高质量相对领导成员交换关系的员工往往在心理上与领导更为亲近[323]。Dienesch 和 Liden（1986）指出，他们可能会在日常工作中与领导保持密切和频繁的沟通[321]，这种高质量的沟通可能会有效地消除同事因没有获得预期的发展型个性化工作协议而产生的消极情绪。第三，在高质量的领导成员交换关系中，领导可能会向同事做出承诺，即如果他们符合条件，他们也将会获得与焦点员工类似的特殊工作机会，这可能会大大降低同事的地位威胁感知。此外，Tse 等（2012）的研究表明，拥有高质量相对领导成员交换关系的员工往往具有积极的自我概念，表现为较高水平的自我效能和自我评价[324]。也就是说，拥有高质量相对领导成员交换关系的同事可能会对自己与领导成功协商发展型个性化工作协议的能力感到自信，这种自信可能会有效地降低他们的地位威胁感知。基于此，本书认为，与拥有低质量相对领导成员交换关系的员工相比，拥有高质量相对领导成员交换关系的同事会在观察到焦点员工的发展型个性化工作协议后表现出较低的地位威胁感知。综上所述，本书提出如下假设：

H7：同事相对领导成员交换削弱了焦点员工发展型个性化工作协议对同事地位威胁感知的正向影响。

接着，本书提出，同事相对领导成员交换感知也会在焦点员工灵活型个性化工作协议与同事未来获得感知之间的关系中发挥调节作用。具体地，本书认为高质量的相对领导成员交换关系可能会增强焦点员工灵活型个性化工作协议对同事未来获得感知的正向影响。

一方面，拥有高质量相对领导成员交换关系的员工更倾向于主动与领导协商个性化的工作安排[321]。这是因为在日常工作中，他们往往拥有较大的特权、更多的机会和更强的内在动力与领导协商能够自由裁量的定制化工作安排[13]。Rosen 等（2013）的研究也表明，高质量的领导成员交换关系是员工成功协商个性化工作协议的前提[15]。因此，相较于拥有低质量相对领导成员交换关系的同事来说，拥有高质量相对领导成员交换关系的同事在观察到焦点员工的灵活型个性化工作安排后会产生更强的未来获得感知。另一方面，如前所述，拥有高质量相对领导成员交换关系的员工会对自己与领导关系的评价更高，同时具有较高水平的自我评估和自我效能感[324]。即使他们在当下没有获得个性化工作协议，但他们对自己在未来获得定制化工作安排的信念也会比较强。基于此，本书认为，与拥有低质量相对领导成员交换关系的同事相比，拥有高质量相对领导成员交换关系的同事会在观察到焦点员工的灵活型个性化工作安排后产生更加强烈的未来获得感知。综上所述，本书提出如下假设：

H8：同事相对领导成员交换强化了焦点员工灵活型个性化工作协议对同事未来获得感知的正向影响。

5.3　理论模型与假设汇总

5.3.1　理论模型

根据上述假设论证，本书提出了焦点员工个性化工作协议对第三方同事人际帮助行为和社会阻抑行为影响的双路径模型，如图 5-1 所示。该理论模型显示，焦点员工个性化工作协议的获得会不可避免地引发团队其他同事与之进行上行社会比较。具体地，相较于焦点员工的灵活型个性化工作协议，焦点员工发展型个性化工作协议的获得会更易引发同事的地位威胁感知，为了维护自身的相对地位，同事会减少其人际帮助行为，提高实施社会阻抑行为的可能。相较于焦点员

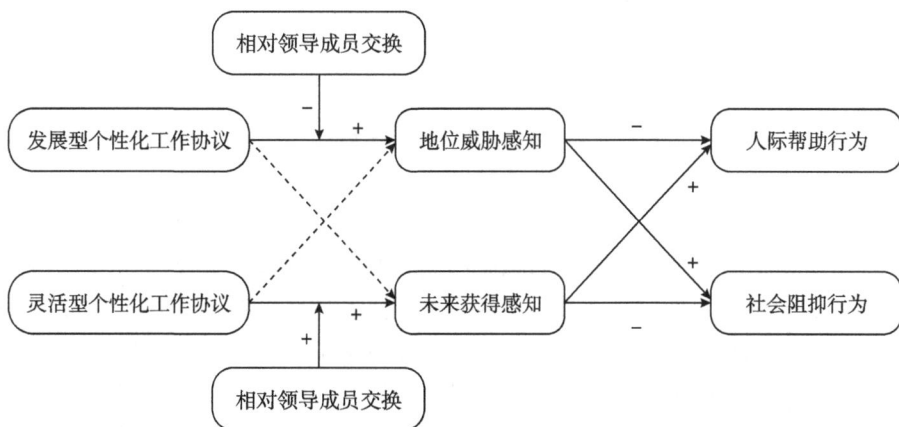

图 5-1　焦点员工个性化工作协议影响同事人际行为的理论模型

工的发展型个性化工作协议，其灵活型个性化工作协议的获得会更易增强同事的未来获得感知，提高同事进行人际帮助行为的意愿，减小其采取社会阻抑行为的可能性。同事的相对领导成员交换对上述影响具有调节效应，即高质量的相对领导成员交换会削弱发展型个性化工作协议对同事地位威胁感知的影响，增强灵活型个性化工作协议对同事未来获得感知的影响。

5.3.2 假设汇总

综合研究假设和理论模型，本书将所提出的焦点员工个性化工作协议影响同事人际帮助行为和社会阻抑行为的研究假设进行了梳理汇总，如表5-1所示。

表5-1 焦点员工个性化工作协议影响同事人际行为的研究假设汇总

编号	假设内容
H1	相较于灵活型个性化工作协议，焦点员工的发展型个性化工作协议更易引起同事的地位威胁感知
H2	同事地位威胁感知负向影响其人际帮助行为（2a），正向影响其社会阻抑行为（2b）
H3	同事地位威胁感知在焦点员工发展型个性化工作协议与同事人际帮助行为（3a）和社会阻抑行为（3b）之间起中介作用
H4	相较于发展型个性化工作协议，焦点员工的灵活型个性化工作协议更易增强同事的未来获得感知
H5	同事未来获得感知正向影响其人际帮助行为（5a），负向影响其社会阻抑行为（5b）
H6	同事未来获得感知在焦点员工灵活型个性化工作协议与同事人际帮助行为（6a）和社会阻抑行为（6b）之间起中介作用
H7	同事相对领导成员交换削弱了焦点员工发展型个性化工作协议对同事地位威胁感知的正向影响
H8	同事相对领导成员交换强化了焦点员工灵活型个性化工作协议对同事未来获得感知的正向影响

5.4 本章小结

首先，本章对社会比较理论的核心内涵和相关应用进行了介绍，明确了社会比较理论适合被用来探究焦点员工个性化工作协议如何影响第三方同事的人际行为，为后续研究假设的提出和理论模型的构建奠定了基础；其次，结合社会比较理论和相关研究，提出了相应的研究假设；最后，在研究假设的基础上，构建了焦点员工个性化工作协议影响同事人际行为的理论模型，并将研究假设进行了汇总。

第6章 个性化工作协议对同事人际行为影响的实证研究

基于第5章所构建的焦点员工个性化工作协议影响同事人际行为的理论模型，本章通过开展实证研究对上述理论模型的研究假设进行了验证和分析。

6.1 研究设计

6.1.1 变量的操作性定义

（1）发展型和灵活型个性化工作协议。根据 Hornung 等（2008）[48] 和 Liu 等（2013）[24]，本书认为发展型个性化工作协议是指能够促进员工职业发展和技能提升、为员工提供特殊培训机会和在职学习机会等的定制化工作安排，灵活型个性化工作协议是指允许员工采用灵活工作时间的定制化工作安排。

（2）地位威胁感知。根据 Anderson 等（2015）[307] 和 Zhang 等（2020）[306]，本书认为地位威胁感知是指个体对自身地位的一种主观判断，表现为个体对自身地位潜在丧失的担忧。

（3）未来获得感知。根据 Lai 等（2009）[18] 和 Huo 等（2014）[34]，本书认为未来获得感知是指个体员工认为自己在未来能够获得与其他人类似的个性化工作协议的信念。

（4）人际帮助行为。根据 Williams 和 Anderson（1991）[146] 及 Podsakoff 等（2000）[148]，本书认为人际帮助行为是一种以人际为导向的组织公民行为，即帮助者通过利用自己的资源和精力，帮助他人解决或预防与工作相关的问题，从而使得他人直接获益，并间接使组织获益的行为。

（5）社会阻抑行为。根据 Duffy 等（2002）[205] 和 Duffy 等（2006）[219]，本书认为社会阻抑行为是人际间旨在破坏他人完成工作的能力、建立和维持积极关系的能力、破坏他人良好声誉及阻碍他人达成目标的一系列负面行为。

（6）相对领导成员交换。根据 Vidyarthi 等（2010）[39] 及 Hu 和 Liden（2013）[323]，本书认为相对领导成员交换是指员工自身与领导之间交换关系质量与团队其他成员与领导之间交换关系质量的对比。

6.1.2 变量的测量量表

在明确了各变量的操作性定义后，本书选取了合适的测量量表，这些量表均已被多项研究证实了具有良好的信效度。由于原始量表均来自国际顶级期刊，是英文语境，因此本书遵循 Brislin（1970）所建议的翻译—回译程序[275]，将原始英文量表翻译为中文量表。首先，邀请 1 位从事组织行为研究的博士生将英文量表翻译为中文，随后邀请 1 位从事组织行为研究的学者将中文量表再回译为英文。其次，邀请 2 位从事组织行为研究的博士生对原始英文量表、回译后的英文量表及中文量表进行反复对比。再次，邀请 2 位从事组织行为研究的专家和 2 位从事人力资源管理工作的行业人士对中文量表进行评价。最后，对存在语义差别和语义模糊的题项进行修订，形成最终的中文量表。

（1）发展型和灵活型个性化工作协议。本书采用 Hornung 等（2008）[48] 所开发的 6 题量表来测量同事所观察到的焦点员工个性化工作协议获得。其中，发展型个性化工作协议由 4 题组成，灵活型个性化工作协议由 2 题组成。该变量由同事利用李克特 7 点计分法来进行评价，1 代表从未，7 代表总是，具体题项如表 6-1 所示。

表6-1　发展型和灵活型个性化工作协议测量量表

编号		题项内容	来源
发展型个性化工作协议	1	在当前工作中，员工 A 在多大程度上要求并成功协商了你未曾获得的特殊培训机会？	Hornung 等（2008）[48]
	2	在当前工作中，员工 A 在多大程度上要求并成功协商了你未曾获得的技能提升机会？	
	3	在当前工作中，员工 A 在多大程度上要求并成功协商了你未曾获得的在职活动机会？	
	4	在当前工作中，员工 A 在多大程度上要求并成功协商了你未曾获得的职业发展机会？	
灵活型个性化工作协议	1	在当前工作中，员工 A 在多大程度上要求并成功协商了你未曾获得的开始或结束工作时间的灵活安排？	Hornung 等（2008）[48]
	2	在当前工作中，员工 A 在多大程度上要求并成功协商了你未曾获得的灵活工作日安排？	

（2）地位威胁感知。本书采用 Zhang 等（2020）[306] 所开发的 4 题量表来测量同事的地位威胁感知。该变量由同事利用李克特 7 点计分法来进行自我报告，1 代表非常不同意，7 代表非常同意，具体题项如表 6-2 所示。

表 6-2　地位威胁感知测量量表

编号	题项内容	来源
1	我觉得员工 A 挑战了我在公司的地位	Zhang 等（2020）[306]
2	我觉得我在工作中的主导地位受到了员工 A 的威胁	
3	员工 A 与我竞争以试图增强他/她在公司的影响力	
4	相较于员工 A，我对公司贡献的相对价值没有得到认同	

（3）未来获得感知。本书采用 Lai 等（2009）[18] 所开发的 2 题量表来测量同事的未来获得感知。该量表由同事利用李克特 7 点计分法来进行自我报告，1 代表非常不同意，7 代表非常同意，具体题项如表 6-3 所示。

表 6-3　未来获得感知测量量表

编号	题项内容	来源
1	如果我提出要求，我也可以像员工 A 一样获得特殊的工作安排	Lai 等（2009）[18]
2	如果我需要，我可以得到类似于员工 A 的个性化工作安排	

（4）人际帮助行为。本书采用 Williams 和 Anderson（1991）[146] 所开发的 7 题量表来测量同事的人际帮助行为。该变量由同事利用李克特 7 点计分法来进行自我报告，1 代表非常不符合，7 代表非常符合，具体题项如表 6-4 所示。

表 6-4　人际帮助行为测量量表

编号	题项内容	来源
1	在过去的一个月，当员工 A 缺席时，我曾帮助过他/她	Williams 和 Anderson（1991）[146]
2	在过去的一个月，当员工 A 工作负担过重时，我曾帮助过他/她	
3	在过去的一个月，虽然未被要求，但我曾积极协助员工 A 完成工作	
4	在过去的一个月，我愿意花时间倾听员工 A 的问题和担忧	
5	在过去的一个月，我尽心尽力地帮助过员工 A	
6	在过去的一个月，我曾对员工 A 的事情很有兴趣	
7	在过去的一个月，我曾向员工 A 提供工作信息	

（5）社会阻抑行为。本书采用 Duffy 等（2002）[205] 所开发的 13 题量表来测量焦点员工的社会阻抑行为。该变量由同事利用李克特 7 点计分法来进行自我报告，1 代表非常不符合，7 代表非常符合，具体题项如表 6-5 所示。

表 6-5 社会阻抑行为测量量表

编号	题项内容	来源
1	在过去的一个月，我冒犯过员工 A	
2	在过去的一个月，我曾对员工 A 不理不睬	
3	在过去的一个月，我散布过有关于员工 A 的谣言	
4	在过去的一个月，我曾拖延工作导致员工 A 的工作进度变慢	
5	在过去的一个月，我贬低过员工 A 的观点	
6	在过去的一个月，我伤害过员工 A 的感情	
7	在过去的一个月，我曾在员工 A 背后说他/她的坏话	Duffy 等
8	在过去的一个月，我曾批评员工 A 处理事情的方式毫无可取之处	（2002）[205]
9	在过去的一个月，我没有完全兑现曾承诺给员工 A 的帮助	
10	在过去的一个月，我给员工 A 提供了不正确或有误导性的工作信息	
11	在过去的一个月，我和员工 A 之间存在地位和组织认可方面的竞争	
12	在过去的一个月，我让员工 A 知道我不喜欢他/她的地方	
13	在过去的一个月，当别人说员工 A 坏话的时候，我没有维护他/她	

（6）相对领导成员交换。由于本书衡量的是同事相较于焦点员工（员工 A）的相对领导成员交换，因此本书将同事的领导成员交换与焦点员工的领导成员交换相减，从而计算出同事的相对领导成员交换，本书的这一测量方法与 Zhang 等（2020）[318] 一致。本书采用 Scandura 和 Graen（1984）[325] 所开发的 7 题量表来测量领导成员交换关系。该变量由同事和焦点员工分别利用李克特 7 点计分法来进行报告，1 代表非常不符合，7 代表非常符合，具体题项如表 6-6 所示。

表 6-6 领导成员交换测量量表

编号	题项内容	来源
1	我的领导对我的工作很满意	
2	我的领导很了解我的工作问题和需求	Scandura 和
3	我的领导很认可我的工作潜力	Graen
4	无论我的领导在岗位上建立了多大的权威，他/她都会利用他/她的能力来帮助我解决工作中的问题	（1984）[325]

续表

编号	题项内容	来源
5	无论我的领导在岗位上建立了多大的权威，在我真正需要的时候，他/她会不惜牺牲自己的利益为我辩护	Scandura 和 Graen（1984）[325]
6	我对我的领导有足够的信心。当他/她不在场时，我会尽力为他/她的工作决定辩护	
7	我和领导的工作关系很好	

（7）控制变量的选择。在现有研究中，学者在探索同事对焦点员工个性化工作协议的反应时，常将同事的性别、年龄、教育水平、在当前组织中的工作年限、岗位类型等人口统计变量作为控制变量，如 Kong 等（2020）[28] 和 Zhang 等（2020）[318]。因此，与现有研究一致，本书也将上述变量作为控制变量。其中，性别方面，0 代表男性，1 代表女性；年龄用实际数字来表示；教育水平方面，1 代表本科以下，2 代表本科，3 代表本科以上；在当前组织中的工作年限用实际数字来表示；岗位类型方面，1 代表非管理岗，2 代表管理岗。

此外，与第 4 章一致，鉴于同事的亲社会动机和团队成员交换关系也会对他们的人际行为产生明显的影响，因此将这两个变量也作为控制变量，由同事自我报告。测量工具与第 4 章所使用的量表相同，具体题项分别如表 6-7、表 6-8 所示。

表 6-7　亲社会动机测量量表

编号	题项内容	来源
1	我工作很有动力，因为我想通过我的工作让别人受益	Grant（2008）[276]
2	我工作很有动力，因为我想通过我的工作来帮助别人	
3	我工作很有动力，因为我想对他人产生积极的影响	
4	我工作很有动力，因为通过工作为别人做好事对我来说是很重要的	

表 6-8　团队成员交换关系测量量表

编号	题项内容	来源
1	员工 A 对我的工作很满意	Sherony 和 Green（2002）[278]
2	员工 A 很了解我的工作问题和需求	
3	无论员工 A 在岗位上建立了多大的权威，他/她都会利用他/她的能力来帮助我解决工作中的问题	

编号	题项内容	来源
4	无论员工 A 在岗位上建立了多大的权威，他/她都会不惜牺牲自己的利益为我辩护	Sherony 和 Green (2002)[278]
5	我对员工 A 很有信心。当他/她不在场时，我会尽力为他/她的工作决定辩护	
6	我和员工 A 的工作关系很好	

6.1.3　问卷设计

本章的问卷设计流程与第 4 章相似。在确定各变量的中文量表后，调研团队制定了调研问卷。本章同样采取纸质问卷的形式，包括封面页和题目页。在封面页，对问卷调研的目的和流程进行介绍，并郑重承诺对被试所填答问卷的保密性。另外，还重点强调了填答问卷需要注意的事项，如按照真实情况填答、认真阅读、不要漏答或多答、答案无对错之分等。在测量问题页，主要是将上述中文量表的问题进行提问，并收集了被试的人口统计变量信息，确保问卷的长度适中，问题描述无歧义、语言精准且易懂。最后，本研究采用同事—焦点员工配对的数据，既需要同事评价，也需要与同事配对的焦点员工（员工 A）来评价，在一定程度上能够减小共同方法偏差的影响。此外，本研究还采用了多时点的数据收集方式，共分三次进行，时间间隔为一个月。每次在完成问卷后，被试都需要将问卷密封，交给现场的调研人员。详细调研问卷请见附录 B。

6.2　样本与数据收集

6.2.1　数据收集过程

本章的调研样本源自于两家企业，其中一家是大型互联网公司，另一家是大型建筑装饰公司。本章的数据收集过程与第 4 章相似。首先，调研团队通过与拟调研公司人力资源经理和部分员工的深度访谈，确定了近一年来发展型和灵活型个性化工作协议在公司中应用较为普遍。因此，选择该两家公司作为调研对象是合适的。其次，在人力资源部的支持和帮助下，进行了大规模数据收集。

与第 4 章不同的是，由于本研究的设计是进行同事—焦点员工配对，因此需要人力资源部从各部门的工作团队中选择一位员工作为"同事",再选择另一位员工作为"焦点员工",每位员工只能有一个身份角色,从而形成了独一无二的同事—焦点员工配对。调研团队特别强调,同事和焦点员工必须在同一工作团队,且具有同一位直属上级,以确保同事可以观察到焦点员工的个性化工作安排,所选择的工作团队也具有相似的规模。在确定了名单后,调研团队给每位被试进行了唯一编码,其中,同事编码由 4 位数字组成,从 1001、1002、1003 等以此递增,焦点员工编码同样由 4 位数字组成,从 2001、2002、2003 等以此递增。在完成编码后,由人力资源专员向每位被试发送了唯一编码。

调研团队在准备了纸质问卷后,赶赴公司开展实地调研。首先,由人力资源部负责将被试们依次集中到一间大会议室中,并安排他们分散落座。其次,调研人员向每位被试发放了纸质问卷、一支笔及一个信封。再次,调研人员进行了问卷填写宣讲,包括介绍本次调研的内容、目的、流程,并强调填写问卷需要注意的事项。比如,务必将自己的编码填写到问卷封面页;调研团队保证对被试的问卷严格保密,调研数据仅用于学术研究;每题均为必答题;有些题目虽相似,但意义大有不同,请仔细阅读;每题均无正确答案,请按照最真实的情况大胆评价,放心作答;每位数字均代表不同的程度,请用√或○标记出最能代表真实情况的一个数字。在完成问卷后,调研团队对问卷进行了初步检查,确认封面页编码是否填写、是否有漏答或漏页等,之后由被试将问卷装入信封并密封,交回给现场工作人员。最后,调研团队将纸质问卷带回,并进行数据录入、整理和分析。

为减小共同方法偏差的影响,本研究采用同事—焦点员工配对的形式,分三轮开展问卷调查。在时间点 1,同事完成了附录 B 中的第一轮同事问卷,包括同事所观察到的焦点员工发展型和灵活型个性化工作协议获得、同事的领导成员交换关系、团队成员交换关系、亲社会动机及人口统计变量。同时,焦点员工完成了附录 B 中的第一轮员工问卷,包括焦点员工的领导成员交换关系和人口统计变量。一个月后,在时间点 2,同事完成了附录 B 中的第二轮问卷,包括地位威胁感知和未来获得感知。一个月后,在时间点 3,同事完成了附录 B 中的第三轮问卷,包括人际帮助行为和社会阻抑行为。三轮数据收集结束后,调研团队对问卷数据进行了匹配和整理。经过整理,剔除了缺少一轮及以上的样本、多个题项未填答的样本、答案绝大部分一致的样本、答案自相矛盾的样本等,从 558 份原始样本中得到有效同事—焦点员工配对数据 413 份,有效率为 74.01%。

6.2.2　样本特征

有效同事样本的特征如表 6-9 所示。其中,男性 206 人 (49.88%),女性

207 人（50.12%）；年龄方面，20~30 岁 193 人（46.73%），>30~40 岁 180 人（43.58%），>40~50 岁 40 人（9.69%），平均年龄为 32 岁；学历方面，本科以下学历 193 人（46.73%），本科学历 162 人（39.23%），本科以上 58 人（14.04%）；岗位方面，非管理岗 294 人（71.19%），管理岗 119 人（28.81%）。在当前组织的工作年限方面，≤5 年 134 人（32.45%），>5~10 年 195 人（47.21%），≥10 年 84 人（20.34%）。

表 6-9　同事样本描述性统计

变量	分类	频率	占比/%	累计占比/%
性别	男	206	49.88	49.88
	女	207	50.12	100.00
年龄	20~30 岁	193	46.73	46.73
	>30~40 岁	180	43.58	90.31
	>40~50 岁	40	9.69	100.00
学历	本科以下	193	46.73	46.73
	本科	162	39.23	85.96
	本科以上	58	14.04	100.00
岗位	非管理岗	294	71.19	71.19
	管理岗	119	28.81	100.00
在当前组织中的工作年限	≤5 年	134	32.45	32.45
	>5~10 年	195	47.21	79.66
	≥10 年	84	20.34	100.00

有效焦点员工样本的特征如表 6-10 所示。其中，男性 179 人（43.34%），女性 234 人（56.66%）；年龄方面，20~30 岁 92 人（22.28%），>30~40 岁 256 人（61.98%），>40~50 岁 65 人（15.74%），平均年龄为 35 岁；学历方面，本科以下学历 158 人（38.26%），本科学历 178 人（43.10%），本科以上 77 人（18.64%）；岗位方面，非管理岗 293 人（70.94%），管理岗 120 人（29.06%）；在当前组织的工作年限方面，≤5 年 164 人（39.71%），5~10 年 199 人（48.18%），≥10 年 50 人（12.11%）。

表 6-10　有效焦点员工样本描述性统计

变量	分类	频率	占比/%	累计占比/%
性别	男	179	43.34	43.34
	女	234	56.66	100.00
年龄	20~30 岁	92	22.28	22.28
	>30~40 岁	256	61.98	84.26
	>40~50 岁	65	15.74	100.00
学历	本科以下	158	38.26	38.26
	本科	178	43.10	81.36
	本科以上	77	18.64	100.00
岗位	非管理岗	293	70.94	70.94
	管理岗	120	29.06	100.00
在当前组织中的工作年限	≤5 年	164	39.71	39.71
	5~10 年	199	48.18	87.89
	≥10 年	50	12.11	100.00

6.2.3　共同方法偏差检验

为了减小共同方法偏差对结果的影响，本研究在数据收集过程中，采用了多个数据来源，并且分多次收集数据。尽管如此，本书还通过 Harman 单因素检验对可能存在的共同方法偏差问题进行了分析。结果表明，共萃取出 7 个特征值大于 1 的因子，累计解释变异量为 78.980%，第一个因子能够解释 26.170% 的变异量，低于学界所建议采用的 40% 临界值[279]。因此，结果证实了本书数据并不存在严重的共同方法偏差问题。

6.3　信效度分析

6.3.1　信度分析

（1）发展型个性化工作协议。如表 6-11 所示，发展型个性化工作协议量表各题项的 CITC 值均大于临界值 0.4，删除任一题项后量表的 Cronbach's α 系数均低于量表整体的 Cronbach's α 系数。该结果说明发展型个性化工作协议量表无须删除任何一个题项。同时，量表整体的 Cronbach's α 系数为 0.955，大于临界值 0.7，说明该量表具有良好的信度。

表 6-11 发展型个性化工作协议量表信度检验

编号	CITC 值	删除该题项后 Cronbach's α 系数	量表整体 Cronbach's α 系数
1	0.910	0.935	
2	0.878	0.944	0.955
3	0.879	0.944	
4	0.892	0.940	

（2）灵活型个性化工作协议。如表 6-12 所示，灵活型个性化工作协议量表各题项的 CITC 值均大于临界值 0.4。同时，量表整体的 Cronbach's α 系数为 0.848，大于临界值 0.7，说明该量表具有良好的信度。

表 6-12 灵活型个性化工作协议量表信度检验

编号	CITC 值	删除该题项后 Cronbach's α 系数	量表整体 Cronbach's α 系数
1	0.736	—	0.848
2	0.736	—	

（3）地位威胁感知。如表 6-13 所示，地位威胁感知量表各题项的 CITC 值均大于临界值 0.4，删除任一题项后量表的 Cronbach's α 系数均低于量表整体的 Cronbach's α 系数，说明地位威胁感知量表无须删除任何一个题项。同时，量表整体的 Cronbach's α 系数为 0.951，大于临界值 0.7，说明该量表具有良好的信度。

表 6-13 地位威胁感知量表信度检验

编号	CITC 值	删除该题项后 Cronbach's α 系数	量表整体 Cronbach's α 系数
1	0.907	0.928	
2	0.871	0.939	
3	0.870	0.940	0.951
4	0.878	0.937	

（4）未来获得感知。如表 6-14 所示，未来获得感知量表各题项的 CITC 值

均大于临界值 0.4。同时，量表整体的 Cronbach's α 系数为 0.784，大于临界值 0.7，说明该量表信度良好。

表 6-14　未来获得感知量表信度检验

编号	CITC 值	删除该题项后 Cronbach's α 系数	量表整体 Cronbach's α 系数
1	0.645	—	0.784
2	0.645	—	

（5）社会阻抑行为。如表 6-15 所示，社会阻抑行为量表各题项的 CITC 值均大于临界值 0.4，且删除任一题项后量表的 Cronbach's α 系数均低于量表整体的 Cronbach's α 系数。该结果说明，社会阻抑行为量表无须删除任何一个题项。同时，量表整体的 Cronbach's α 系数为 0.976，大于临界值 0.7，说明该量表具有良好的信度。

表 6-15　社会阻抑行为量表信度检验

编号	CITC 值	删除该题项后 Cronbach's α 系数	量表整体 Cronbach's α 系数
1	0.900	0.973	
2	0.878	0.973	
3	0.832	0.974	
4	0.857	0.974	
5	0.867	0.973	
6	0.865	0.973	
7	0.853	0.974	0.976
8	0.836	0.974	
9	0.856	0.974	
10	0.856	0.974	
11	0.851	0.974	
12	0.859	0.973	
13	0.848	0.974	

（6）人际帮助行为。如表 6-16 所示，人际帮助行为量表各题项的 CITC 值均大于临界值 0.4，删除任一题项后量表的 Cronbach's α 系数均低于量表整体的

Cronbach's α 系数，说明人际帮助行为量表无须删除任何一个题项。同时，量表整体的 Cronbach's α 系数为 0.912，大于临界值 0.7，说明该量表具有良好的信度。

表 6-16　人际帮助行为量表信度检验

编号	CITC 值	删除该题项后 Cronbach's α 系数	量表整体 Cronbach's α 系数
1	0.779	0.894	
2	0.752	0.896	
3	0.751	0.897	
4	0.735	0.898	0.912
5	0.705	0.901	
6	0.723	0.899	
7	0.697	0.902	

（7）领导—成员交换。如表 6-17、表 6-18 所示，在焦点员工和同事样本中，领导成员交换量表各题项的 CITC 值均大于临界值 0.4，删除任一题项后量表的 Cronbach's α 系数均低于量表整体的 Cronbach's α 系数，说明该量表无须删除任何一个题项。量表整体 Cronbach's α 系数在两个样本中分别为 0.976、0.952，大于临界值 0.7，说明该量表具有良好的信度。

表 6-17　（焦点员工）领导—成员交换量表信度检验

编号	CITC 值	删除该题项后 Cronbach's α 系数	量表整体 Cronbach's α 系数
1	0.893	0.945	
2	0.842	0.949	
3	0.857	0.948	
4	0.852	0.948	0.976
5	0.758	0.956	
6	0.866	0.947	
7	0.870	0.947	

表6-18　（同事）领导—成员交换量表信度检验

编号	CITC 值	删除该题项后 Cronbach's α 系数	量表整体 Cronbach's α 系数
1	0.882	0.940	
2	0.828	0.945	
3	0.836	0.944	
4	0.816	0.946	0.952
5	0.817	0.945	
6	0.855	0.942	
7	0.814	0.946	

（8）亲社会动机。如表6-19所示，亲社会动机量表各题项的 CITC 值均大于临界值0.4，删除任一题项后量表的 Cronbach's α 系数均低于量表整体的 Cronbach's α 系数，说明亲社会动机量表无须删除任何一个题项。同时，量表整体的 Cronbach's α 系数为0.935，大于临界值0.7，说明该量表具有良好的信度。

表6-19　亲社会动机量表信度检验

编号	CITC 值	删除该题项后 Cronbach's α 系数	量表整体 Cronbach's α 系数
1	0.878	0.908	
2	0.850	0.917	
3	0.822	0.923	0.935
4	0.855	0.913	

（9）团队成员交换关系。如表6-20所示，团队成员交换关系量表各题项的 CITC 值均大于临界值0.4，删除任一题项后量表的 Cronbach's α 系数均低于量表整体的 Cronbach's α 系数，说明团队成员交换关系量表无须删除任何一个题项。同时，量表整体的 Cronbach's α 系数为0.920，大于临界值0.7，说明该量表具有良好的信度。

表6-20　团队成员交换关系量表信度检验

编号	CITC 值	删除该题项后 Cronbach's α 系数	量表整体 Cronbach's α 系数
1	0.797	0.902	
2	0.730	0.911	0.920

续表

编号	CITC 值	删除该题项后 Cronbach's α 系数	量表整体 Cronbach's α 系数
3	0.784	0.903	
4	0.704	0.915	0.920
5	0.822	0.899	
6	0.805	0.901	

6.3.2　效度分析

（1）内容效度。本书使用的所有量表均来源于国际顶级期刊，已经被多项国内外实证研究验证其具有良好的效度；本书严格遵循的翻译—回译程序将英文量表翻译为中文量表；本书还邀请本领域内的专家学者和企业界人士修订量表表述，从而为内容效度提供了保证。

（2）聚合效度。第一，发展型个性化工作协议。如表 6-21 所示，发展型个性化工作协议量表的 KMO 值为 0.874，Bartlett 球形检验结果显著，表明发展型个性化工作协议量表适合进行因素分析。本书采用主成分分析法萃取特征值大于 1 的因素，并使用最大方差法进行因素分析。共萃取到 1 个因素，解释变异量为 88.107%，大于临界值 60%，说明保留 1 个因素十分理想。同时，该量表所有题项的因子载荷系数均大于临界值 0.5，CR 高于临界值 0.7，AVE 高于临界值 0.5，说明发展型个性化工作协议量表的聚合效度良好。

表 6-21　发展型个性化工作协议量表效度检验

编号	因子 1	解释变异量/%	KMO 值	Bartlett 球形检验			CR	AVE
				近似卡方	自由度	显著性		
1	0.951							
2	0.931	88.107	0.874	1764.586	6	0.000	0.967	0.881
3	0.932							
4	0.940							

第二，灵活型个性化工作协议。如表 6-22 所示，虽然灵活型个性化工作协议量表的 KMO 值为 0.500，但 Bartlett 球形检验结果显著。在采用主成分分析法萃取特征值大于 1 的因素，并使用最大方差法进行因素分析后，共萃取到 1 个因素。其解释变异量为 86.798%，大于临界值 60%，说明保留 1 个因素十分理想。

同时，该量表所有题项的因子载荷系数均大于临界值 0.5，CR 高于临界值 0.7，AVE 高于临界值 0.5，说明本书所使用的灵活型个性化工作协议量表具有良好的聚合效度。

表 6-22　灵活型个性化工作协议量表效度检验

编号	因子 1	解释变异量/%	KMO 值	Bartlett 球形检验			CR	AVE
				近似卡方	自由度	显著性		
1	0.932	86.798	0.500	32.216	1	0.000	0.930	0.869
2	0.932							

第三，地位威胁感知。如表 6-23 所示，地位威胁感知量表的 KMO 值为 0.864，Bartlett 球形检验结果显著，表明地位威胁感知量表适合进行因素分析。本书采用主成分分析法萃取特征值大于 1 的因素，并使用最大方差法进行因素分析。共萃取到 1 个因素，解释变异量为 87.265%，大于临界值 60%，说明保留 1 个因素十分理想。同时，该量表所有题项的因子载荷系数均大于临界值 0.5，CR 高于临界值 0.7，AVE 高于临界值 0.5，说明该量表的聚合效度良好。

表 6-23　地位威胁感知量表效度检验

编号	因子 1	解释变异量/%	KMO 值	Bartlett 球形检验			CR	AVE
				近似卡方	自由度	显著性		
1	0.950	87.265	0.864	1695.497	6	0.000	0.965	0.873
2	0.928							
3	0.927							
4	0.932							

第四，未来获得感知。如表 6-24 所示，虽然未来获得感知量表的 KMO 值为 0.500，但 Bartlett 球形检验结果显著。在采用主成分分析法萃取特征值大于 1 的因素，并使用最大方差法进行因素分析后，共萃取到 1 个因素。其解释变异量为 82.236%，大于临界值 60%，说明保留 1 个因素十分理想。同时，该量表所有题项的因子载荷系数均大于临界值 0.5，CR 高于临界值 0.7，AVE 高于临界值 0.5，说明该量表的聚合效度良好。

表 6-24 未来获得感知量表效度检验

编号	因子 1	解释变异量/%	KMO 值	Bartlett 球形检验			CR	AVE
				近似卡方	自由度	显著性		
1	0.907	82.236	0.500	22.558	1	0.000	0.903	0.823
2	0.907							

第五，人际帮助行为。如表 6-25 所示，人际帮助行为量表的 KMO 值为
0.896，Bartlett 球形检验结果显著，表明人际帮助行为量表适合进行因素分析。
本书采用主成分分析法萃取特征值大于 1 的因素，并使用最大方差法进行因素分
析。共萃取到 1 个因素，解释变异量为 65.727%，大于临界值 60%，说明保留 1
个因素十分理想。同时，该量表所有题项的因子载荷系数均大于临界值 0.5，CR
高于临界值 0.7，AVE 高于临界值 0.5，说明该量表的聚合效度良好。

表 6-25 人际帮助行为量表效度检验

编号	因子 1	解释变异量/%	KMO 值	Bartlett 球形检验			CR	AVE
				近似卡方	自由度	显著性		
1	0.847	65.727	0.896	1742.037	21	0.000	0.931	0.658
2	0.824							
3	0.824							
4	0.813							
5	0.786							
6	0.800							
7	0.780							

第六，社会阻抑行为。如表 6-26 所示，社会阻抑行为量表的 KMO 值为
0.981，Bartlett 球形检验结果显著，表明社会阻抑行为量表适合进行因素分析。
本书采用主成分分析法萃取特征值大于 1 的因素，并使用最大方差法进行因素分
析。共萃取到 1 个因素，解释变异量为 77.544%，大于临界值 60%，说明保留 1
个因素十分理想。同时，该量表所有题项的因子载荷系数均大于临界值 0.5，CR
高于临界值 0.7，AVE 高于临界值 0.5，说明本书所使用的社会阻抑行为量表具
有良好的聚合效度。

表 6-26　社会阻抑行为量表效度检验

编号	因子 1	解释变异量/%	KMO 值	Bartlett 球形检验			CR	AVE
				近似卡方	自由度	显著性		
1	0.916							
2	0.898							
3	0.857							
4	0.879							
5	0.889							
6	0.886							
7	0.876	77.544	0.981	6126.310	78	0.000	0.978	0.775
8	0.860							
9	0.879							
10	0.878							
11	0.874							
12	0.881							
13	0.872							

第七，亲社会动机。如表 6-27 所示，亲社会动机量表的 KMO 值为 0.860，Bartlett 球形检验结果显著，表明亲社会动机量表适合进行因素分析。本书采用主成分分析法萃取特征值大于 1 的因素，并使用最大方差法进行因素分析。共萃取到 1 个因素，解释变异量为 84.240%，大于临界值 60%，说明保留 1 个因素十分理想。同时，该量表所有题项的因子载荷系数均大于临界值 0.5，CR 高于临界值 0.7，AVE 高于临界值 0.5，说明本书所使用的亲社会动机量表的聚合效度良好。

表 6-27　亲社会动机量表效度检验

编号	因子 1	解释变异量/%	KMO 值	Bartlett 球形检验			CR	AVE
				近似卡方	自由度	显著性		
1	0.934							
2	0.917	84.240	0.860	1443.239	6	0.000	0.955	0.842
3	0.900							
4	0.920							

第八，领导成员交换。如表6-28、表6-29所示，领导成员交换量表的KMO值分别为0.951、0.944，Bartlett球形检验结果显著，表明领导成员交换量表适合进行因素分析。本书采用主成分分析法萃取特征值大于1的因素，并使用最大方差法进行因素分析。共萃取到1个因素，解释变异量分别为79.342%、77.676%，大于临界值60%，说明保留1个因素十分理想。同时，该量表所有题项的因子载荷系数均大于临界值0.5，CR高于临界值0.7，AVE高于临界值0.5，说明该量表的聚合效度良好。

表6-28 （焦点员工）领导成员交换量表效度检验

编号	因子1	解释变异量/%	KMO值	Bartlett球形检验			CR	AVE
				近似卡方	自由度	显著性		
1	0.924							
2	0.886							
3	0.898							
4	0.893	79.342	0.951	2898.533	21	0.000	0.964	0.793
5	0.817							
6	0.905							
7	0.908							

表6-29 （同事）领导成员交换量表效度检验

编号	因子1	解释变异量/%	KMO值	Bartlett球形检验			CR	AVE
				近似卡方	自由度	显著性		
1	0.917							
2	0.876							
3	0.882							
4	0.867	77.676	0.944	2686.810	21	0.000	0.961	0.777
5	0.867							
6	0.896							
7	0.865							

第九，团队成员交换。如表6-30所示，团队成员交换关系量表的KMO值为0.898，Bartlett球形检验结果显著，表明团队成员交换关系量表适合进行因素分析。本书采用主成分分析法萃取特征值大于1的因素，并使用最大方差法进行因素分析。共萃取到1个因素，解释变异量为71.883%，大于临界值60%，说明保留1个因素十分理想。同时，该量表所有题项的因子载荷系数均大于临界值0.5，CR高于临界值0.7，AVE高于临界值0.5，说明该量表的聚合效度良好。

表 6-30　团队交换关系量表效度检验

编号	因子 1	解释变异量/%	KMO 值	Bartlett 球形检验			CR	AVE
				近似卡方	自由度	显著性		
1	0.870							
2	0.807							
3	0.857	71.883	0.898	1787.997	15	0.000	0.939	0.718
4	0.784							
5	0.886							
6	0.876							

（3）区分效度。本书运用软件 Mplus 8.3 对测量量表进行验证性因子分析，以验证区分效度。本书将对比由发展型和灵活型个性化工作协议、地位威胁感知、未来获得感知、人际帮助行为、社会阻抑行为、同事领导成员交换、焦点员工领导成员交换、亲社会动机、团队成员交换所构造的十因子模型至单因子模型的拟合指数。如表6-31所示，十因子模型的拟合效果优于其他模型，并且模型拟合结果达到了学者建议的临界值：χ^2/df 为 1.333（$1<\chi^2/df<3$）；CFI 为 0.978，TLI 为 0.976，均大于临界值 0.90；RMSEA 为 0.028，小于临界值 0.08；SRMR 为 0.031，小于临界值 0.50[283]。

表 6-31 测量模型比较

模型	χ^2	df	χ^2/df	CFI	TLI	RMSEA	SRMR
十因子	1918.222	1439	1.333	0.978	0.976	0.028	0.031
九因子	3489.442	1448	2.410	0.904	0.898	0.058	0.060
八因子	3909.257	1456	2.685	0.885	0.879	0.064	0.069
七因子	566.773	1463	0.387	0.803	0.793	0.083	0.086
六因子	5887.897	1469	4.008	0.793	0.783	0.085	0.089
五因子	7503.261	1474	5.090	0.718	0.705	0.100	0.112
四因子	13801.144	1478	9.338	0.423	0.399	0.142	0.209
三因子	1659.210	1481	1.120	0.293	0.264	0.157	0.225
双因子	18035.195	1483	12.161	0.225	0.195	0.164	0.231
单因子	16357.553	1484	11.023	0.304	0.277	0.156	0.189

注：①九因子模型：地位威胁感知+社会阻抑行为；八因子模型：地位威胁感知+社会阻抑行为、发展型+灵活型个性化工作协议；七因子模型：地位威胁感知+社会阻抑行为、发展型+灵活型个性化工作协议+焦点员工领导成员交换；六因子模型：地位威胁感知+社会阻抑行为、发展型+灵活型个性化工作协议+焦点员工领导成员交换、未来获得感知+人际帮助行为；五因子模型：地位威胁感知+社会阻抑行为+未来获得感知+人际帮助行为、发展型+灵活型个性化工作协议+焦点员工领导成员交换；四因子模型：地位威胁感知+社会阻抑行为+未来获得感知+人际帮助行为+发展型+灵活型个性化工作协议+焦点员工领导成员交换；三因子模型：地位威胁感知+社会阻抑行为+未来获得感知+人际帮助行为+发展型+灵活型个性化工作协议+同事领导成员交换+焦点员工领导成员交换；双因子模型：地位威胁感知+社会阻抑行为+未来获得感知+人际帮助行为+发展型+灵活型个性化工作协议+同事领导成员交换+焦点员工领导成员交换+亲社会动机；单因子模型：地位威胁感知+社会阻抑行为+未来获得感知+人际帮助行为+发展型+灵活型个性化工作协议+同事领导成员交换+焦点员工领导成员交换+亲社会动机+团队成员交换关系。②"+"表示合并。

6.4 描述性统计与相关分析

表 6-32 描述了各个变量的均值、标准差和相关系数。根据表 6-32，发展型个性化工作协议与地位威胁感知显著正相关（$r=0.234$，$p<0.01$）；地位威胁感知与人际帮助行为显著负相关（$r=-0.243$，$p<0.01$），与社会阻抑行为显著正相关（$r=0.376$，$p<0.01$）；灵活型个性化工作协议与未来获得感知显著正相关（$r=0.473$，$p<0.01$）；未来获得感知与人际帮助行为显著正相关（$r=0.263$，$p<0.01$），与社会阻抑行为显著负相关（$r=-0.147$，$p<0.01$）。

表 6-32　均值，标准差和相关性

变量	均值	标准差	AGE	GEN	EDU	POS	TEN	TMX	FLMX	PROM	DI	FI	TT	ON	HB	SU	CLMX	RLMX
AGE	31.889	5.493	—															
GEN	1.501	0.501	0.050	—														
EDU	1.673	0.709	0.027	-0.119*	—													
POS	1.288	0.453	0.129**	-0.039	0.211**	—												
TEN	7.332	5.353	0.876**	0.046	0.018	0.084	—											
TMX	5.090	1.202	-0.062	-0.002	-0.122*	-0.027	-0.042	0.847										
FLMX	4.874	1.473	0.059	-0.159**	0.067	-0.046	0.085	0.095	0.881									
PROM	4.608	1.563	0.051	-0.004	0.001	-0.037	0.052	0.059	0.066	0.918								
DI	4.809	1.575	-0.095	0.069	0.016	0.075	-0.088	0.077	0.240**	-0.016	0.939							
FI	5.173	1.125	-0.049	0.063	0.012	0.038	0.000	0.158**	0.288**	0.111*	0.342**	0.932						
TT	4.703	1.748	0.005	-0.047	-0.113*	-0.083	0.041	-0.035	0.178**	-0.103*	0.234**	0.124*	0.934					
ON	5.620	0.873	-0.028	0.015	-0.023	-0.011	0.007	0.138**	0.178**	0.079	0.125*	0.473**	-0.010	0.907				
HB	5.006	1.009	0.089	0.030	0.029	-0.012	0.129**	0.019	0.010	0.183**	-0.185**	0.198**	-0.243**	0.263**	0.811			
SU	3.831	1.438	-0.090	0.038	-0.029	-0.111*	-0.084	-0.080	0.093	-0.135*	0.062	-0.018	0.376**	-0.147**	-0.224**	0.880		
CLMX	5.538	1.313	-0.003	-0.159**	0.046	-0.069	-0.009	0.151**	0.227**	0.052	0.066	0.008	-0.098*	0.076	0.142**	-0.053	0.891	
RLMX	0.664	1.737	-0.052	0.014	-0.022	-0.013	-0.078	0.034	-0.676**	-0.017	-0.154**	-0.239**	-0.225**	-0.093	0.098*	-0.119**	0.564**	—

注：①*$p<0.05$，**$p<0.01$。②AGE=年龄，GEN=性别，EDU=学历，POS=岗位，TEN=工作年限，TMX=团队交换关系，FLMX=焦点员工领导成员交换，PROM=亲社会动机，DI=发展型个性化工作协议，FI=灵活型个性化工作协议，TT=地位威胁感知，ON=未来未得感知，SU=社会阻抑行为，HB=人际帮助行为，CLMX=同事领导成员交换，RLMX=相对领导成员交换。③对角线上的粗体数字表示 AVE 的平方根，对角线以下的数字是变量间相关性。

6.5 假设检验

6.5.1 直接效应检验

本书使用 Mplus 8.3 进行假设验证。在进行假设检验时，均控制了年龄、性别、学历、岗位、工作年限、团队成员交换和亲社会动机。如表 6-33 所示，发展型个性化工作协议显著正向影响地位威胁感知（B=0.262，95% CI＝[0.131，0.395]），而灵活型个性化工作协议对地位威胁感知的影响不显著（B=0.060，95% CI＝[−0.113，0.221]）。因此，相较于灵活型个性化工作协议，焦点员工的发展型个性化工作协议对同事地位威胁感知的影响更大，支持 H1。地位威胁感知显著负向影响人际帮助行为（B=−0.122，95% CI＝[−0.169，−0.074]），支持 H2a；地位威胁感知显著正向影响社会阻抑行为（B=0.304，95% CI＝[0.232，0.375]），支持 H2b。

表 6-33 直接效应检验结果

直接效应	估计值	标准差	95% CI		检验结果
			下限	上限	
发展型个性化工作协议→地位威胁感知	0.262***	0.069	0.131	0.395	支持
灵活型个性化工作协议→地位威胁感知	0.060	0.086	−0.113	0.221	不支持
地位威胁感知→人际帮助行为	−0.122***	0.024	−0.169	−0.074	支持
地位威胁感知→社会阻抑行为	0.304***	0.037	0.232	0.375	支持
发展型个性化工作协议→未来获得感知	−0.041	0.031	−0.102	0.018	不支持
灵活型个性化工作协议→未来获得感知	0.323***	0.052	0.223	0.429	支持
未来获得感知→人际帮助行为	0.215***	0.061	0.093	0.330	支持
未来获得感知→社会阻抑行为	−0.232***	0.078	−0.383	−0.078	支持

注：*$p<0.05$，**$p<0.01$，***$p<0.001$。

灵活型个性化工作协议显著正向影响未来获得感知（B=0.323，95% CI＝[0.223，0.429]），而发展型个性化工作协议对未来获得感知的影响不显著（B=−0.041，95% CI＝[−0.102，0.018]）。因此，相较于发展型个性化工作协议，焦点员工的灵活型个性化工作协议对同事未来获得感知的影响更大，支持

H4。未来获得感知显著正向影响人际帮助行为（B = 0.215，95% CI = ［0.093，0.330］），支持 H5a；未来获得感知显著负向影响社会阻抑行为（B = -0.232，95% CI = ［-0.383，-0.078］），支持 H5b。

6.5.2　中介效应检验

本书采用 Bootstrapping 法（$n = 5000$）来验证地位威胁感知和未来获得感知的中介作用。如表 6-34 所示，在发展型个性化工作协议与人际帮助行为的关系中加入地位威胁感知后，发展型个性化工作协议对人际帮助行为的影响仍然显著（B = -0.137，95% CI = ［-0.191，-0.085］），并且地位威胁感知在发展型个性化工作协议与人际帮助行为关系间的中介作用显著（$\gamma = -0.032$，95% CI = ［-0.058，-0.016］）。因此，地位威胁感知部分中介发展型个性化工作协议与人际帮助行为之间的关系，H3a 得到部分支持。

表 6-34　中介效应 Bootstrapping 检验结果

路径	估计值/间接效应	标准差	95% CI		检验结果
			下限	上限	
发展型个性化工作协议→人际帮助行为	-0.137***	0.027	-0.191	-0.085	—
发展型个性化工作协议→社会阻抑行为	-0.018	0.045	-0.016	0.069	—
灵活型个性化工作协议→人际帮助行为	0.177***	0.04	0.099	0.257	—
灵活型个性化工作协议→社会阻抑行为	0.030	0.064	-0.100	0.152	—
发展型个性化工作协议→地位威胁感知→人际帮助行为	-0.032***	0.010	-0.058	-0.016	部分中介
发展型个性化工作协议→地位威胁感知→社会阻抑行为	0.080***	0.023	0.040	0.130	中介
灵活型个性化工作协议→未来获得感知→人际帮助行为	0.069***	0.022	0.031	0.119	部分中介
灵活型个性化工作协议→未来获得感知→社会阻抑行为	-0.075***	0.029	-0.139	-0.025	中介

注：*$p<0.05$，**$p<0.01$，***$p<0.001$。

在发展型个性化工作协议与社会阻抑行为的关系中加入地位威胁感知后，发展型个性化工作协议对社会阻抑行为的影响不显著（B = -0.018，95% CI = ［-0.016，0.069］），并且地位威胁感知在发展型个性化工作协议与社会阻抑行为关系间的中介作用显著（$\gamma = 0.080$，95% CI = ［0.040，0.130］）。因此，地位威胁感知完全中介发展型个性化工作协议与社会阻抑行为之间的关系，H3b 得到支持。

在灵活型个性化工作协议与人际帮助行为的关系中加入未来获得感知后，灵活型个性化工作协议对人际帮助行为的影响仍然显著（B = 0.177，95% CI = [0.099，0.257]），并且未来获得感知在灵活型个性化工作协议与人际帮助行为关系间的中介作用显著（γ = 0.069，95% CI = [0.031，0.119]）。因此，未来获得感知部分中介灵活型个性化工作协议与人际帮助行为之间的关系，H6a 得到部分支持。

在灵活型个性化工作协议与社会阻抑行为的关系中加入未来获得感知后，灵活型个性化工作协议对社会阻抑行为的影响不显著（B = 0.030，95% CI = [-0.100，0.152]），并且未来获得感知在灵活型个性化工作协议与社会阻抑行为关系间的中介作用显著（γ = -0.075，95% CI = [-0.139，-0.025]）。因此，未来获得感知完全中介灵活型个性化工作协议与人际帮助行为之间的关系，H6b 得到支持。

6.5.3 调节效应检验

同样采用 Bootstrapping 法（n = 5000）来验证相对领导成员交换的调节作用。如表 6-35 所示，交互项发展型个性化工作协议与相对领导成员交换的乘积显著负向影响地位威胁感知（B = -0.091，95% CI = [-0.145，-0.027]）。结合发展型个性化工作协议显著正向影响地位威胁感知，可知相对领导成员交换负向调节发展型个性化工作协议对地位威胁感知的正向影响，即当相对领导成员交换较高时，发展型个性化工作协议对地位威胁感知的正向作用越弱；反之，该正向作用越强。

表 6-35　调节效应 Bootstrapping 检验结果

变量	地位威胁感知				未来获得感知				检验结果
	作用系数	标准差	95% CI		作用系数	标准差	95% CI		
			上限	下限			上限	下限	
发展型个性化工作协议	0.262***	0.069	0.131	0.395					—
灵活型个性化工作协议					0.323***	0.052	0.223	0.429	—
相对领导成员交换	0.192	0.155	-0.160	0.447	-0.359**	0.138	-0.613	-0.077	—
发展型个性化工作协议×相对领导成员交换	-0.091**	0.030	-0.145	-0.027					支持
灵活型个性化工作协议×相对领导成员交换					0.072**	0.025	0.021	0.118	支持

注：*p<0.05，**p<0.01，***p<0.001。

为了更加清晰地体现相对领导成员交换对发展型个性化工作协议与地位威胁感知关系的调节作用，本书绘制了相对领导成员交换在不同水平下，发展型个性化工作协议影响地位威胁感知的简单斜率图。如图6-1所示，当相对领导成员交换水平较高时（高于均值一个标准差），发展型个性化工作协议对地位威胁感知正向影响不显著（B = 0.099，95% CI = ［-0.037，0.235］）；当相对领导成员交换水平较低时（低于均值一个标准差），发展型个性化工作协议对地位威胁感知的正向影响显著（B = 0.380，95% CI = ［0.253，0.506］）。该结果支持H7。

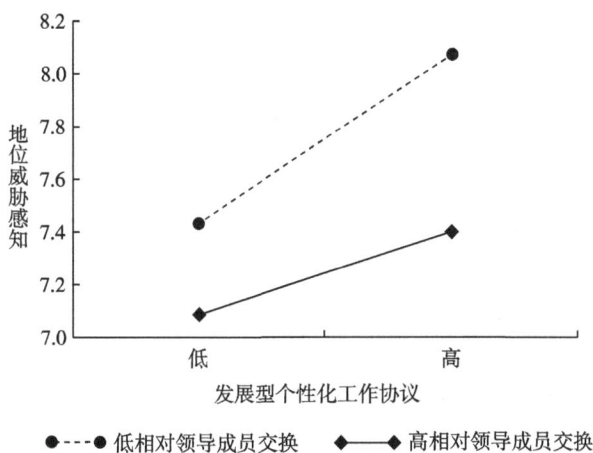

图6-1 相对领导成员交换对发展型个性化工作协议和地位威胁感知关系的调节效应

如表6-35所示，交互项灵活型个性化工作协议与相对领导成员交换的乘积显著正向影响未来获得感知（B = 0.072，95% CI = ［0.021，0.118］）。结合灵活型个性化工作协议显著正向影响未来获得感知，可知相对领导成员交换正向调节灵活型个性化工作协议对未来获得感知的正向影响，即当相对领导成员交换较高时，灵活型个性化工作协议对未来获得感知的正向作用越强；反之，该正向作用越弱。

为了更加清晰地体现相对领导成员交换对灵活型个性化工作协议与未来获得感知关系的调节作用，本书绘制了相对领导成员交换在不同水平下，灵活型个性化工作协议影响未来获得感知的简单斜率图。如图6-2所示，当相对领导成员交换水平较低时（低于均值一个标准差），灵活型个性化工作协议对未来获得感知的正向影响显著（B = 0.214，95% CI = ［0.116，0.313］）；当相对领导成员交换水平较高时（高于均值一个标准差），灵活型个性化工作协议对未来获得感的正向影响增强（B=0.455，95% CI＝［0.367，0.542］）。该结果支持 H8。

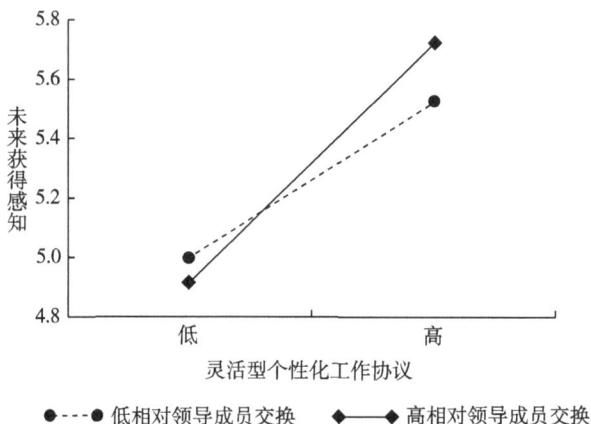

图 6-2　相对领导成员交换对灵活型个性化工作协议和未来获得感知关系的调节效应

6.5.4　假设检验结果汇总

假设检验结果汇总如表 6-36 所示。

表 6-36　假设结果汇总

编号	假设内容	结果
H1	相较于灵活型个性化工作协议，焦点员工的发展型个性化工作协议更易引起同事的地位威胁感知	通过
H2	同事地位威胁感知负向影响其人际帮助行为（2a），正向影响其社会阻抑行为（2b）	通过
H3	同事地位威胁感知在焦点员工发展型个性化工作协议与同事人际帮助行为（3a）和社会阻抑行为（3b）之间起中介作用	部分通过
H4	相较于发展型个性化工作协议，焦点员工的灵活型个性化工作协议更易增强同事的未来获得感知	通过
H5	同事未来获得感知正向影响其人际帮助行为（5a），负向影响其社会阻抑行为（5b）	通过
H6	同事未来获得感知在焦点员工灵活型个性化工作协议与同事人际帮助行为（6a）和社会阻抑行为（6b）之间起中介作用	部分通过
H7	同事相对领导成员交换削弱了焦点员工发展型个性化工作协议对同事地位威胁感知的正向影响	通过
H8	同事相对领导成员交换强化了焦点员工灵活型个性化工作协议对同事未来获得感知的正向影响	通过

6.5.5　假设检验结果解释

（1）个性化工作协议对同事地位威胁感知影响的实证结果解释。根据实证结果，焦点员工的发展型个性化工作协议显著正向影响同事的地位威胁感知（B = 0.262，95% CI = [0.131，0.395]），而灵活型个性化工作协议却未能对同事的地位威胁感知产生显著的影响（B = 0.060，95% CI = [-0.113，0.221]）。这表明，相较于灵活型个性化工作协议，焦点员工的发展型个性化工作协议更易引发同事的地位威胁感知，H1 得到支持。根据社会比较理论，在观察到焦点员工的个性化工作协议后，同事难免会与焦点员工进行上行社会比较[28]。相较于灵活型个性化工作协议，发展型个性化工作协议的获取难度更大，往往需要员工表现出更高水平的工作绩效和更强的专业能力。因而，当同事与焦点员工的发展型个性化工作协议进行上行社会比较时，更易产生对比效应；当同事与焦点员工的灵活型个性化工作协议进行上行社会比较时，更易产生同化效应[294][295]。相较于灵活型个性化工作协议所提供的灵活工作时间，发展型个性化工作协议所涉及的组织资源，如特殊的培训机会和技能提升机会，更有价值、更加珍稀[28]。焦点员工发展型个性化工作协议的获得不仅表明他们目前拥有较高的工作能力，还预示着他们可能会在未来取得更大的职业成功[49]。因此，相较于灵活型个性化协议，焦点员工的发展型个性化工作协议会更易引发同事对自身地位的担忧。

（2）同事地位威胁感知对其人际行为影响的实证结果解释。根据实证结果，同事的地位威胁感知显著正向影响其社会阻抑行为（B = 0.304，95% CI = [0.232，0.375]），负向影响其人际帮助行为（B = -0.122，95% CI = [-0.169，-0.074]），H2 得到支持。地位威胁感知是员工对自身组织地位的主观评价，表现为对自己潜在地位丧失的担忧[318]。根据 Anderson 等（2015，2001）的研究，个体具有对地位追求的内在动机，不仅会通过一系列活动主动提升自身的地位，还会对组织中他人的地位进行密切监控，一旦认为自己的地位受到威胁，便会采取防御性的行为来维护自身的相对地位[307][311]。已有研究表明，员工的地位威胁感知不仅能够对其自身的情绪和绩效产生消极影响[37]，还会对其人际伤害行为和欺骗行为产生正向影响[297]。由此可见，员工的地位威胁感知会在一定程度上引发负面人际行为。当同事感知到较强的地位威胁时，他们会通过采取主动行为，如故意破坏焦点员工工作目标的完成或拖慢焦点员工的工作进度等方式，来保持自身的相对地位。另外，鉴于同事的地位威胁是由焦点员工所引发的，同事可能会对焦点员工产生不满甚至是敌意，在这种消极情绪的驱动下，同事也会明显地减少帮助行为。尽管地位威胁感知对同事的人际帮助行为和社会阻抑行为都产生了显著影响，但地位威胁感知对社会阻抑行为的影响效应更大。这表明，当同事感知到地位威胁时，他们不仅会减少助人行为，还会实施更多的阻抑行为。

（3）同事地位威胁感知中介作用的实证结果解释。根据实证结果，同事地位威胁感知部分中介焦点员工发展型个性化工作协议与同事人际帮助行为之间的关系（$\gamma = -0.032$，95% CI $= [-0.058, -0.016]$），H3a 得到部分支持；同事地位威胁感知完全中介焦点员工发展型个性化工作协议与同事社会阻抑行为之间的关系（$\gamma = 0.080$，95% CI $= [0.040, 0.130]$），H3b 得到支持。研究结果表明，焦点员工的发展型个性化工作协议能够通过影响同事的地位威胁感知，进而影响其人际帮助行为和社会阻抑行为。发展型个性化工作协议不仅意味着焦点员工获得了有价值的组织资源，还意味着他们在未来可能会有更好的工作表现，预示着他们在组织中较高的地位。在与焦点员工发展型个性化工作协议的上行比较中，同事会对自身的相对地位做出判断，表现出对自身地位潜在丧失的担忧。为了缓解这种地位威胁感知，同事可能会减少对焦点员工的帮助行为，并增加对他们的社会阻抑行为。需要注意的是，同事地位威胁感知在发展型个性化工作协议和人际帮助行为之间起部分中介作用。这表明，焦点员工发展型个性化工作协议除了会通过同事地位威胁感知负向影响其人际帮助行为之外，还可能会直接减少同事对焦点员工的帮助行为。这可能是因为，焦点员工发展型个性化工作协议的获得还可能会引发同事的不公平感等，从而使得同事减少助人行为。

（4）个性化工作协议对同事未来获得感知影响的实证结果解释。根据实证结果，焦点员工的灵活型个性化工作协议显著正向影响同事的未来获得感知（$B = 0.323$，95% CI $= [0.223, 0.429]$），而发展型个性化工作协议却未能对同事的未来获得感知产生显著的影响（$B = -0.041$，95% CI $= [-0.102, 0.018]$）。这表明，相较于发展型个性化工作协议，焦点员工的灵活型个性化工作协议更易激发同事的未来获得感知，H4 得到支持。如前所述，鉴于灵活型个性化工作协议的获得更多的是基于个人需求，而发展型个性化工作协议的获得更多的是基于个人能力[28]，因此，同事与焦点员工发展型个性化工作协议的上行比较更易产生对比效应，与焦点员工灵活型个性化工作协议的上行比较更易产生同化效应[294][295]。当同化效应产生时，同事与焦点员工灵活型个性化工作协议的比较会强调和增强同事的积极自我概念，即认为自己同样可以获得类似的定制化工作安排。此外，灵活型个性化工作协议通常是给予需要照顾家庭需求的员工。焦点员工灵活型个性化工作协议的获得会使得同事认为当自己同样需要解决家庭事务时，也会被允许与组织协商灵活的工作时间，而焦点员工发展型个性化工作协议的获得则难以增强同事的未来获得感知。因此，相较于发展型个性化协议，焦点员工的灵活型个性化工作协议会更易提高同事对自己在未来获得个性化工作协议可能性的评估。

（5）同事未来获得感知对其人际行为影响的实证结果解释。根据实证结果，同事的未来获得感知显著正向影响其人际帮助行为（B = 0.215，95% CI = [0.093，0.330]），负向影响其社会阻抑行为（B = − 0.232，95% CI = [−0.383，−0.078]），H5 得到支持。未来获得感知是指员工对自己在未来能够获得个性化工作协议的信念[18]。未来获得感知并不意味着员工认为他们在当下就应该获得，而是认为在未来，当自己向领导或组织主动寻求个性化工作协议时会成功得到批准。已有研究表明，员工的未来获得感知不仅能够提高他们对其他员工个性化工作协议的接受程度[18][318]，还会对其组织公民行为产生积极影响[34]。由此可见，员工的未来获得感知会在一定程度上增加他们的亲社会行为。当同事的未来获得感知较高时，他们会认为组织在分配个性化工作协议方面是公平的。由于他们能从焦点员工的个性化工作协议中间接获益，这可能会促使他们表现出对焦点员工的帮助，而不会表现出阻抑行为。此外，为了实现这种信念，同事往往会营造出自己是良好员工的形象，以提高自己未来获得个性化工作协议的可能性。尽管未来感知对同事的人际帮助行为和社会阻抑行为均产生了显著的影响，但未来获得感知对社会阻抑行为的影响效应更大。这表明，当员工的未来获得感知提升后，虽然他们会表现出一定程度的助人行为，但他们会更少地表现出对组织间接有害的社会阻抑行为。

（6）同事未来获得感知中介作用的实证结果解释。根据实证结果，同事未来获得感知部分中介焦点员工灵活型个性化工作协议与同事人际帮助行为之间的关系（γ = 0.069，95% CI = [0.031，0.119]），H6a 得到部分支持；同事未来获得感知完全中介焦点员工灵活型个性化工作协议与同事社会阻抑行为之间的关系（γ = −0.075，95% CI = [−0.139，−0.025]），H6b 得到支持。研究结果表明，焦点员工的灵活型个性化工作协议能够通过影响同事的未来获得感知，进而影响其人际帮助行为和社会阻抑行为。如前所述，与焦点员工灵活型个性化工作协议的上行比较更易产生同化效应。在这一上行比较过程中，同事会增强积极的自我认知，认为自己也能获得与焦点员工类似的个性化工作安排。这种积极的主观认知和信念会在一定程度上激发同事的人际帮助行为，并减小做出社会阻抑行为的可能性。需要注意的是，同事未来获得感知在灵活型个性化工作协议和人际帮助行为之间起部分中介作用。这表明，焦点员工灵活型个性化工作协议除了会通过同事未来获得感知正向影响其人际帮助行为之外，还可能会直接影响同事对焦点员工的帮助行为。这可能是因为，由于采用了灵活的工作时间表，焦点员工的出勤时间和工作任务也会相应地减少，在这种情况下，同事可能会为焦点员工提供帮助，或额外承担原属于焦点员工的部分工作任务。

（7）同事相对领导成员交换调节作用的实证结果解释。根据实证结果，同事的相对领导成员交换负向调节焦点员工发展型个性化工作协议对同事地位威胁感知的正向影响（B = -0.091，95% CI = [-0.145, -0.027]），即当同事的相对领导成员交换较高时，焦点员工发展型个性化工作协议对同事地位威胁感知的正向影响会减弱，H7 得到支持。此外，同事的相对领导成员交换正向调节焦点员工灵活型个性化工作协议对同事未来获得感知的正向影响（B = 0.072，95% CI = [0.021, 0.118]），即当同事的相对领导成员交换较高时，焦点员工灵活型个性化工作协议对同事未来获得感知的正向影响会进一步增强，H8 得到支持。在本书中，同事相对领导成员交换指的是同事和领导之间交换关系与焦点员工和领导之间交换关系的差值[323]。根据 Vidyarthi 等（2010）的研究，较高的相对领导成员交换意味着，与焦点员工相比，同事与其领导之间的领导成员交换关系质量更高，能够获得更多的领导支持和信任[39]。因此，与拥有较低相对领导成员交换的同事相比，在观察到焦点员工的发展型个性化工作协议后，拥有较高相对领导成员交换的同事会产生较低的地位威胁感知。这可能是因为，高质量领导成员交换关系会有效地消除同事因为暂时没有获得发展型个性化工作协议而产生的负面情绪。另外，当同事的相对领导成员交换关系较高时，他们对自己未来获得个性化工作协议的能力更有自信。现有研究也表明，领导成员交换关系能够促进员工个性化工作协议的获得[13][15]。因此，与拥有较低相对领导成员交换关系的同事相比，在观察到焦点员工的灵活型个性化工作协议后，拥有较高相对领导成员交换的同事会产生更强的未来获得感知。

6.6 本章小结

本章对第 5 章所构建的焦点员工个性化工作协议影响同事人际行为的理论模型进行了实证分析。首先，介绍了实证设计，包括界定变量的操作性定义、相应的测量量表及调研问卷的设计。其次，详细描述了实证数据的收集过程、样本数据的特征，检验了样本数据是否存在严重的共同方法偏差，以确认能否进行下一步分析。再次，对研究中所使用的量表进行了信度检验，确认了量表的内部一致性，并进行了效度检验，确认了量表的准确性。之后，对样本数据进行了描述性统计分析和相关分析，初步验证了变量间的关系。最后，对第 5 章所提出的直接、中介及调节效应进行了验证，并对假设验证结果做出了解释。

第7章　结论与展望

7.1　研究结论

个性化工作协议是指个别员工与领导之间所达成的自愿的、非标准化的且有益于双方的个性化工作条款[13]。由于个性化工作协议的非标准化，使得获得个性化工作协议的焦点员工和未获得个性化工作协议的同事区别开来，造成群体内异质性的出现。为了系统且全面地探究个性化工作协议的人际效应，本书基于不同的理论，分别构建了发展型和灵活型个性化工作协议影响焦点员工和同事人际行为的双路径模型。经过实证分析，得出的结论如下：

第一，发展型和灵活型个性化工作协议通过提升焦点员工的责任感知，进而增加其人际帮助行为，减少其社会阻抑行为。本书证实了，发展型和灵活型个性化工作协议的获得能够对焦点员工的责任感知产生显著的正向影响；焦点员工的责任感知对其人际帮助行为有显著的正向影响，对其社会阻抑行为有显著的负向影响；且责任感知在个性化工作协议和焦点员工人际行为关系间发挥中介作用。研究结果表明，发展型和灵活型个性化工作协议可以通过提升焦点员工对组织的责任感知，从而促使焦点员工增加助人行为，减少阻抑行为。具体来说，个性化工作协议的获得能够使焦点员工感知到组织和领导对他们的信任、支持、尊重，进而增强焦点员工对组织的情感承诺、提升他们愿意为组织做出更多贡献的动力、产生愿意承担更多组织责任的倾向。当焦点员工的责任感知较强时，他们会为了增加组织的福祉和促进组织的发展而做出更多的人际帮助行为和更少的社会阻抑行为。该研究结论与现有研究的发现一致，如 Guerrero 和 Challiol-Jeanblanc (2016) 证实个性化工作协议的获得能够通过提升焦点员工的组织自尊，进而促使其表现出较多的助人行为[326]。Ho 和 Kong（2015）也发现，个性化工作协议能够通过提高领导成员交换质量和满足能力需求，进而增加焦点员工的组织公民行为[102]。王小健等（2020）的研究结论也与该结论相似，即发展型和灵活型个性化工作协议的获得能够有效地提升焦点员工变革责任感知[97]。虽然发展型和灵活型个性化工作协议均能在一定程度上增强焦点员工的责任感知，但发展型个性化工作协议（B = 0.328，95% CI = ［0.236，0.484］）对责任感知的增强效应要大于灵活型个性化工作协议（B = 0.212，95% CI = ［0.085，0.267］）。这表明，相较于满足员工的灵活工作时间需求，满足员工的职业发展需求会更有助于激发员工的责任感知。

第二，发展型和灵活型个性化工作协议通过引发焦点员工的心理特权，进而减少其人际帮助行为，增加其社会阻抑行为。本书证实了，发展型和灵活型个性化工作协议的获得除了能正向影响其责任感知之外，同时还能对焦点员工的心理特权产生显著的正向影响；焦点员工的心理特权对其人际帮助行为有显著的负向影响，对其社会阻抑行为有显著的正向影响；且心理特权在个性化工作协议和焦点员工人际帮助行为关系间起中介作用。研究结果表明，发展型和灵活型个性化工作协议可以通过引发焦点员工的心理特权水平，从而导致他们的阻抑行为增加、助人行为减少。具体来说，个性化工作协议的获得不仅意味着焦点员工获得了其他成员无法获得的组织资源，还意味着他们在组织中拥有较高的组织地位、领导的高度认同以及他们在领导眼中是特殊的。当产生这种认知时，焦点员工会倾向于认为自己应该且有权利比其他成员获得更多的领导支持和组织优待。高心理特权水平会使得他们更加关注自身，而看不到组织和其他成员的努力。受自我膨胀感和权利感的驱使，他们会产生较强的目标追求动机和自私倾向，并且为了实现自己的利益，他们会不惜损害其他成员甚至是组织的利益，因此减小了他们做出助人行为的可能性，但增加了实施阻抑行为的风险。该结论印证了已有研究的结果，如王国猛等（2020）、夏宇寰等（2021）和 Wu 等（2022）的研究均发现，个性化工作协议的获得能够引发焦点员工的心理特权，从而促使其做出亲组织不道德行为、契约寻求行为和偏离行为[119][266][44]。虽然发展型和灵活型个性化工作协议均能在一定程度上引发焦点员工的心理特权，但发展型个性化工作协议（B = 0.313，95% CI = ［0.210，0.461］）对心理特权的影响效应要大于灵活型个性化工作协议（B = 0.200，95% CI = ［0.069，0.254］）。这表明，相较于有关灵活工作时间的特殊工作安排，有关促进员工职业发展的特殊工作安排会使员工感知到更多的隐含意义，产生更高水平的心理特权。此外，尽管个性化工作协议均能显著正向影响焦点员工的责任感知和心理特权，但个性化工作协议对责任感知的影响效应要大于对心理特权的影响效应。因此，总体来说，个性化工作协议的影响是利大于弊。

第三，焦点员工的交换意识分别在发展型和灵活型个性化工作协议与责任感知及心理特权的直接关系间起不同的调节作用。本书证实了，焦点员工的交换意识正向调节个性化工作协议和责任感知之间的正向关系，即焦点员工的交换意识越强，个性化工作协议对焦点员工责任感知的激发效应越强；此外，焦点员工的交换意识负向调节个性化工作协议和心理特权之间的正向关系，即焦点员工的交换意识越强，个性化工作协议对焦点员工心理特权的引发效应越弱。具体来说，交换意识是指员工认为自己的工作努力程度应该取决于组织如何对待他们的程度。对于交换意识较强的焦点员工来说，他们对组织中的交换关系较为敏感。因此，发展型和灵活型个性化工作协议的获得会使得他们产生更强烈的动机来回报组织。同样地，交换意识较强的焦点员工会更加认可组织和领导为其制定个性化工作协议的努力，因此能够有效地降低焦点员工的权利感和应得感。相反地，交换意识较弱的员工对组织中的交换关系不太敏感。对于此类焦点员工来说，个性化工作协议的获得并不会使他们产生较强烈的回报动机，反而会使得他们更加关注自身，强化积极的自我概念，进而表现出更高水平的应得感。该研究结论与现有研究的结论一致。例如，Witt（1991）的研究发现，对于交换意识较强的员工而言，工作满意度、感知组织支持和组织承诺的提高会激发他们做出更多的组织公民行为[38]。Wu 等（2022）发现当员工的交换意识较强时，个性化工作协议的获得会使得他们产生更高水平的工作感恩[44]。上述研究均反映出，不同交换意识的员工在获得组织的支持后会表现出不同程度的反应。

第四，焦点员工的发展型个性化工作协议通过引发同事的地位威胁感知，进而减少其人际帮助行为，增加其社会阻抑行为。本书证实了，焦点员工的发展型个性化工作协议对同事地位威胁感知有显著正向影响，但灵活型个性化工作协议对同事地位威胁感知的影响不显著；同事地位威胁感知对其人际帮助行为有显著的负向影响，对其社会阻抑行为有显著的正向影响；且地位威胁感知在发展型个性化工作协议与同事人际行为关系间起中介作用。研究结果表明，相较于灵活型个性化工作协议，焦点员工的发展型个性化工作协议更易引发同事的地位威胁感知，从而导致其阻抑行为增加和助人行为减少。具体来说，同事与焦点员工发展型个性化工作协议的上行比较易会产生较强的对比效应。在上行比较过程中，同事会形成有关于自己相对地位的主观感知。焦点员工的发展型个性化工作协议不仅意味着他们拥有较强的工作能力，还预示着他们可能会在未来获得更大的职业成功。因此，当同事观察到焦点员工的发展型个性化工作协议时，容易产生地位威胁感知。一旦焦点员工认为自己的地位受到了挑战，他们便会采取防御性的措施来捍卫自己的地位，如实施阻抑行为或减少助人行为，以阻碍焦点员工的发展。该研究结论与 Kong 等（2020）的发现一致，即同事与焦点员工个性化工作协议的上行比较会产生对比效应，即导致同事的情绪耗竭和偏离行为[28]。此外，该结论与已有关于上行比较的对比效应会导致个体负面认知和行为的研究产生共鸣。如 Kim 和 Glomb（2014）发现同事与高绩效员工的上行比较会导致同事的嫉妒和社会伤害行为[298]；Sun 等（2021）发现与高主动性员工的上行比较会导致同事减少其帮助行为，并增加其阻抑行为[172]。

第五，焦点员工的灵活型个性化工作协议通过增强同事的未来获得感知，进而增加其人际帮助行为，减少其社会阻抑行为。本书证实了，焦点员工的灵活型个性化工作协议对同事未来获得感知有显著正向影响，但发展型个性化工作协议对同事未来获得感知的影响不显著；同事未来获得感知对其人际帮助行为有显著的正向影响，对其社会阻抑行为有显著的负向影响；且未来获得感知在灵活型个性化工作协议与同事人际行为关系间起中介作用。研究结果表明，相较于发展型个性化工作协议，焦点员工的灵活型个性化工作协议更易引发同事的未来获得感知，从而增加其助人行为，减少其阻抑行为。具体来说，同事与焦点员工灵活型个性化工作协议的上行比较易会产生较强的同化效应。在上行比较过程中，同化效应会使得同事形成有关于自己也能获得同样有利情况的信念，即同事认为自己也能获得与焦点员工类似的个性化工作安排。未来获得感知不是指同事认为自己当下就应该获得，而是认为在未来，当自己主动向领导寻求个性化工作协议时，也能成功得到领导的批准。当同事的未来获得感知较高时，为了塑造良好的员工形象以实现未来个性化工作协议的获得，同事会表现出较多的帮助和较少的阻抑。该研究结论与 Huo 等（2014）[34] 和 Zhang 等（2020）[318] 的结论一致，即焦点员工的个性化工作协议能够增加同事的组织公民行为，或能够提高同事对焦点员工个性化工作协议的接受程度。同时，也侧面印证了魏巍等（2022）的发现，即象征个体地位获得的事件会引起同事的资源收益感知，从而使得同事的助人行为增加[302]。

第六，同事相对领导成员交换分别在发展型个性化工作协议与同事地位威胁感知和灵活型个性化工作协议与同事未来获得感知的直接关系间起不同的调节作用。本书证实了，同事的相对领导成员交换负向调节焦点员工发展型个性化工作协议与同事地位威胁感知之间的正向关系，即同事的相对领导成员交换关系质量越高，焦点员工发展型个性化工作协议对同事地位威胁感知的正向影响越小；此外，同事的相对领导成员交换正向调节焦点员工灵活型个性化工作协议与同事未来获得感知之间的正向关系，即同事的相对领导成员交换关系质量越高，焦点员工灵活型个性化工作协议对同事未来获得感知的正向影响越强。具体来说，在本书中，同事的相对领导成员交换是指同事与领导之间交换关系的质量与焦点员工与领导之间交换关系质量的对比。当同事与领导之间的交换关系质量高于焦点员工与领导之间的交换关系质量时，他们会比焦点员工获得更多的领导支持和信任，在心理上与领导更亲近。因此，即使他们当下没有获得发展型个性化工作协议，他们也不会产生较强的地位危机感。此外，具有较高相对领导成员交换关系的同事也会更易从领导处获得支持，从而进一步增强未来获得感知。该研究结果从侧面验证了现有研究的结论。如 Henderson 等（2008）发现，相对领导成员交换能够显著地正向影响员工的心理契约满足，从而进一步提高员工的角色内绩效并增加其组织公民行为[327]。Zhao 等（2019）发现，领导成员交换关系能够对员工的组织认同产生正向影响，而相对领导成员交换则能够进一步增强两者之间的正向关系[328]。上述研究均表明，相对领导成员交换能够增强员工的正向感知和积极行为。

7.2　创新点

本书经过实证分析，得出以下三个创新点：

第一，揭示了个性化工作协议对焦点员工人际行为的"双刃剑"影响效应，突破了以往仅关注个性化工作协议对焦点员工积极影响的局限。作为标准化人力资源管理实践的补充，个性化工作协议在组织中的有效性已被证实。目前，已有大量实证研究探索了个性化工作协议对获得协议的焦点员工的影响。然而，现有研究几乎得出了一致的结论，即个性化工作协议能够通过满足焦点员工的个性化需求，进而对其工作态度和工作行为产生积极影响，但却鲜有研究探索个性化工作协议的获得给焦点员工所带来的潜在负面影响。基于此，结合社会认知理论，本书构建了个性化工作协议对焦点员工人际行为影响的双路径模型。一方面，本书验证了个性化工作协议对焦点员工的积极影响，即发展型和灵活型个性化工作协议能够通过提升焦点员工的责任感知，进而增加其人际帮助行为，减少其社会阻抑行为。另一方面，本书还发现了个性化工作协议对焦点员工的副作用，即发展型和灵活型个性化工作协议能够通过引发焦点员工的心理特权，进而减少其人际帮助行为，增加其社会阻抑行为。通过同时探索个性化工作协议对焦点员工的正向和负向影响，本书突破了以往仅局限于对焦点员工积极效应的探索，不仅打开了个性化工作协议影响焦点员工人际行为的作用"黑箱"，还深化了学界对个性化工作协议有效性的全面认识。另外，本书也回应了王国猛和刘迎春（2020）有关于探讨个性化工作协议的"双刃剑"效应，尤其是对焦点员工消极影响效应的呼吁[42]。

第二，揭示了个性化工作协议对同事人际行为的"双刃剑"影响效应，弥补了当前文献中对焦点员工个性化工作协议如何影响同事的研究不足。尽管当前有关于个性化工作协议的实证研究已经十分丰富，但绝大多数的研究集中于探索个性化工作协议对焦点员工的影响，却相对忽视了焦点员工个性化工作协议对其同事的影响。研究指出，个性化工作协议的整体有效性是由焦点员工、同事及其领导所组成的三角关系所决定的。因而，个性化工作协议的研究必须将同事的反应纳入考量。然而目前，对个性化工作协议影响同事反应的研究仍处于起步阶段，且仅有的几项研究均认为焦点员工的个性化工作协议会引发同事的消极反应，却少有研究探索对同事的积极效应。基于此，结合社会比较理论，本书构建了焦点员工个性化工作协议对同事人际行为影响的双路径模型。一方面，本书证实了个性化工作协议对同事的消极影响，即发展型个性化工作协议通过引发同事的地位威胁感知，进而增加其社会阻抑行为，减少其人际帮助行为。另一方面，本书还证实了个性化工作协议对同事的积极影响，即灵活型个性化工作协议通过提升同事的未来获得感知，进而增加其助人行为，减少其阻抑行为。通过同时探索对同事的积极和消极影响，本书弥补了当前研究对同事反应认识的不足，不仅厘清了焦点员工个性化工作协议影响同事人际行为的作用机理，还为全面理解同事对焦点员工个性化工作协议的反应提供了新的思路。另外，本书也回应了王林琳等（2021）有关于探究个性化工作协议对旁观者"双刃剑"效应的呼吁[43]。

第三，探究了个性化工作协议对焦点员工及同事产生影响效应的作用边界，深化了对个性化工作协议在何种条件下发挥不同作用的理解。在揭示了个性化工作协议对焦点员工及同事人际行为的影响机制后，本书进一步对其作用边界进行了探索，以系统地考察个性化工作协议对不同员工的影响。现有研究已探讨了在个性化工作协议发挥作用过程中，员工个体差异（如集体主义、传统性）对该作用的约束性，但并未探讨员工交换意识和同事相对领导成员交换的约束性。基于此，一方面，本书探讨了焦点员工交换意识作为边界条件对个性化工作协议与焦点员工认知关系的调节作用。结果证实了，交换意识对发展型和灵活型个性化工作协议与责任感知关系的正向调节、对发展型和灵活型个性化工作协议与心理特权关系的负向调节。另一方面，本书探讨了同事相对领导成员交换作为边界条件对焦点员工个性化工作协议与同事感知关系的调节作用。结果证实了，同事相对领导成员交换对发展型个性化工作协议与同事地位威胁感知的负向调节、对灵活型个性化工作协议与同事未来获得感知的正向调节。通过探究焦点员工交换意识和同事相对成员交换对个性化工作协议影响的作用边界，不仅为学界理解在何种条件下个性化工作协议会发挥不同的作用提供了可能的解释，还深化了对个性化工作协议作用后效的认识。另外，本书回应了 Liao 等（2016）有关于探究更多个体特征或情景因素对个性化工作协议及其作用后果关系调节作用的呼吁[20]。

7.3 管理启示

本书得出以下三个管理启示：

第一，合理使用个性化工作协议管理工具，加强对协议获得员工的心理监控。本书发现，发展型和灵活型个性化工作协议能够有效提升焦点员工的责任感知，进而增加他们的亲社会行为如人际帮助行为，约束他们的破坏行为如社会阻抑行为。这说明，个性化工作协议不仅能够使焦点员工增加自身的工作努力，还能使他们增加对其他组织成员的关心和帮助，最终增加整个组织的福祉。为此，组织和领导应该积极并且合理地运用个性化工作协议这一管理工具，以提升焦点员工的责任感知。首先，领导者要多多关注下属的个性化工作需求，聆听下属在自身职业发展方面的想法，并为他们提供相应的机会和组织资源。例如，当下属表达了想要参加行业技能培训或想要进行学历深造的想法时，领导者可以结合下属以往的业绩表现和未来的发展潜力，为其向组织争取机会，以提高下属对组织的责任感。其次，对于有较强工作能力和高水平工作绩效，但主动性较低的员工，领导可以主动向其问询是否需要个性化工作协议的机会。通过这种方式，能够使员工感知到组织对他们的支持和尊重，从而提高他们的主动性和责任感。最后，组织要增加对员工家庭需求的重视。当员工面对家庭困难，如照顾生病的幼童或老人时，组织要为其提供充分的人文关怀，在保证工作质量的前提下，允许员工采用灵活的工作时间。通过满足员工的家庭需求，来提高他们回报组织的动力。

此外，本书还发现，个性化工作协议会引发员工的心理特权，使得其助人行为减少，阻抑行为增多。这说明，个性化工作协议不仅会对焦点员工产生积极影响，还可能会产生副作用。为此，组织和领导者可以通过采取措施，对其心理特权水平进行监控，以减小对组织的负面影响。首先，领导在批准员工的个性化工作协议请求时，要向其强调组织是基于员工的工作表现而公平合理地做出个性化工作协议的批准，并不是基于员工自身的特殊性和员工的组织地位等外在因素。其次，要向其强调个性化工作协议是面向有能力且有需求的员工，只要员工达到一定的绩效水平且确有需求，组织都会对他们的个性化工作协议请求予以考虑。通过强调获得个性化工作协议对所有核心员工的可得性，从而降低焦点员工认为自己是独一无二的信念。最后，在批准个性化工作协议后，要对焦点员工的心理状态多加关注，密切监控焦点员工的心理特权水平。一旦发现焦点员工应得感和权利感的提升，及时对其心理状态进行干预，引导其形成更客观、更准确的自我认知。

第二，关注未获得个性化工作协议的员工，及时对其消极反应进行心理疏导。本书发现，焦点员工的个性化工作协议不仅会对其自身产生影响，还会对团队中未获得个性化工作协议的同事产生影响。一方面，本书证实，焦点员工的发展型个性化工作协议会引发同事的地位威胁感知，进而使其表现出较少的助人行为和较多的阻抑行为。为此，组织和领导者要及时对未获得个性化工作协议员工的负面认知进行疏导。首先，在批准焦点员工的发展型个性化工作协议后，领导者要与团队中未获得协议的员工进行充分沟通，表明虽然他们暂未获得发展型个性化工作协议，但组织对他们的努力和表现也是十分认可。通过增加对其他员工的肯定，增强他们的自我认同，缓解其地位威胁感知。其次，领导者还可以向其他团队员工强调，组织是公平的，只要他们持续努力，不断提高工作能力和工作绩效，他们就能在日后更好地把握组织所提供的个性化工作协议机会。通过侧面激励未获得协议的员工，促使他们进行自我完善并提高他们的工作动力。最后，领导者可以向未获得协议的员工做出解释，帮助他们分析未获得的原因，以及需要改进的方向。通过为未获得协议的员工提供情感性支持和工具性帮助，从而缓解他们的负面情绪。

另一方面，本书还发现，焦点员工的灵活型个性化工作协议能够在一定程度上增强未获得协议员工的未来获得感知，进而使得他们增加助人行为，减少阻抑行为。为此，组织和领导者要加大对团队成员未来获得感知的关注，以激发他们的亲社会行为，减少破坏行为。在组织中，要建立公平透明的个性化工作协议沟通渠道；允许员工向组织和领导提出个性化工作协议请求；成立个性化工作协议协商小组，形成公平的协商机制；当个别员工获得个性化工作协议后，领导可以向团队成员做出解释。例如，当焦点员工获得了灵活的工作时间（如比其他成员提前一小时下班），领导可以在征求焦点员工同意的前提下，向团队成员解释其请求灵活工作时间的具体原因和正当理由。并且，领导可以向团队成员做出承诺，即当团队成员在遇到个人困难的时候，可以在保障任务完成质量的前提下，采用灵活的工作时间，以提高团队成员的未来获得感知。

第三，就员工个体差异采取针对性措施，最大化个性化工作协议的积极效应。本书发现，交换意识能够增强发展型和灵活型个性化工作协议对焦点员工责任感知的正向影响，削弱发展型和灵活型个性化工作协议对焦点员工心理特权的正向影响。这表明，当组织给予焦点员工个性化工作协议时，交换意识较强的焦点员工会产生更加强烈的正向认知和较低水平的负向认知。为此，领导在批准个性化工作协议时，要针对不同的员工采取不同的措施。首先，领导在批准员工的个性化工作协议请求时，要注重对员工交换意识的考察，观察其是否会因得到组织的特殊工作机会和资源而产生较强的回报动机。通过有针对性的筛选，可以使得个性化工作协议的激励效应更大，负面效应更小。例如，当面临绩效水平相似的焦点员工的个性化工作协议请求时，将技能培训或晋升机会给予交换意识较强的员工，从而增大他们回报组织的可能性。其次，领导还可以通过有意识的强调，来提高员工的交换意识。例如，在焦点员工获得个性化工作安排后，向其提出更高的工作绩效标准，或向焦点员工表达组织对他们的未来期望，以提高焦点员工回报组织的可能性。

此外，本书还发现，同事的相对领导成员交换能够削弱焦点员工发展型个性化工作协议对同事地位威胁感知的正向影响，增强灵活型个性化工作协议对同事未来获得感知的正向影响。这表明，同事与领导之间交换关系与焦点员工与领导之间交换关系的对比会影响同事对焦点员工个性化工作协议的反应程度。为此，领导要尤其关注其与下属员工的交换关系质量。在团队中，领导要带领团队成员建立良好的工作氛围，并积极与团队成员建立高质量的领导成员交换关系，增强与团队成员的沟通和联系，为团队成员提供充足的情感支持。尤其是对于未获得个性化工作协议的团队成员，领导者要着重加强与这部分员工的关系构建和维护。例如，领导可以通过正式或非正式的组织活动，多多与未获得个性化工作协议的团队成员沟通，为他们提供帮助和支持，使得他们获得职业成长。领导的这种做法能够减小未获得协议的员工与领导之间的心理距离，增加对领导的信任，从而有助于形成高质量的领导成员交换关系。

7.4　局限性与展望

本书分别构建了个性化工作协议对焦点员工及其同事人际行为的双路径影响模型，并通过采用科学的多时点数据收集方式和严格规范的实证分析方法对模型和假设进行了验证，以此得出了本书的研究结论。然而，不可避免地，本书仍存在一些局限性，具体如下：

第一，尽管本书使用了来自多个行业和企业的样本，但这些样本均来自中国。因此，本书的研究结论可能会对中国企业的管理实践具有参考价值。然而，鉴于东西方文化背景和社会规范的不同，本书的研究结论可能并不具备跨文化的普适性。个性化工作协议这一人力资源管理工具不仅在中国的企业中被广泛使用，而且在国外组织中的应用也较为普遍[48]。考虑到东西方文化背景的差异，如东方文化中"不患寡而患不均",未来的研究可以基于不同的文化背景来选取调研样本,开展跨文化对比研究,以探究不同文化背景下个性化工作协议的后效会有何不同。

第二,本书分别探讨了个性化工作协议对焦点员工和同事人际行为的"双刃剑"影响,没有探讨个性化工作协议会给领导带来什么影响。研究指出,由焦点员工、同事及领导所组成的三角关系决定了个性化工作协议的整体有效性[17]。因此,本书认为,未来的研究可以探讨个性化工作协议对领导本身的影响。例如,未来的研究可以基于社会认同理论,探讨个性化工作协议的批准是否会增强焦点员工对领导本身的认同,进而表现出亲领导的人际行为。或基于相对剥夺理论,探讨拒绝个性化工作协议是否会增强同事对领导的埋怨,进而表现出针对领导的破坏行为或反生产行为。

第三,本书从个体层面探究了个性化工作协议对员工的影响,但却未从团队层面考察个性化工作协议的影响。在团队层面上,成员之间个性化工作协议的差异是否会对团队结果(如团队绩效、团队创造力、团队合作、团队竞争等)产生影响?这种影响是正向的还是负向的?产生影响的作用机制是什么?在何种边界条件下会是正向影响、在何种边界条件下会是负向影响?个性化工作协议差异对团队工作结果的影响是线性的吗,还是会呈现出倒 U 形结构?这些都需要学者在未来进行更加深入的探讨。

附　录

附录 A　个性化工作协议对焦点员工人际行为影响的调研问卷

尊敬的女士/先生：

　　您好！

　　非常感谢您自愿参与本书的研究调查。您的研究编号为＿＿＿＿＿＿（您的研究编号仅您自己和研究团队掌握）。

　　本书是由北京交通大学的博士研究生团队所开展的一项研究课题，旨在发现企业管理中的人力资源管理实践如何对团队和谐和团队成长产生作用。本书的问卷调研共分为三次，这是第＿＿＿＿＿次。

　　请您放心，我们承诺：您的填答结果将仅用于学术研究，您的公司、领导和同事均不会看到您的问卷填答结果！

　　问卷填写注意事项：

　　（1）本次问卷不长，约需 5 分钟完成，请您耐心填答。

　　（2）每题均为必答题，请按照您最真实的情况选择一个答案，漏答或多答均无效。

　　（3）问题采用 7 分制，每个数字均代表不同的程度，请用√或○标记出您的答案。

　　（4）部分题目描述虽相似，但均代表不同的含义，请认真阅读。

　　（5）每题均无正确答案，请大胆评价，放心作答。

　　完成全部问题后，请装进信封并密封，交给现场工作人员。

　　再次感谢您的参与！祝您工作顺心，生活顺意！

调研问卷（第一轮）

请根据您在当前工作中的真实经历回答下列问题：

针对下面的陈述，请用√或○标记出您认为最能代表您真实情况的数字	从未	极少	偶尔	一般	有时	经常	总是
在当前工作中，你在多大程度上要求并成功协商了不同于其他同事的特殊培训机会？	1	2	3	4	5	6	7
在当前工作中，你在多大程度上要求并成功协商了不同于其他同事的技能提升机会？	1	2	3	4	5	6	7
在当前工作中，你在多大程度上要求并成功协商了不同于其他同事的在职活动机会？	1	2	3	4	5	6	7
在当前工作中，你在多大程度上要求并成功协商了不同于其他同事的职业发展机会？	1	2	3	4	5	6	7
在当前工作中，你在多大程度上要求并成功协商了不同于其他同事的开始或结束工作时间的灵活安排？	1	2	3	4	5	6	7
在当前工作中，你在多大程度上要求并成功协商了不同于其他同事的灵活工作日安排？	1	2	3	4	5	6	7

针对下面的陈述，请用√或○标记出您认为最能代表您同意程度的数字	非常不同意	不同意	有些不同意	一般	有些同意	同意	非常同意
当公司表现出对员工的关心时，员工也应该关心公司	1	2	3	4	5	6	7
当公司尽心尽力帮助员工时，员工也应该尽心尽力地帮助公司	1	2	3	4	5	6	7
无论公司如何对待员工，员工都应该尽可能地努力工作	1	2	3	4	5	6	7
当公司不欣赏员工的努力时，员工仍应该尽可能地努力工作	1	2	3	4	5	6	7
当公司对员工不好时，员工应该减少工作努力	1	2	3	4	5	6	7
员工工作努力的程度应该取决于组织如何对待他们的期望和担忧	1	2	3	4	5	6	7
只有当员工的努力能够带来加薪、晋升或其他福利时，他们才应该努力工作	1	2	3	4	5	6	7
员工的工作努力程度不应该取决于工资的公平性	1	2	3	4	5	6	7

针对下面的陈述，请用√或○标记出您认为最能代表与您真实情况相符合的数字	非常不符合	不符合	有些不符合	一般	有些符合	符合	非常符合
我工作很有动力，因为我想通过我的工作让别人受益	1	2	3	4	5	6	7
我工作很有动力，因为我想通过我的工作来帮助别人	1	2	3	4	5	6	7
我工作很有动力，因为我想对他人产生积极的影响	1	2	3	4	5	6	7
我工作很有动力，因为通过工作为别人做好事对我来说是很重要的	1	2	3	4	5	6	7

针对下面的陈述，请用√或○标记出您认为最能代表与您真实情况相符合的数字	非常不符合	不符合	有些不符合	一般	有些符合	符合	非常符合
我的同事对我的工作很满意	1	2	3	4	5	6	7
我的同事很了解我的工作问题和需求	1	2	3	4	5	6	7
无论我的同事在岗位上建立了多大的权威，他们都会利用他们的能力来帮助我解决工作中的问题	1	2	3	4	5	6	7
无论我的同事在岗位上建立了多大的权威，他们都会不惜牺牲自己的利益为我辩护	1	2	3	4	5	6	7
我对我的同事很有信心。当他们不在场时，我会尽力为他们的工作决定辩护	1	2	3	4	5	6	7
我和同事的工作关系很好	1	2	3	4	5	6	7

（1）您的性别：

A. 男　　　　　　B. 女

（2）您的年龄是：_____岁

（3）您的受教育程度：

A. 大专及以下　　B. 本科　　　　　C. 硕士　　　　　　D. 博士及以上

（4）您在当前企业的工作年限是：_____年

您的问卷已完成，请检查无漏答、多答后，将问卷封入信封并密封，交给现场工作人员！

非常感谢您的参与和支持，祝您一切顺利！

调研问卷（第二轮）

请根据您在当前工作中的真实经历回答下列问题：

针对下面的陈述，请用√或〇标记出您认为最能代表您同意程度的数字	非常不同意	不同意	有些不同意	一般	有些同意	同意	非常同意
我觉得我有责任尽我所能来帮助公司实现它的目标	1	2	3	4	5	6	7
当工作的时候，我把全部精力都用在了实现公司的目标上	1	2	3	4	5	6	7
我有责任确保我的工作是高质量的	1	2	3	4	5	6	7
我觉得我有责任帮助公司为客户提供令人满意的服务	1	2	3	4	5	6	7
当公司需要时，我有责任利用私人时间来帮助它	1	2	3	4	5	6	7
如果我没有达到公司的绩效标准，我会感到内疚	1	2	3	4	5	6	7
我觉得我对公司的唯一义务就是满足工作的最低要求	1	2	3	4	5	6	7

针对下面的陈述，请用√或〇标记出您认为最能代表您同意程度的数字	非常不同意	不同意	有些不同意	一般	有些同意	同意	非常同意
我真的觉得我值得比别人拥有更多	1	2	3	4	5	6	7
美好的事情应该发生在我的身上	1	2	3	4	5	6	7
我想要最好的，因为我值得	1	2	3	4	5	6	7
我不一定值得特殊对待	1	2	3	4	5	6	7
在我的生命中，我应该得到更多东西	1	2	3	4	5	6	7
像我这样的人偶尔应该多休息一下	1	2	3	4	5	6	7
事情应该按我想要的方式发展	1	2	3	4	5	6	7
我觉得我有权拥有更多	1	2	3	4	5	6	7

您的问卷已完成，请检查无漏答、多答后，将问卷封入信封并密封，交给现场工作人员！

非常感谢您的参与和支持，祝您一切顺利！

调研问卷（第三轮）

请根据您在当前工作中的真实经历回答下列问题：

针对下面的陈述，请用√或○标记出您认为最能代表您同意程度的数字	非常不符合	不符合	有些不符合	一般	有些符合	符合	非常符合
在过去的一个月，我帮助过那些缺席的同事	1	2	3	4	5	6	7
在过去的一个月，我帮助过那些工作负担过重的同事	1	2	3	4	5	6	7
在过去的一个月，虽然未被要求，但我曾积极协助同事完成工作	1	2	3	4	5	6	7
在过去的一个月，我愿意花时间倾听同事的问题和担忧	1	2	3	4	5	6	7
在过去的一个月，我尽心尽力地帮助了同事	1	2	3	4	5	6	7
在过去的一个月，我曾对其他员工的事情很有兴趣	1	2	3	4	5	6	7
在过去的一个月，我曾向同事提供工作信息	1	2	3	4	5	6	7

针对下面的陈述，请用√或○标记出您认为最能代表您同意程度的数字	非常不符合	不符合	有些不符合	一般	有些符合	符合	非常符合
在过去的一个月，我冒犯过同事	1	2	3	4	5	6	7
在过去的一个月，我曾对同事不理不睬	1	2	3	4	5	6	7
在过去的一个月，我散布过有关于同事的谣言	1	2	3	4	5	6	7
在过去的一个月，我曾拖延工作导致同事的工作进度变慢	1	2	3	4	5	6	7
在过去的一个月，我贬低过同事的观点	1	2	3	4	5	6	7
在过去的一个月，我伤害过同事的感情	1	2	3	4	5	6	7
在过去的一个月，我曾在同事背后说坏话	1	2	3	4	5	6	7
在过去的一个月，我曾批评同事处理事情的方式毫无可取之处	1	2	3	4	5	6	7
在过去的一个月，我没有完全兑现曾承诺给同事的帮助	1	2	3	4	5	6	7
在过去的一个月，我给同事提供了不正确或有误导性的工作信息	1	2	3	4	5	6	7
在过去的一个月，我和同事之间存在地位和组织认可方面的竞争	1	2	3	4	5	6	7
在过去的一个月，我让同事知道我不喜欢他们的地方	1	2	3	4	5	6	7
在过去的一个月，当别人说同事坏话的时候，我没有维护他们	1	2	3	4	5	6	7

您的问卷已完成，请检查无漏答、多答后，将问卷封入信封并密封，交给现

场工作人员！

非常感谢您的参与和支持，祝您一切顺利！

附录B　个性化工作协议对同事人际行为影响的调研问卷

尊敬的女士/先生：

您好！

非常感谢您自愿参与本书的研究调查。您的研究编号为_____（您的研究编号仅您自己和研究团队掌握）。

本书是由北京交通大学的博士研究生团队所开展的一项研究课题，旨在发现企业管理中的人力资源管理实践如何对团队和谐和团队成长产生作用。本书的问卷调研共分为三次，这是第_____次。

请您放心，我们承诺：您的填答结果将仅用于学术研究，您的公司、领导和同事均不会看到您的问卷填答结果！

问卷填写注意事项：

（1）本次问卷不长，约需5分钟完成，请您耐心填答。

（2）每题均为必答题，请按照您最真实的情况选择一个答案，漏答或多答均无效。

（3）问题采用7分制，每个数字均代表不同的程度，请用√或〇标记出您的答案。

（4）部分题目描述虽相似，但均代表不同的含义，请认真阅读。

（5）每题均无正确答案，请大胆评价，放心作答。

完成全部问题后，请装进信封并密封，交给现场工作人员。

再次感谢您的参与！祝您工作顺心，生活顺意！

调研问卷（第一轮）——同事问卷

请根据您在当前工作中的真实经历回答下列问题，员工A是_____：

针对下面的陈述，请用√或〇标记出您认为最能代表您真实情况的数字	从未	极少	偶尔	一般	有时	经常	总是
在当前工作中，员工A在多大程度上要求并成功协商了你未曾获得的特殊培训机会？	1	2	3	4	5	6	7

针对下面的陈述，请用√或〇标记出您认为最能代表您真实情况的数字	从未	极少	偶尔	一般	有时	经常	总是
在当前工作中，员工 A 在多大程度上要求并成功协商了你未曾获得的技能提升机会？	1	2	3	4	5	6	7
在当前工作中，员工 A 在多大程度上要求并成功协商了你未曾获得的在职活动机会？	1	2	3	4	5	6	7
在当前工作中，员工 A 在多大程度上要求并成功协商了你未曾获得的职业发展机会？	1	2	3	4	5	6	7
在当前工作中，员工 A 在多大程度上要求并成功协商了你未曾获得的开始或结束工作时间的灵活安排？	1	2	3	4	5	6	7
在当前工作中，员工 A 在多大程度上要求并成功协商了你未曾获得的灵活工作日安排？	1	2	3	4	5	6	7

针对下面的陈述，请用√或〇标记出您认为最能代表与您真实情况相符合的数字	非常不符合	不符合	有些不符合	一般	有些符合	符合	非常符合
员工 A 对我的工作很满意	1	2	3	4	5	6	7
员工 A 很了解我的工作问题和需求	1	2	3	4	5	6	7
无论员工 A 在岗位上建立了多大的权威，他/她都会利用他/她的能力来帮助我解决工作中的问题	1	2	3	4	5	6	7
无论员工 A 在岗位上建立了多大的权威，他/她都会不惜牺牲自己的利益为我辩护	1	2	3	4	5	6	7
我对员工 A 很有信心。当他/她不在场时，我会尽力为他/她的工作决定辩护	1	2	3	4	5	6	7
我和员工 A 的工作关系很好	1	2	3	4	5	6	7

针对下面的陈述，请用√或〇标记出您认为最能代表与您真实情况相符合的数字	非常不符合	不符合	有些不符合	一般	有些符合	符合	非常符合
我的领导对我的工作很满意	1	2	3	4	5	6	7
我的领导很了解我的工作问题和需求	1	2	3	4	5	6	7
我的领导很认可我的工作潜力	1	2	3	4	5	6	7
无论我的领导在岗位上建立了多大的权威，他/她都会利用他/她的能力来帮助我解决工作中的问题	1	2	3	4	5	6	7
无论我的领导在岗位上建立了多大的权威，在我真正需要的时候，他/她会不惜牺牲自己的利益为我辩护	1	2	3	4	5	6	7

续表

针对下面的陈述，请用√或○标记出您认为最能代表与您真实情况相符的数字	非常不符合	不符合	有些不符合	一般	有些符合	符合	非常符合
我对我的领导有足够的信心。当他/她不在场时，我会尽力为他/她的工作决定辩护	1	2	3	4	5	6	7
我和领导的工作关系很好	1	2	3	4	5	6	7

针对下面的陈述，请用√或○标记出您认为最能代表与您真实情况相符的数字	非常不符合	不符合	有些不符合	一般	有些符合	符合	非常符合
我工作很有动力，因为我想通过我的工作让别人受益	1	2	3	4	5	6	7
我工作很有动力，因为我想通过我的工作来帮助别人	1	2	3	4	5	6	7
我工作很有动力，因为我想对他人产生积极的影响	1	2	3	4	5	6	7
我工作很有动力，因为通过工作为别人做好事对我来说是很重要的	1	2	3	4	5	6	7

（1）您的性别：

A. 男 　　　　　　 B. 女

（2）您的年龄是：_____岁

（3）您的受教育程度：

A. 本科以下 　　　 B. 本科 　　　　　 C. 本科以上

（4）您在当前企业的工作年限是：_____年

（5）您当前的岗位类型是：

A. 非管理岗 　　 B. 管理岗

您的问卷已完成，请检查无漏答、多答后，将问卷封入信封并密封，交给现场工作人员！

非常感谢您的参与和支持，祝您一切顺利！

调研问卷（第一轮）——员工问卷

请根据您在当前工作中的真实经历回答下列问题：

针对下面的陈述，请用√或○标记出您认为最能代表与您真实情况相符的数字	非常不符合	不符合	有些不符合	一般	有些符合	符合	非常符合
我的领导对我的工作很满意	1	2	3	4	5	6	7
我的领导很了解我的工作问题和需求	1	2	3	4	5	6	7

针对下面的陈述，请用√或○标记出您认为最能代表与您真实情况相符合的数字	非常不符合	不符合	有些不符合	一般	有些符合	符合	非常符合
我的领导很认可我的工作潜力	1	2	3	4	5	6	7
无论我的领导在岗位上建立了多大的权威，他/她都会利用他/她的能力来帮助我解决工作中的问题	1	2	3	4	5	6	7
无论我的领导在岗位上建立了多大的权威，在我真正需要的时候，他/她会不惜牺牲自己的利益为我辩护	1	2	3	4	5	6	7
我对我的领导有足够的信心。当他/她不在场时，我会尽力为他/她的工作决定辩护	1	2	3	4	5	6	7
我和领导的工作关系很好	1	2	3	4	5	6	7

（1）您的性别：

A. 男　　　　　　　B. 女

（2）您的年龄是：＿＿＿＿＿＿岁

（3）您的受教育程度：

A. 本科以下　　　　B. 本科　　　　　C. 本科以上

（4）您在当前企业的工作年限是：＿＿＿＿＿＿年

（5）您当前的岗位类型是：

A. 非管理岗　　　B. 管理岗

　　您的问卷已完成，请检查无漏答、多答后，将问卷封入信封并密封，交给现场工作人员！

　　非常感谢您的参与和支持，祝您一切顺利！

调研问卷（第二轮）

请根据您在当前工作中的真实经历回答下列问题，员工 A 是＿＿＿＿＿＿：

针对下面的陈述，请用√或○标记出您认为最能代表您同意程度的数字	非常不同意	不同意	有些不同意	一般	有些同意	同意	非常同意
我觉得员工 A 挑战了我在公司的地位	1	2	3	4	5	6	7
我觉得我在工作中的主导地位受到了员工 A 的威胁	1	2	3	4	5	6	7
员工 A 与我竞争以试图增强他/她在公司的影响力	1	2	3	4	5	6	7
相较于员工 A，我对公司贡献的相对价值没有得到认同	1	2	3	4	5	6	7

针对下面的陈述，请用√或○标记出您认为最能代表您同意程度的数字	非常 不同意	不同意	有些 不同意	一般	有些 同意	同意	非常 同意
如果我提出要求，我也可以像员工A一样获得特殊的工作安排	1	2	3	4	5	6	7
如果我需要，我可以得到类似于员工A的个性化工作安排	1	2	3	4	5	6	7

您的问卷已完成，请检查无漏答、多答后，将问卷封入信封并密封，交给现场工作人员！

非常感谢您的参与和支持，祝您一切顺利！

调研问卷（第三轮）

请根据您在当前工作中的真实经历回答下列问题，员工A是_____：

针对下面的陈述，请用√或○标记出您认为最能代表您同意程度的数字	非常 不符合	不符合	有些 不符合	一般	有些 符合	符合	非常 符合
在过去的一个月，当员工A缺席时，我曾帮助过他/她	1	2	3	4	5	6	7
在过去的一个月，当员工A工作负担过重时，我曾帮助过他/她	1	2	3	4	5	6	7
在过去的一个月，虽然未被要求，但我曾积极协助员工A完成工作	1	2	3	4	5	6	7
在过去的一个月，我愿意花时间倾听员工A的问题和担忧	1	2	3	4	5	6	7
在过去的一个月，我尽心尽力地帮助过员工A	1	2	3	4	5	6	7
在过去的一个月，我曾对员工A的事情很有兴趣	1	2	3	4	5	6	7
在过去的一个月，我曾向员工A提供工作信息	1	2	3	4	5	6	7

针对下面的陈述，请用√或○标记出您认为最能代表您同意程度的数字	非常 不符合	不符合	有些 不符合	一般	有些 符合	符合	非常 符合
在过去的一个月，我冒犯过员工A	1	2	3	4	5	6	7
在过去的一个月，我曾对员工A不理不睬	1	2	3	4	5	6	7
在过去的一个月，我散布过有关于员工A的谣言	1	2	3	4	5	6	7

针对下面的陈述，请用√或○标记出您认为最能代表您同意程度的数字	非常不符合	不符合	有些不符合	一般	有些符合	符合	非常符合
在过去的一个月，我曾拖延工作导致员工A的工作进度变慢	1	2	3	4	5	6	7
在过去的一个月，我贬低过员工A的观点	1	2	3	4	5	6	7
在过去的一个月，我伤害过员工A的感情	1	2	3	4	5	6	7
在过去的一个月，我曾在员工A背后说他/她的坏话	1	2	3	4	5	6	7
在过去的一个月，我曾批评员工A处理事情的方式毫无可取之处	1	2	3	4	5	6	7
在过去的一个月，我没有完全兑现曾承诺给员工A的帮助	1	2	3	4	5	6	7
在过去的一个月，我给员工A提供了不正确或有误导性的工作信息	1	2	3	4	5	6	7
在过去的一个月，我和员工A之间存在地位和组织认可方面的竞争	1	2	3	4	5	6	7
在过去的一个月，我让员工A知道我不喜欢他/她的地方	1	2	3	4	5	6	7
在过去的一个月，当别人说员工A坏话的时候，我没有维护他/她	1	2	3	4	5	6	7

您的问卷已完成，请检查无漏答、多答后，将问卷封入信封并密封，交给现场工作人员！

非常感谢您的参与和支持，祝您一切顺利！

参考文献

［1］高玉贵．知识经济时代公共部门人力资源管理研究——从心理契约视角［J］．中国劳动关系学院学报，2015，29（2）：90-94．

［2］Cappelli P. A market-driven approach to retaining talent ［J］. Harvard Business Review, 2000, 78 (1): 103-111.

［3］孙宁，孔海燕．个性化契约对中国员工工作满意度及情感承诺的影响［J］．软科学，2016，30（1）：95-99．

［4］李云，李锡元．员工自我职业生涯管理研究述评与展望［J］．技术经济与管理研究，2016（1）：54-58．

［5］Anand S, Vidyarthi P R. Idiosyncratic deals in the context of workgroups ［M］//Bal P M, Rousseau D M. Idiosyncratic deals between employees and organizations: Conceptual issues, applications, and the role of co-workers. London: Routledge, 2016: 92-106.

［6］Wrzesniewski A, Dutton J E. Crafting a job: Revisioning employees as active crafters of their work ［J］. Academy of Management Review, 2001, 26 (2): 179-201.

［7］Broschak J P, Davis-Blake A. Mixing standard work and nonstandard deals: The consequences of heterogeneity in employment arrangements ［J］. Academy of Management Journal, 2006, 49 (2): 371-393.

［8］井辉，陈芳，祝兰兰，等．个性化人力资源管理实践的概念及其因子结构研究［J］．领导科学，2015（5）：43-46．

［9］井辉，秦煌．个性化人力资源管理实践：概念、结构与测量［J］．南京财经大学学报，2017（2）：82-88，108．

［10］Rousseau D M, Tomprou M, Simosi M. Negotiating flexible and fair idiosyncratic deals (i-deals) ［J］. Organizational Dynamics, 2016, 45 (3): 185-196.

［11］Kroon B, Freese C, Schalk R. A strategic HRM-perspective on i-deals ［M］//Bal P M, Rousseau D M. Idiosyncratic deals between employees and organizations: Conceptual issues, applications, and the role of co-workers. Hove: Psychology Press, 2015: 73-91.

[12] Rousseau D M. The idiosyncratic deal: Flexibility versus fairness? [J]. Organizational Dynamics, 2001, 29 (4): 260-273.

[13] Rousseau D M, Ho V T, Greenberg J. I-deals: Idiosyncratic terms in employment relationships [J]. Academy of Management Review, 2006, 31 (4): 977-994.

[14] Rousseau D M, Kim T G. When workers bargain for themselves: Idiosyncratic deals and the nature of the employment relationship [C]. The Academy of Management Conference, Belfast, 2006.

[15] Rosen C C, Slater D J, Chang C H, et al. Let's make a deal: Development and validation of the ex post i-deals scale [J]. Journal of Management, 2013, 39 (3): 709-742.

[16] Rousseau D M. I-deals: Idiosyncratic deals employees bargain for themselves [M]. New York: M. E. Sharpe, 2005.

[17] Greenberg J, Roberge M, Ho V T, et al. Fairness in idiosyncratic work arrangements: Justice as an i-deal [M]//Martocchio J J. Research in personnel and human resources management. Amsterdam: Elsevier, 2004: 1-34.

[18] Lai L, Rousseau D M, Chang K T T. Idiosyncratic deals: Coworkers as interested third parties [J]. Journal of Applied Psychology, 2009, 94 (2): 547-556.

[19] Bal P M, Rousseau D M. Idiosyncratic deals between employees and organizations: Conceptual issues, applications, and the role of coworkers [M]. Hove: Psychology Press, 2015.

[20] Liao C, Wayne S J, Rousseau D M. Idiosyncratic deals in contemporary organizations: A qualitative and meta-analytical review [J]. Journal of Organizational Behavior, 2016, 37 (S1): 9-29.

[21] 井辉. 组织中的个性化契约———一个研究综述 [J]. 技术经济与管理研究, 2015 (1): 56-61.

[22] Vidyarthi P R, Singh S, Erdogan B, et al. Individual deals within teams: Investigating the role of relative i-deals for employee performance [J]. Journal of Applied Psychology, 2016, 101 (11): 1536-1552.

[23] Ng T W, Feldman D C. Idiosyncratic deals and organizational commitment [J]. Journal of Vocational Behavior, 2010, 76 (3): 419-427.

[24] Liu J, Lee C, Hui C, et al. Idiosyncratic deals and employee outcomes:

The mediating roles of social exchange and self-enhancement and the moderating role of individualism [J]. Journal of Applied Psychology, 2013, 98 (5): 832-840.

[25] Wang S, Liu Y, Shalley C E. Idiosyncratic deals and employee creativity: The mediating role of creative self-efficacy [J]. Human Resource Management, 2018, 57 (6): 1443-1453.

[26] 罗萍, 施俊琦, 朱燕妮, 等. 个性化工作协议对员工主动性职业行为和创造力的影响 [J]. 心理学报, 2020, 52 (1): 81-92.

[27] Ng T W H. Can idiosyncratic deals promote perceptions of competitive climate, felt ostracism, and turnover? [J]. Journal of Vocational Behavior, 2017 (99): 118-131.

[28] Kong D T, Ho V T, Garg S. Employee and coworker idiosyncratic deals: Implications for emotional exhaustion and deviant behaviors [J]. Journal of Business Ethics, 2020, 164 (3): 593-609.

[29] Garg S, Fulmer I. Ideal or an ordeal for organizations? The spectrum of coworker reactions to idiosyncratic deals [J]. Organizational Psychology Review, 2017, 7 (4): 281-305.

[30] Knapp M L, Daly J A. Handbook of interpersonal communication [M]. Thousand Oaks: Sage, 2002.

[31] Hornung S, Rousseau D M, Glaser J, et al. Beyond top-down and bottom-up work redesign: Customizing job content through idiosyncratic deals [J]. Journal of Organizational Behavior, 2010, 31 (2-3): 187-215.

[32] 熊静, 叶茂林, 陈宇帅. 同事个性化契约对员工工作退缩行为的影响: 基于公平理论的视角 [J]. 心理科学, 2018, 41 (4): 929-935.

[33] Anand S, Vidyarthi P R, Liden R C, et al. Good citizens in poor-quality relationships: Idiosyncratic deals as a substitute for relationship quality [J]. Academy of Management Journal, 2010, 53 (5): 970-988.

[34] Huo W, Luo J, Tam K L. Idiosyncratic deals and good citizens in China: The role of traditionality for recipients and their coworkers [J]. The International Journal of Human Resource Management, 2014, 25 (22): 3157-3177.

[35] Eisenberger R, Armeli S, Rexwinkel B, et al. Reciprocation of perceived organizational support [J]. Journal of Applied Psychology, 2001, 86 (1): 42-51.

[36] Campbell W K, Bonacci A M, Shelton J, et al. Psychological entitlement: Interpersonal consequences and validation of a self-report measure [J]. Journal of Personality Assessment, 2004, 83 (1): 29-45.

［37］Marr J C，Thau S. Falling from great（and not so great）heights：How initial status position influences performance after status loss［J］. Academy of Management Journal，2014，57（1）：223-248.

［38］Witt L A. Exchange ideology as a moderator of job attitudes-organizational citizenship behaviors relationships［J］. Journal of Applied Social Psychology，1991，21（18）：1490-1501.

［39］Vidyarthi P R，Liden R C，Anand S，et al. Where do I stand? Examining the effects of leader-member exchange social comparison on employee work behaviors［J］. Journal of Applied Psychology，2010，95（5）：849-861.

［40］Settoon R P，Bennett N，Liden R C. Social exchange in organizations：Perceived organizational support，leader-member exchange，and employee reciprocity［J］. Journal of Applied Psychology，1996，81（3）：219-227.

［41］樊耘，吕霄，陈倩倩. 基于理论演进的个性化交易研究评述［J］. 华东经济管理，2015，29（8）：9-16，185.

［42］王国猛，刘迎春. 个性化契约对核心员工建设性偏差行为的影响机制研究［J］. 管理学报，2020，17（5）：680-687，733.

［43］王林琳，张凤羽，涂艳，等. 个别协议对旁观者的双刃剑效应［J］. 中国人力资源开发，2021，38（9）：63-75.

［44］Wu W，Zhang Y，Ni D，et al. The relationship between idiosyncratic deals and employee workplace deviance：The moderating role of exchange ideology［J］. Journal of Vocational Behavior，2022（135）：103726.

［45］杨柳，贾自欣. 个性化契约研究述评与展望［J］. 外国经济与管理，2010，32（8）：58-65.

［46］Ho V，Tekleab A G. "Ask and ye shall receive"：A comparative model of ex-ante and ex-post idiosyncratic deal-making and their impact on attitudinal outcomes［C］. The Academy of Management Meeting，Orlando，2013.

［47］Rousseau D M，Hornung S，Kim T G. Idiosyncratic deals：Testing propositions on timing，content，and the employment relationship［J］. Journal of Vocational Behavior，2009，74（3）：338-348.

［48］Hornung S，Rousseau D M，Glaser J. Creating flexibility work arrangements through idiosyncratic deals［J］. Journal of Applied Psychology，2008，93（3）：655-664.

［49］Hornung S，Rousseau D M，Weigl M，et al. Redesigning work through idiosyncratic deals［J］. European Journal of Work and Organizational Psychology，2014，

23（4）：608-626.

［50］Tang Y, Hornung S. Work-family enrichment through I-Deals: Evidence from Chinese employees ［J］. Journal of Managerial Psychology, 2015, 30（8）：940-954.

［51］Sun N, Song H, Kong H, et al. Development and validation of a hospitality idiosyncratic deals scale ［J］. International Journal of Hospitality Management, 2020（91）：102416.

［52］Hornung S, Rousseau D M, Glaser J. Why supervisors make idiosyncratic deals: Antecedents and outcomes of i-deals from a managerial perspective ［J］. Journal of Managerial Psychology, 2009, 24（8）：738-764.

［53］Huang G, Niu X. A study of the antecedents and consequences of ex post and developmental i-deals in Chinese context ［C］. The Academy of Management Meeting, Chicago, 2009.

［54］Hornung S, Rouseau D M, Glaser J, et al. Employee-oriented leadership and quality of working life: Mediating roles of idiosyncratic deals ［J］. Psychological Reports, 2011, 108（1）：59-74.

［55］Lee C, Hui C. Antecedents and consequences of idiosyncratic deals: A frame of resource exchange ［J］. Frontiers of Business Research in China, 2011, 5（3）：380-401.

［56］Liao C. Enhancing individual and group performance through idiosyncratic deals: A social cognitive investigation ［D］. Chicago: University of Illinois, 2014.

［57］樊耘, 吕霄, 张雨, 等. 员工与组织双重视角下的心理契约比较差异与个性化交易 ［J］. 西安交通大学学报（社会科学版）, 2015, 35（6）：38-44.

［58］Ng T W, Lucianetti L. Goal striving, idiosyncratic deals, and job behavior ［J］. Journal of Organizational Behavior, 2016, 37（1）：41-60.

［59］Ho V T, Tekleab A G. A model of idiosyncratic deal-making and attitudinal outcomes ［J］. Journal of Managerial Psychology, 2016, 31（3）：642-656.

［60］Guerrero S, Jeanblanc H, Veilleux M. Development idiosyncratic deals and career success ［J］. Career Development International, 2016, 20（1）：19-30.

［61］Tuan L T. Organizational ambidexterity, entrepreneurial orientation, and I-deals: The moderating role of CSR ［J］. Journal of Business Ethics, 2016, 135（1）：145-159.

［62］吕霄, 樊耘, 张婕, 等. 前摄型人格对角色内绩效的影响：个性化交易和员工创新行为的作用 ［J］. 科学学与科学技术管理, 2016, 37（8）：170-

180.

［63］郭灵珊．工作伦理对员工创新行为影响机理研究［D］．太原：山西大学，2017.

［64］Guerrero S, Jeanblanc H C. Networking and development idiosyncratic deals［J］．Career Development International，2017，22（7）：816-828.

［65］Las Heras M, Van der Heijden B, De Jong J, et al. "Handle with care"：The mediating role of schedule i-deals in the relationship between supervisors' own caregiving responsibilities and employee outcomes［J］．Human Resource Management Journal，2017，27（3）：335-349.

［66］Rofcanin Y, Kiefer T, Strauss K. What seals the I-deal? Exploring the role of employees' behaviors and managers' emotions［J］．Journal of Occupational and Organizational Psychology，2017，90（2）：203-224.

［67］Davis A S, Van der Heijden B I. Reciprocity matters：Idiosyncratic deals to shape the psychological contract and foster employee engagement in times of austerity［J］．Human Resource Development Quarterly，2018，29（4）：329-355.

［68］吕霄，樊耘，张婕，等．授权型领导视角下个性化交易形成及对员工创新行为的影响［J］．科学学与科学技术管理，2018，39（4）：139-149.

［69］Luu T T, Djurkovic N. Paternalistic leadership and idiosyncratic deals in a healthcare context［J］．Management Decision，2019，57（3）：621-648.

［70］Morf M, Bakker A B, Feierabend A. Bankers closing idiosyncratic deals：Implications for organizational cynicism［J］．Human Resource Management Journal，2019，29（4）：585-599.

［71］Kelly C M, Rofcanin Y, Las Heras M, et al. Seeking an "i-deal" balance：Schedule-flexibility i-deals as mediating mechanisms between supervisor emotional support and employee work and home performance［J］．Journal of Vocational Behavior，2020（118）：103369.

［72］刘瀚．领导幽默对新员工社会化的作用效果及影响机制研究［D］．武汉：华中科技大学，2020.

［73］吕霄，樊耘，马贵梅，等．内在职业目标与个性化交易及对员工创新行为的影响机制——基于社会认知理论的研究［J］．管理评论，2020，32（3）：203-214.

［74］胡玉婷．资质过剩感对任务性个别协议的影响机制研究［D］．无锡：江南大学，2021.

［75］王瑶．个性化契约视角下居家办公与工作—家庭冲突的关系研究

[D]. 哈尔滨：哈尔滨工业大学，2021.

[76] Taser D, Rofcanin Y, Las Heras M, et al. Flexibility I-deals and prosocial motives：A trickle-down perspective [J]. The International Journal of Human Resource Management, 2021：4334-4359.

[77] Ng T W, Yim F H, Zou Y, et al. Receiving developmental idiosyncratic deals over time：Showing innovative behavior is key [J]. Journal of Vocational Behavior, 2021 (130)：103630.

[78] Laulié L, Tekleab A G, Lee J J. Why grant i-deals? Supervisors' prior i-deals, exchange ideology, and justice sensitivity [J]. Journal of Business and Psychology, 2021, 36 (1)：17-31.

[79] Anand S, Meuser J D, Vidyarthi P R, et al. A multi-level model of I-deals in workgroups：Employee and coworker perceptions of leader fairness, I-Deals and group performance [J]. Journal of Management Studies, 2022, 59 (2)：489-517.

[80] Hornung S, Glaser J, Rouseau D M. Interdependence as an I-deal：Enhancing job autonomy and distributive justice via individual negotiation [J]. German Journal of Human Resource Management, 2010, 24 (2)：108-129.

[81] Vidyarthi P R, Chaudhry A, Anand S, et al. Flexibility i-deals：How much is ideal? [J]. Journal of Managerial Psychology, 2014, 29 (3)：246-265.

[82] Liao C, Wayne S J, Liden R C, et al. Idiosyncratic deals and individual effectiveness：The moderating role of leader-member exchange differentiation [J]. The Leadership Quarterly, 2017, 28 (3)：438-450.

[83] Rofcanin Y, Berber A, Koch S, et al. Job crafting and I-deals：A study testing the nomological network of proactive behaviors [J]. The International Journal of Human Resource Management, 2016, 27 (22)：2695-2726.

[84] Singh S, Vidyarthi P R. Idiosyncratic deals to employee outcomes：Mediating role of social exchange relationships [J]. Journal of Leadership & Organizational Studies, 2018, 25 (4)：443-455.

[85] 吴尘. 个性化契约对创业型企业核心员工保留的影响研究 [D]. 南京：南京理工大学，2019.

[86] Brzykcy A Z, Boehm S A, Baldridge D C. Fostering sustainable careers across the lifespan：The role of disability, idiosyncratic deals and perceived work ability [J]. Journal of Vocational Behavior, 2019 (112)：185-198.

[87] Zhang X, Deng H, Xia Y, et al. Employability paradox：The effect of de-

velopment idiosyncratic deals on recipient employees' turnover intention [J]. Frontiers in Psychology, 2021 (12): 696309.

[88] Oostrom J K, Pennings M, Bal P M. How do idiosyncratic deals contribute to the employability of older workers? [J]. Career Development International, 2016, 21 (2): 176-192.

[89] Bal P M, De Jong S B, Jansen P G, et al. Motivating employees to work beyond retirement: A multi-level study of the role of I-deals and unit climate [J]. Journal of Management Studies, 2012, 49 (2): 306-331.

[90] Pestotnik A, Süß S. How do idiosyncratic deals influence employees' effort-reward imbalance? An empirical investigation of the role of social comparisons and denied i-deals [J]. The International Journal of Human Resource Management, 2021: 1015-1043.

[91] 陈芳. 个性化契约感知匹配度对员工工作绩效的影响研究 [D]. 郑州: 郑州大学, 2015.

[92] Bal P M, Dorenbosch L. Age-related differences in the relations between individualised HRM and organizational performance: A large-scale employer survey [J]. Human Resource Management Journal, 2015, 25 (1): 41-61.

[93] Rofcanin Y, Las Heras M, Jose Bosch M, et al. How do weekly obtained task i-deals improve work performance? The role of relational context and structural job resources [J]. European Journal of Work and Organizational Psychology, 2021, 30 (4): 555-565.

[94] 张润虹. 个性化契约对员工创新行为影响的差异研究 [D]. 杭州: 浙江工商大学, 2020.

[95] 刘雪洁. 个别协议对年长员工工作繁荣的影响机制研究 [D]. 无锡: 江南大学, 2021.

[96] Bal P M, Jansen P G. Idiosyncratic deals for older workers: Increased heterogeneity among older workers enhance the need for I-deals [M]//Bal P M, Kooij D, Rousseau D M. Aging workers and the employee-employer relationship. Cham: Springer, 2015: 129-144.

[97] 王小健, 唐方成, 田予涵. 个别协议对员工创新绩效的影响: 面向通信企业的实证研究 [J]. 管理评论, 2020, 32 (9): 220-228+265.

[98] 黄昱方, 陈欣. 个性化协议如何激活研发人员创新绩效? ——被调节的中介效应 [J]. 软科学, 2021, 35 (11): 79-85.

[99] 陈欣. 个别协议对研发人员创新绩效的影响机制研究 [D]. 无锡: 江

南大学，2021.

［100］王秋英．个性化契约对新产品开发绩效的影响研究［D］．无锡：江南大学，2021.

［101］Anand S，Hu J，Vidyarthi P，et al. Leader-member exchange as a linking pin in the idiosyncratic deals-Performance relationship in workgroups［J］. The Leadership Quarterly，2018，29（6）：698-708.

［102］Ho V T，Kong D T. Exploring the signaling function of idiosyncratic deals and their interaction［J］. Organizational Behavior and Human Decision Processes，2015（131）：149-161.

［103］孙宁．个性化契约对组织公民行为的影响研究［D］．济南：山东大学，2016.

［104］刘逍．个性化契约对组织公民行为的影响研究［D］．广州：广东财经大学，2018.

［105］刘宇宇．个性化契约对组织公民行为的影响［D］．重庆：西南大学，2021.

［106］Ng T W，Feldman D C. Idiosyncratic deals and voice behavior［J］. Journal of Management，2015，41（3）：893-928.

［107］王星勇．个性化契约、组织自尊与员工知识共享行为：情感性关系的调节作用［D］．杭州：浙江工商大学，2018.

［108］胡玮玮，丁一志，罗佳，等．个性化契约、组织自尊与知识共享行为研究［J］．科研管理，2018，39（4）：134-143.

［109］华培．个性化契约对核心员工知识隐藏行为的影响研究［D］．南京：南京财经大学，2021.

［110］马君，樊子立，闫嘉妮．个性化工作协议如何影响创造力？——基于自我归类理论的被调节中介模型［J］．商业经济与管理，2020（5）：22-33.

［111］Ding C G，Chang Y W. Effects of task and work responsibilities idiosyncratic deals on perceived insider status and the moderating roles of perceived overall justice and coworker support［J］. Review of Managerial Science，2020，14（6）：1341-1361.

［112］潘林玉．个性化契约对员工创造力的影响机制研究［D］．哈尔滨：哈尔滨工业大学，2021.

［113］罗佳．个性化契约对创新行为的影响机制研究［D］．杭州：浙江工商大学，2019.

［114］刘佳思．个别协议对员工创新行为的影响机制研究［D］．武汉：中

南财经政法大学，2019.

［115］ Kimwolo A, Cheruiyot T. Intrinsically motivating idiosyncratic deals and innovative work behavior ［J］. International Journal of Innovation Science, 2020, 11（1）: 31-47.

［116］李顺. 个性化工作协议对员工创新行为的影响机制研究 ［D］. 大连: 东北财经大学, 2020.

［117］金玉笑，王晨曦，周禹. 个性化契约视角下员工越轨创新的诱因 ［J］. 中国人力资源开发, 2018, 35（8）: 151-163.

［118］王乙妃. 个性化契约对员工越轨创新的影响 ［D］. 兰州: 西北师范大学, 2020.

［119］王国猛，张梦思，赵曙明，等. 个性化契约与核心员工亲组织不道德行为: 社会认知理论的视角 ［J］. 管理工程学报, 2020, 34（4）: 44-51.

［120］刘迎春. 个性化契约与亲社会违规行为的关系 ［D］. 长沙: 湖南师范大学, 2020.

［121］ Las Heras M, Rofcanin Y, Bal M P, et al. How do flexibility i-deals relate to work performance? Exploring the roles of family performance and organizational context ［J］. Journal of Organizational Behavior, 2017, 38（8）: 1280-1294.

［122］饶静. 个性化契约对员工创新行为的影响研究 ［D］. 南京: 南京理工大学, 2020.

［123］姚俊巧. 个性化工作协议对家庭角色表现的影响 ［D］. 武汉: 华中师范大学, 2021.

［124］ Lemmon G, Westring A, Michel E J, et al. A cross-domain exploration of performance benefits and costs of idiosyncratic deals ［J］. Journal of Leadership & Organizational Studies, 2016, 23（4）: 440-455.

［125］ Bal P M, Boehm S A. How do i-deals influence client satisfaction? The role of exhaustion, collective commitment, and age diversity ［J］. Journal of Management, 2019, 45（4）: 1461-1487.

［126］ Marescaux E, De Winne S, Sels L. Idiosyncratic deals from a distributive justice perspective: Examining co-workers' voice behavior ［J］. Journal of Business Ethics, 2019, 154（1）: 263-281.

［127］ Huang J, Tang C. Effects of coworker's idiosyncratic deals on witness's creative process engagement: Roles of responsibility for change and perceived exploitative leadership ［J］. Journal of Management & Organization, 2021, 30（4）: 1-21.

［128］ Zhang X, Wu W, Zhang Y, et al. The effects of coworkers' development idiosyncratic deals on employees' cooperation intention [J]. Social Behavior and Personality, 2021, 49 (11): 1-12.

[129] Abdulsalam D, Maltarich M A, Nyberg A J, et al. Individualized pay-for-performance arrangements: Peer reactions and consequences [J]. Journal of Applied Psychology, 2021, 106 (8): 1202-1223.

[130] Van Waeyenberg T, Brebels L, De Winne S, et al. What does your I-deal say about me? A social comparison examination of coworker reactions to flexibility i-deals [J]. Group & Organization Management, 2023, 48 (1): 192.

[131] 熊静. 同事个性化契约对员工工作退缩行为的影响 [D]. 广州: 暨南大学, 2019.

[132] 杨健婷. 员工获得个性化契约对同事离职倾向的影响机制研究 [D]. 北京: 北京交通大学, 2021.

[133] 任政. 同事个性化契约对沉默行为的影响 [D]. 广州: 暨南大学, 2020.

[134] 王林琳, 龙立荣, 张勇. 新员工个别协议对同事职场排斥和自我完善的影响: 妒忌与整体公正感的作用 [J]. 管理评论, 2021, 33 (8): 234-244.

[135] Guerrero S, Bentein K, Lapalme M È. Idiosyncratic deals and high performers' organizational commitment [J]. Journal of Business and Psychology, 2014, 29 (2): 323-334.

[136] Ng T W H, Feldman D C. Breaches of past promises, current job alternatives, and promises of future idiosyncratic deals: Three-way interaction effects on organizational commitment [J]. Human Relations, 2012, 65 (11): 1463-1486.

[137] 张伟伟. 资质过剩感知对员工工作投入的影响研究 [D]. 大连: 东北财经大学, 2016.

[138] 郝逸斐. 资质过剩对新生代员工积极组织行为的影响路径研究 [D]. 哈尔滨: 哈尔滨工业大学, 2020.

[139] 朱彩玲. 资质过剩感影响员工行为的情绪路径研究 [D]. 杭州: 浙江工商大学, 2020.

[140] Hamilton W D. Selection of selfish and altruistic behavior in some extreme models [M]//Eisenberg J F, Dillion W S. Man and Beast: Comparative Social Bahavior Washngton D C: Smithsonian Institution, 1971: 57-91.

[141] Dawkins R. The selfish gene [M]. Oxford: Oxford University Press, 1976.

[142] Batson C D, Duncan B D, Ackerman P, et al. Is empathic emotion a source of altruistic motivation? [J]. Journal of Personality and Social Psychology,

1981, 40 (2): 290-302.

[143] Dovidio J F. Helping behavior and altruism: An empirical and conceptual overview [J]. Advances in Experimental Social Psychology, 1984 (17): 361-427.

[144] Spector P E, Fox S. An emotion-centered model of voluntary work behavior: Some parallels between counterproductive work behavior and organizational citizenship behavior [J]. Human Resource Management Review, 2002, 12 (2): 269-292.

[145] Barnard C I. The functions of the executive (30th Anniversary ed.) [M]. Cambridge: Harvard University Press, 1938.

[146] Williams L J, Anderson S E. Job satisfaction and organizational commitment as predictors of organizational citizenship and in-role behaviors [J]. Journal of Management, 1991, 17 (3): 601-617.

[147] Van Dyne L, LePine J A. Helping and voice extra-role behaviors: Evidence of construct and predictive validity [J]. Academy of Management Journal, 1998, 41 (1): 108-119.

[148] Podsakoff P M, MacKenzie S B, Paine J B, et al. Organizational citizenship behaviors: A critical review of the theoretical and empirical literature and suggestions for future research [J]. Journal of Management, 2000, 26 (3): 513-563.

[149] Bamberger P A, Levi R. Team-based reward allocation structures and the helping behaviors of outcome-interdependent team members [J]. Journal of Managerial Psychology, 2009, 24 (4): 300-327.

[150] Spitzmuller M, Van Dyne L. Proactive and reactive helping: Contrasting the positive consequences of different forms of helping [J]. Journal of Organizational Behavior, 2013, 34 (4): 560-580.

[151] Zhu Y, Akhtar S. How transformational leadership influences follower helping behavior: The role of trust and prosocial motivation [J]. Journal of Organizational Behavior, 2014, 35 (3): 373-392.

[152] 周文娟, 段锦云, 朱月龙. 组织中的助人行为: 概念界定、影响因素与结果 [J]. 心理研究, 2013, 6 (1): 59-65.

[153] 金杨华, 施荣荣, 谢江佩. 团队中帮助行为的多水平整合模型 [J]. 心理科学进展, 2021, 29 (1): 167-177.

[154] Shen J, Benson J. When CSR is a social norm: How socially responsible human resource management affects employee work behavior [J]. Journal of Management, 2016, 42 (6): 1723-1746.

[155] Choi J N. Collective dynamics of citizenship behavior: What group charac-

teristics promote group-level helping? [J]. Journal of Management Studies, 2009, 46 (8): 1396-1420.

[156] Moorman R H, Blakely G L. Individualism-collectivism as an individual difference predictor of organizational citizenship behavior [J]. Journal of Organizational Behavior, 1995, 16 (2): 127-142.

[157] 高丽丽. 组织中的助人行为及其与员工工作幸福感的关系 [D]. 苏州: 苏州大学, 2014.

[158] Isen A M, Clark M, Schwartz M F. Duration of the effect of good mood on helping: Footprints on the sands of time [J]. Journal of Personality and Social Psychology, 1976, 34 (3): 385-393.

[159] Carlson M, Charlin V, Miller N. Positive mood and helping behavior: A test of six hypotheses [J]. Journal of Personality and Social Psychology, 1988, 55 (2): 211-229.

[160] Organ D W, Ryan K. A meta-analytic review of attitudinal and dispositional predictors of organizational citizenship behavior [J]. Personnel Psychology, 1995, 48 (4): 775-802.

[161] King E B, George J M, Hebl M R. Linking personality to helping behaviors at work: An interactional perspective [J]. Journal of Personality, 2005, 73 (3): 585-608.

[162] Conway J M, Rogelberg S G, Pitts V E. Workplace helping: Interactive effects of personality and momentary positive affect [J]. Human Performance, 2009, 22 (4): 321-339.

[163] Yang J, Gong Y, Huo Y. Proactive personality, social capital, helping, and turnover intentions [J]. Journal of Managerial Psychology, 2011, 26 (8): 739-760.

[164] 冯琳琳, 张乐琳. 集体主义对助人行为和活力的影响: 基本心理需要满足的中介作用 [J]. 中国健康心理学杂志, 2021, 29 (10): 1457-1463.

[165] 周天爽, 潘玥杉, 崔丽娟, 等. 权力感与助人行为: 社会距离的中介和责任感的调节 [J]. 心理科学, 2020, 43 (5): 1250-1257.

[166] Sawyer K B, Thoroughgood C N, Stillwell E E, et al. Being present and thankful: A multi-study investigation of mindfulness, gratitude, and employee helping behavior [J]. Journal of Applied Psychology, 2022, 107 (2): 240-262.

[167] Deckop J R, Cirka C C, Andersson L M. Doing unto others: The reciprocity of helping behavior in organizations [J]. Journal of Business Ethics, 2003, 47

（2）：101-113.

[168] Halbesleben J R, Wheeler A R. To invest or not? The role of coworker support and trust in daily reciprocal gain spirals of helping behavior [J]. Journal of Management, 2015, 41 (6): 1628-1650.

[169] Liao H, Chuang A, Joshi A. Perceived deep-level dissimilarity: Personality antecedents and impact on overall job attitude, helping, work withdrawal, and turnover [J]. Organizational Behavior and Human Decision Processes, 2008, 106 (2): 106-124.

[170] Peng A C, Zeng W. Workplace ostracism and deviant and helping behaviors: The moderating role of 360 degree feedback [J]. Journal of Organizational Behavior, 2017, 38 (6): 833-855.

[171] Cheng B, Peng Y, Shaalan A, et al. The hidden costs of negative workplace gossip: Its effect on targets' behaviors, the mediating role of guanxi closeness, and the moderating effect of need for affiliation [J]. Journal of Business Ethics, 2023, 182 (1): 287-302.

[172] Sun J, Li W D, Li Y, et al. Unintended consequences of being proactive? Linking proactive personality to coworker envy, helping, and undermining, and the moderating role of prosocial motivation [J]. Journal of Applied Psychology, 2021, 106 (2): 250-267.

[173] Zou W C, Tian Q, Liu J. Servant leadership, social exchange relationships, and follower's helping behavior: Positive reciprocity belief matters [J]. International Journal of Hospitality Management, 2015 (51): 147-156.

[174] 郑晓明，王倩倩. 伦理型领导对员工助人行为的影响：员工幸福感与核心自我评价的作用 [J]. 科学学与科学技术管理，2016, 37 (2): 149-160.

[175] Xia Y, Zhang L, Li M. Abusive leadership and helping behavior: Capability or mood, which matters? [J]. Current Psychology, 2019, 38 (1): 50-58.

[176] 罗文豪，陈佳颖. 谦逊领导对员工助人行为的影响机制研究 [J]. 当代财经，2020 (5): 76-86.

[177] 刘蕴，李燕萍，涂乙冬. 员工为什么乐于助人？多层次的领导—部属交换对帮助行为的影响 [J]. 心理学报，2016, 48 (4): 385-397.

[178] Sparrowe R T, Soetjipto B W, Kraimer M L. Do leaders' influence tactics relate to members' helping behavior? It depends on the quality of the relationship [J]. Academy of Management Journal, 2006, 49 (6): 1194-1208.

[179] Kidwell Jr R E, Mossholder K W, Bennett N. Cohesiveness and organiza-

tional citizenship behavior：A multilevel analysis using work groups and individuals [J]. Journal of Management, 1997, 23（6）：775-793.

［180］ Ng K Y, Van Dyne L. Antecedents and performance consequences of helping behavior in work groups：A multilevel analysis [J]. Group & Organization Management, 2005, 30（5）：514-540.

［181］ Farh J L, Podsakoff P M, Organ D W. Accounting for organizational citizenship behavior：Leader fairness and task scope versus satisfaction [J]. Journal of Management, 1990, 16（4）：705-721.

［182］ Moorman R H. Relationship between organizational justice and organizational citizenship behaviors：Do fairness perceptions influence employee citizenship? [J]. Journal of Applied Psychology, 1991, 76（6）：845-855.

［183］ Messer B A E, White F A. Employees' mood, perceptions of fairness, and organizational citizenship behavior [J]. Journal of Business and Psychology, 2006, 21（1）：65-82.

［184］ Shin Y, Du J, Choi J N. Multi-level longitudinal dynamics between procedural justice and interpersonal helping in organizational teams [J]. Journal of Business and Psychology, 2015, 30（3）：513-528.

［185］ Mossholder K W, Richardson H A, Settoon R P. Human resource systems and helping in organizations：A relational perspective [J]. Academy of Management Review, 2011, 36（1）：33-52.

［186］ 杨建锋，郭晓虹，明晓东. 工作场所中的助人决策过程 [J]. 心理科学进展, 2022, 30（1）：15-31.

［187］ Whiting S W, Podsakoff P M, Pierce J R. Effects of task performance, helping, voice, and organizational loyalty on performance appraisal ratings [J]. Journal of Applied Psychology, 2008, 93（1）：125-139.

［188］ Grant A M, Sonnentag S. Doing good buffers against feeling bad：Prosocial impact compensates for negative task and self-evaluations [J]. Organizational Behavior and Human Decision Processes, 2010, 111（1）：13-22.

［189］ Glomb T M, Bhave D P, Miner A G, et al. Doing good, feeling good：Examining the role of organizational citizenship behaviors in changing mood [J]. Personnel Psychology, 2011, 64（1）：191-223.

［190］ Sonnentag S, Grant A M. Doing good at work feels good at home, but not right away：When and why perceived prosocial impact predicts positive affect [J]. Personnel Psychology, 2012, 65（3）：495-530.

［191］陈明淑，陆擎涛．员工助人行为与工作幸福感关系研究——以团队凝聚力为调节 ［J］．贵州财经大学学报，2019（5）：54-64.

［192］肖金岑，刘雪梅，章璐璐，等．助人一定为乐吗？知识型员工帮助行为对工作场所偏离的影响机制研究 ［J］．研究与发展管理，2021，33（2）：109-121.

［193］Lanaj K，Johnson R E，Wang M. When lending a hand depletes the will：The daily costs and benefits of helping ［J］. Journal of Applied Psychology，2016，101（8）：1097-1110.

［194］Lin W，Koopmann J，Wang M. How does workplace helping behavior step up or slack off? Integrating enrichment-based and depletion-based perspectives ［J］. Journal of Management，2020，46（3）：385-413.

［195］占小军，陈颖，罗文豪，等．同事助人行为如何降低职场不文明行为：道德推脱的中介作用和道德认同的调节作用 ［J］．管理评论，2019，31（4）：117-127.

［196］Zhang Z，Zhang L，Xiu J，et al. Learning from your leaders and helping your coworkers：The trickle-down effect of leader helping behavior ［J］. Leadership & Organization Development Journal，2020，41（6）：883-894.

［197］Smallfield J，Hoobler J M，Kluemper D H. How team helping influences abusive and empowering leadership：The roles of team affective tone and performance ［J］. Journal of Organizational Behavior，2020，41（8）：757-781.

［198］Posdakoff P M，MacKenzie S B. Organizational citizenship behaviors and sales unit effectiveness ［J］. Journal of Marketing Research，1994，31（3）：351-363.

［199］Podsakoff N P，Whiting S W，Podsakoff P M，et al. Individual-and organizational-level consequences of organizational citizenship behaviors：A meta-analysis ［J］. Journal of Applied Psychology，2009，94（1）：122-141.

［200］Bachrach D G，Powell B C，Collins B J，et al. Effects of task interdependence on the relationship between helping behavior and group performance ［J］. Journal of Applied Psychology，2006，91（6）：1396-1405.

［201］Wang D，Liu Y，Hsieh Y C，et al. Top-down and bottom-up：Examining reciprocal relationships between leader humility and team helping behavior ［J］. Journal of Organizational Behavior，2022，43（7）：1240-1250.

［202］Rook K S. The negative side of social interaction：Impact on psychological well-being ［J］. Journal of Personality and Social Psychology，1984，46（5）：1097-

1108.

[203] Taylor S E. Asymmetrical effects of positive and negative events: The mobilization-minimization hypothesis [J]. Psychological Bulletin, 1991, 110 (1): 67-85.

[204] Vinokur A D, Van Ryn M. Social support and undermining in close relationships: Their independent effects on the mental health of unemployed persons [J]. Journal of Personality and Social Psychology, 1993, 65 (2): 350-359.

[205] Duffy M K, Ganster D C, Pagon M. Social undermining in the workplace [J]. Academy of Management Journal, 2002, 45 (2): 331-351.

[206] Reynolds K D. The effects of abusive supervision and social support on workplace aggression [D]. Chicago: DePaul University, 2009.

[207] Yoo J, Frankwick G L. Exploring the impact of social undermining on salesperson deviance: An integrated model [J]. Journal of Personal Selling & Sales Management, 2013, 33 (1): 79-90.

[208] 张玉洁. 员工妒忌、道德推脱与社会阻抑的关系研究 [D]. 开封: 河南大学, 2014.

[209] 马红宇, 谢菊兰, 唐汉瑛, 等. 工作性通信工具使用与双职工夫妻的幸福感: 基于溢出—交叉效应的分析 [J]. 心理学报, 2016, 48 (1): 48-58.

[210] Abbey A, Abramis D J, Caplan R D. Effects of different sources of social support and social conflict on emotional well-being [J]. Basic and Applied Social Psychology, 1985, 6 (2): 111-129.

[211] Vinokur A D, Price R H, Caplan R D. Hard times and hurtful partners: How financial strain affects depression and relationship satisfaction of unemployed persons and their spouses [J]. Journal of Personality and Social Psychology, 1996, 71 (1): 166-179.

[212] 李彬. 相对领导成员交换与社会阻抑的关系研究 [D]. 广州: 暨南大学, 2015.

[213] Duffy M K, Shaw J D, Scott K L, et al. The moderating roles of self-esteem and neuroticism in the relationship between group and individual undermining behavior [J]. Journal of Applied Psychology, 2006, 91 (5): 1066-1077.

[214] Duffy M K, Scott K L, Shaw J D, et al. A social context model of envy and social undermining [J]. Academy of Management Journal, 2012, 55 (3): 643-666.

[215] 吕逸婧, 彭贺. 工作场所中的妒忌研究综述 [J]. 经济管理, 2014,

36（9）：180-189.

[216] Greenbaum R L, Mawritz M B, Eissa G. Bottom-line mentality as an antecedent of social undermining and the moderating roles of core self-evaluations and conscientiousness [J]. Journal of Applied Psychology, 2012, 97（2）：343-359.

[217] Scott K L, Ingram A, Zagenczyk T J, et al. Work-family conflict and social undermining behavior：An examination of PO fit and gender differences [J]. Journal of Occupational and Organizational Psychology, 2015, 88（1）：203-218.

[218] Yu L, Zellmer-Bruhn M. Introducing team mindfulness and considering its safeguard role against conflict transformation and social undermining [J]. Academy of Management Journal, 2018, 61（1）：324-347.

[219] Duffy M K, Ganster D C, Shaw J D, et al. The social context of undermining behavior at work [J]. Organizational Behavior and Human Decision Processes, 2006, 101（1）：105-126.

[220] Pan J, Zheng X, Xu H, et al. What if my coworker builds a better LMX? The roles of envy and coworker pride for the relationships of LMX social comparison with learning and undermining [J]. Journal of Organizational Behavior, 2021, 42（9）：1144-1167.

[221] 陈伍洋, 叶茂林, 陈宇帅, 等. 下属越轨创新对主管阻抑的影响——地位威胁感和权威主义取向的作用 [J]. 心理科学, 2017, 40（3）：670-677.

[222] 袁敏. 感知到的下属负面八卦对主管阻抑的影响研究 [D]. 南京：南京财经大学, 2021.

[223] Rodríguez-Muñoz A, Antino M, Leon-Perez J M, et al. Workplace bullying, emotional exhaustion, and partner social undermining：A weekly diary study [J]. Journal of Interpersonal Violence, 2022, 37（5-6）：3650-3666.

[224] Dong Y, Zhang L, Wang H J, et al. Why is crafting the job associated with less prosocial reactions and more social undermining? The role of feelings of relative deprivation and zero-sum mindset [J]. Journal of Business Ethics, 2023, 184（1）：175-190.

[225] Oetzel J, Duran B, Jiang Y, et al. Social support and social undermining as correlates for alcohol, drug, and mental disorders in American Indian women presenting for primary care at an Indian Health Service hospital [J]. Journal of Health Communication, 2007, 12（2）：187-206.

[226] Gant L M, Nagda B A, Brabson H V, et al. Effects of social support and undermining on African American workers´ perceptions of coworker and supervisor rela-

tionships and psychological well-being [J]. Social Work, 1993, 38 (2): 158-164.

[227] Finch J F. Social undermining, support satisfaction, and affect: A domain-specific lagged effects model [J]. Journal of Personality, 1998, 66 (3): 315-334.

[228] Cranford J A. Stress-buffering or stress-exacerbation? Social support and social undermining as moderators of the relationship between perceived stress and depressive symptoms among married people [J]. Personal Relationships, 2004, 11 (1): 23-40.

[229] 朱迪, 段锦云, 田晓明. 组织中的社会阻抑: 概念界定、影响结果和形成机制 [J]. 心理科学进展, 2013, 21 (1): 135-143.

[230] Hepburn C G, Enns J R. Social undermining and well-being: The role of communal orientation [J]. Journal of Managerial Psychology, 2013, 28 (4): 354-366.

[231] 彭忆晗. 社会阻抑对员工沉默的影响及其作用机制研究 [D]. 厦门: 厦门大学, 2017.

[232] 王文姣. 社会阻抑对员工建言行为的影响研究 [D]. 北京: 北京交通大学, 2020.

[233] Jung H S, Yoon H H. The effect of social undermining on employees' emotional exhaustion and procrastination behavior in deluxe hotels: Moderating role of positive psychological capital [J]. Sustainability, 2022, 14 (2): 1-13.

[234] Frazier M L, Bowler W M. Voice climate, supervisor undermining, and work outcomes: A group-level examination [J]. Journal of Management, 2015, 41 (3): 841-863.

[235] 赵红丹. 本土研发团队内社会阻抑与团队知识共享 [J]. 科学学与科学技术管理, 2014, 35 (12): 168-174.

[236] Bandura A. Social foundations of thought and action: A social cognitive theory [M]. Englewood Cliffs: Prentice-Hall, 1986.

[237] 汗曲, 李燕萍. 团队内关系格局能影响员工沉默行为吗: 基于社会认知理论的解释框架 [J]. 管理工程学报, 2017, 31 (4): 34-44.

[238] Wood R, Bandura A. Social cognitive theory of organizational management [J]. Academy of Management Review, 1989, 14 (3): 361-384.

[239] Bandura A. Self-efficacy: Toward a unifying theory of behavioral change [J]. Psychological Review, 1977, 84 (2): 191-215.

[240] Holley E C, Wu K, Avey J B. The impact of leader trustworthiness on em-

ployee voice and performance in China [J]. Journal of Leadership & Organizational Studies, 2019, 26 (2): 179-189.

[241] Pan Z. Paradoxical leadership and organizational citizenship behaviour: The serial mediating effect of a paradoxical mindset and personal service orientation [J]. Leadership & Organization Development Journal, 2021, 42 (6): 869-881.

[242] 陈默, 梁建. 高绩效要求与亲组织不道德行为: 基于社会认知理论的视角 [J]. 心理学报, 2017, 49 (1): 94-105.

[243] 马吟秋, 席猛, 许勤, 等. 基于社会认知理论的辱虐管理对下属反生产行为作用机制研究 [J]. 管理学报, 2017, 14 (8): 1153-1161.

[244] 耿紫珍, 赵佳佳, 丁琳. 中庸的智慧: 上级发展性反馈影响员工创造力的机理研究 [J]. 南开管理评论, 2020, 23 (1): 75-86.

[245] 曹元坤, 秦峰, 张焱楠. 谦逊型领导的负面效应研究——基于社会认知理论的视角 [J]. 当代财经, 2021 (3): 78-87.

[246] Liu Y, Liu S, Zhang Q, et al. Does perceived corporate social responsibility motivate hotel employees to voice? The role of felt obligation and positive emotions [J]. Journal of Hospitality and Tourism Management, 2021 (48): 182-190.

[247] Grant A M, Patil S V. Challenging the norm of self-interest: Minority influence and transitions to helping norms in work units [J]. Academy of Management Review, 2012, 37 (4): 547-568.

[248] Blau P M. Exchange and power in social life [M]. New York: Wiley, 1964.

[249] Van Dyne L, Ang S. Organizational citizenship behavior of contingent workers in Singapore [J]. Academy of Management Journal, 1998, 41 (6): 692-703.

[250] Bauer T N, Green S G. Development of leader-member exchange: A longitudinal test [J]. Academy of Management Journal, 1996, 39 (6): 1538-1567.

[251] Lee A, Gerbasi A, Schwarz G, et al. Leader-member exchange social comparisons and follower outcomes: The roles of felt obligation and psychological entitlement [J]. Journal of Occupational and Organizational Psychology, 2019, 92 (3): 593-617.

[252] Cheng K, Zhu Q, Lin Y. Family-supportive supervisor behavior, felt obligation, and unethical pro-family behavior: The moderating role of positive reciprocity beliefs [J]. Journal of Business Ethics, 2022, 177 (2): 261-273.

[253] Lorinkova N M, Perry S J. The importance of group-focused transformational leadership and felt obligation for helping and group performance [J]. Journal of

Organizational Behavior, 2019, 40（3）：231-247.

［254］Wu C H, Weisman H, Sung L K, et al. Perceived overqualification, felt organizational obligation, and extra-role behavior during the COVID-19 crisis: The moderating role of self - sacrificial leadership ［J］. Applied Psychology, 2022, 71（3）：983-1013.

［255］Roch S G, Shannon C E, Martin J J, et al. Role of employee felt obligation and endorsement of the just world hypothesis: A social exchange theory investigation in an organizational justice context ［J］. Journal of Applied Social Psychology, 2019, 49（4）：213-225.

［256］Lin S H J, Johnson R E. Opposing affective and cognitive effects of prevention focus on counterproductive work behavior ［J］. Journal of Business and Psychology, 2018, 33（2）：283-296.

［257］Rose K C, Anastasio P A. Entitlement is about 'others', narcissism is not: Relations to sociotropic and autonomous interpersonal styles ［J］. Personality and Individual Differences, 2014（59）：50-53.

［258］Snow J N, Kern R M, Curlette W L. Identifying personality traits associated with attrition in systematic training for effective parenting groups ［J］. The Family Journal: Counseling and Therapy for Couples and Families, 2001（9）：102-108.

［259］Harvey P, Martinko M J. An empirical examination of the role of attributions in psychological entitlement and its outcomes ［J］. Journal of Organizational Behavior, 2009, 30（4）：459-476.

［260］Priesemuth M, Taylor R M. The more I want, the less I have left to give: The moderating role of psychological entitlement on the relationship between psychological contract violation, depressive mood states, and citizenship behavior ［J］. Journal of Organizational Behavior, 2016, 37（7）：967-982.

［261］Zitek E M, Jordan A H, Monin B, et al. Victim entitlement to behave selfishly ［J］. Journal of Personality and Social Psychology, 2010, 98（2）：245-255.

［262］Piff P K. Wealth and the inflated self: Class, entitlement, and narcissism ［J］. Personality and Social Psychology Bulletin, 2014, 40（1）：34-43.

［263］王弘钰，邹纯龙，崔智淞．差序式领导对员工越轨创新行为的影响：一个有调节的中介模型 ［J］. 科技进步与对策, 2018, 35（9）：131-137.

［264］Boswell S S. "I deserve success": Academic entitlement attitudes and their relationships with course self-efficacy, social networking, and demographic variables [J]. Social Psychology of Education, 2012, 15 (3): 353-365.

[265] Liu F, Zhou K. Idiosyncratic deals and creative deviance: The mediating role of psychological entitlement [J]. R&D Management, 2021, 51 (5): 433-446.

[266] 夏宇寰, 张明玉, 张晓燕. 个性化契约对员工契约寻求行为的影响机制研究 [J]. 北京工商大学学报 (社会科学版): 2021, 36 (3): 91-101.

[267] Lee A, Schwarz G, Newman A, et al. Investigating when and why psychological entitlement predicts unethical pro-organizational behavior [J]. Journal of Business Ethics, 2019, 154 (1): 109-126.

[268] Harvey P, Harris K J. Frustration-based outcomes of entitlement and the influence of supervisor communication [J]. Human Relations, 2010, 63 (11): 1639-1660.

[269] Yam K C, Klotz A C, He W, et al. From good soldiers to psychologically entitled: Examining when and why citizenship behavior leads to deviance [J]. Academy of Management Journal, 2017, 60 (1): 373-396.

[270] Khalid M, Gulzar A, Khan A K, et al. Psychological entitlement and knowledge-hiding behaviours: Role of job stress and living a job calling [J]. Knowledge Management Research & Practice, 2022, 20 (3): 474-485.

[271] Qin X, Yam K C, Ma G, et al. The unintended psychological and behavioral drawbacks of big push strategies: Increased psychological entitlement, selfish behavior, and decreased prosocial behavior [J]. Journal of Behavioral and Experimental Economics, 2022 (97): 101842.

[272] Eisenberger R, Huntington R, Hutchison S, et al. Perceived organizational support [J]. Journal of Applied Psychology, 1986, 71 (3): 500-507.

[273] Witt L A, Kacmar K M, Andrews M C. The interactive effects of procedural justice and exchange ideology on supervisor-rated commitment [J]. Journal of Organizational Behavior, 2001, 22 (5): 505-515.

[274] Ladd D, Henry R A. Helping Coworkers and helping the organization: The role of support perceptions, exchange ideology, and conscientiousness [J]. Journal of Applied Social Psychology, 2000, 30 (10): 2028-2049.

[275] Brislin R W. Back-translation for cross-cultural research [J]. Journal of Cross-cultural Psychology, 1970, 1 (3): 185-216.

[276] Grant A M. Does intrinsic motivation fuel the prosocial fire? Motivational synergy in predicting persistence, performance, and productivity [J]. Journal of Applied Psychology, 2008, 93 (1): 48-58.

［277］Farmer S M, Van Dyne L, Kamdar D. The contextualized self：How team-member exchange leads to coworker identification and helping OCB ［J］. Journal of Applied Psychology, 2015, 100 （2）：583-595.

［278］Sherony K M, Green S G. Coworker exchange：Relationships between co-workers, leader-member exchange, and work attitudes ［J］. Journal of Applied Psychology, 2002, 87 （3）：542-548.

［279］Aulakh P S, Gencturk E F. International principal-agent relationships：Control, governance and performance ［J］. Industrial Marketing Management, 2000, 29 （6）：521-538.

［280］吴明隆. SPSS 统计应用实务：问卷分析与应用统计 ［M］. 北京：科学出版社, 2003.

［281］Gliem J A, Gliem R R. Calculating, interpreting, and reporting Cronbach's alpha reliability coefficient for Likert-type scales ［C］. Midwest Research-to-Practice Conference in Adult, Continuing, and Community Education, 2003.

［282］Hair J F, Black W C, Babin B J, et al. Multivariate data analysis （7th ed. ） ［M］. New Jersey：Prentice Hall, 2009.

［283］侯杰泰, 温忠麟, 成子娟. 结构方程模型及其应用 ［M］. 北京：教育科学出版社, 2004.

［284］Thompson P S, Bergeron D M, Bolino M C. No obligation？How gender influences the relationship between perceived organizational support and organizational citizenship behavior ［J］. Journal of Applied Psychology, 2020, 105 （11）：1338-1350.

［285］Joplin T, Greenbaum R L, Wallace J C, et al. Employee entitlement, engagement, and performance：The moderating effect of ethical leadership ［J］. Journal of Business Ethics, 2021, 168 （4）：813-826.

［286］夏宇寰. 建言采纳对下属行为的"双刃剑"效应研究 ［D］. 北京：北京交通大学, 2022.

［287］Festinger L. A theory of social comparison processes ［J］. Human relations, 1954, 7 （2）：117-140.

［288］Schachter S. The psychology of affiliation：Experimental studies of the sources of gregariousness ［M］. Stanford CA：Stanford University Press, 1959.

［289］Kruglanski A W, Mayseless O. Classic and current social comparison research：Expanding the perspective ［J］. Psychological Bulletin, 1990, 108 （2）：195-208.

［290］Wood J V. What is social comparison and how should we study it? ［J］. Personality and Social Psychology Bulletin, 1996, 22 (5): 520-537.

［291］Suls J, Wheeler L. A selective history of classic and neo-social comparison theory ［M］//Suls J, Wheeler L. Handbook of social comparison. Boston: Springer, 2000.

［292］Collins R L. For better or worse: The impact of upward social comparison on self-evaluations ［J］. Psychological Bulletin, 1996, 119 (1): 51-69.

［293］Wills T A. Downward comparison principles in social psychology ［J］. Psychological Bulletin, 1981, 90 (2): 245-271.

［294］Buunk B P, Collins R L, Taylor S E, et al. The affective consequences of social comparison: Either direction has its ups and downs ［J］. Journal of Personality and Social Psychology, 1990, 59 (6): 1238-1249.

［295］Mussweiler T, Rüter K, Epstude K. The ups and downs of social comparison: Mechanisms of assimilation and contrast ［J］. Journal of Personality and Social Psychology, 2004, 87 (6): 832-844.

［296］Greenberg J, Ashton-James C E, Ashkanasy N M. Social comparison processes in organizations ［J］. Organizational Behavior and Human Decision Processes, 2007, 102 (1): 22-41.

［297］Lam C K, Van der Vegt G S, Walter F, et al. Harming high performers: A social comparison perspective on interpersonal harming in work teams ［J］. Journal of Applied Psychology, 2011, 96 (3): 588-601.

［298］Kim E, Glomb T M. Victimization of high performers: The roles of envy and work group identification ［J］. Journal of Applied Psychology, 2014, 99 (4): 619-634.

［299］Downes P E, Crawford E R, Seibert S E, et al. Referents or role models? The self-efficacy and job performance effects of perceiving higher performing peers ［J］. Journal of Applied Psychology, 2021, 106 (3): 422-438.

［300］Watkins T. Workplace interpersonal capitalization: Employee reactions to coworker positive event disclosures ［J］. Academy of Management Journal, 2021, 64 (2): 537-561.

［301］马君, 王慧平, 闫嘉妮. 跳一跳够得着: 妒忌公司明星何时引发阻抑何时催人奋进? ［J］. 管理工程学报, 2022, 36 (3): 40-50.

［302］魏巍, 华斌, 彭纪生. 团队成员视角下个体地位获得事件对同事行为的影响: 基于事件系统理论和社会比较理论 ［J］. 商业经济与管理, 2022

（1）：46-58.

［303］Goodman P S，Haisley E. Social comparison processes in an organizational context：New directions ［J］. Organizational Behavior and Human Decision Processes，2007，102（1）：109-125.

［304］Buunk A P，Gibbons F X. Social comparison：The end of a theory and the emergence of a field ［J］. Organizational Behavior and Human Decision Processes，2007，102（1）：3-21.

［305］Kellogg K C. Making the cut：Using status-based countertactics to block social movement implementation and microinstitutional change in surgery ［J］. Organization Science，2021，23（6）：1546-1570.

［306］Zhang G，Zhong J，Ozer M. Status threat and ethical leadership：A power-dependence perspective ［J］. Journal of Business Ethics，2020，161（3）：665-685.

［307］Anderson C，Hildreth J A D，Howland L. Is the desire for status a fundamental human motive？ A review of the empirical literature ［J］. Psychological Bulletin，2015，141（3）：574-601.

［308］Buunk B P，Zurriaga R，Gonzalez-Roma V，et al. Engaging in upward and downward comparisons as a determinant of relative deprivation at work：A longitudinal study ［J］. Journal of Vocational Behavior，2003，62（2）：370-388.

［309］Suls J，Martin R，Wheeler L. Social comparison：Why，with whom，and with what effect？ ［J］. Current Directions in Psychological Science，2002，11（5）：159-163.

［310］Anderson C，Srivastava S，Beer J S，et al. Knowing your place：Self-perceptions of status in face-to-face groups ［J］. Journal of Personality and Social Psychology，2006，91（6）：1094-1110.

［311］Anderson C，John O P，Keltner D，et al. Who attains social status？ Effects of personality and physical attractiveness in social groups ［J］. Journal of Personality and Social Psychology，2001，81（1）：116-132.

［312］Reh S，Van Quaquebeke N，Tröster C，et al. When and why does status threat at work bring out the best and the worst in us？ A temporal social comparison theory ［J］. Organizational Psychology Review，2022，12（3）：241-267.

［313］Reh S，Tröster C，Van Quaquebeke N. Keeping（future）rivals down：Temporal social comparison predicts coworker social undermining via future status threat and envy ［J］. Journal of Applied Psychology，2018，103（4）：399-415.

[314] Tse H H, Lam C K, Gu J, et al. Examining the interpersonal process and consequence of leader-member exchange comparison: The role of procedural justice climate [J]. Journal of Organizational Behavior, 2018, 39 (8): 922-940.

[315] Spence J R, Ferris D L, Brown D J, et al. Understanding daily citizenship behaviors: A social comparison perspective [J]. Journal of Organizational Behavior, 2011, 32 (4): 547-571.

[316] Marescaux E, De Winne S, Rofcanin Y. Co-worker reactions to i-deals through the lens of social comparison: The role of fairness and emotions [J]. Human Relations, 2021, 74 (3): 329-353.

[317] Bolino M C, Kacmar K M, Turnley W H, et al. A multi-level review of impression management motives and behaviors [J]. Journal of Management, 2008, 34 (6): 1080-1109.

[318] Zhang X, Wu W, Wu W, et al. Are your gains threat or chance for me? A social comparison perspective on idiosyncratic deals and coworkers'acceptance [J]. Journal of Management & Organization, 2020, 30 (4): 1-22.

[319] Green S G, Anderson S E, Shivers S L. Demographic and organizational influences on leader-member exchange and related work attitudes [J]. Organizational Behavior and Human Decision Processes, 1996, 66 (2): 203-214.

[320] Wayne S J, Shore L M, Liden R C. Perceived organizational support and leader-member exchange: A social exchange perspective [J]. Academy of Management Journal, 1997, 40 (1): 82-111.

[321] Dienesch R M, Liden R C. Leader-member exchange model of leadership: A critique and further development [J]. Academy of Management Review, 1986, 11 (3): 618-634.

[322] Sparrowe R T, Liden R C. Process and structure in leader-member exchange [J]. Academy of Management Review, 1997, 22 (2): 522-552.

[323] Hu J I A, Liden R C. Relative leader-member exchange within team contexts: How and when social comparison impacts individual effectiveness [J]. Personnel Psychology, 2013, 66 (1): 127-172.

[324] Tse H H M, Ashkanasy N M, Dasborough M T. Relative leader-member exchange, negative affectivity and social identification: A moderated-mediation examination [J]. The Leadership Quarterly, 2012, 23 (3): 354-366.

[325] Scandura T A, Graen G B. Moderating effects of initial leader-member exchange status on the effects of a leadership intervention [J]. Journal of Applied Psy-

chology, 1984, 69 (3): 428-436.

[326] Guerrero S, Challiol-Jeanblanc H. Idiosyncratic deals and helping behavior: The moderating role of i-deal opportunity for co-workers [J]. Journal of Business & Psychology, 2016, 31 (3): 433-443.

[327] Henderson D J, Wayne S J, Shore L M, et al. Leader-member exchange, differentiation, and psychological contract fulfillment: A multilevel examination [J]. Journal of Applied Psychology, 2008, 93 (6): 1208-1219.

[328] Zhao H, Liu W, Li J, et al. Leader-member exchange, organizational identification, and knowledge hiding: The moderating role of relative leader-member exchange [J]. Journal of Organizational Behavior, 2019, 40 (7): 834-848.